Die Philosophie gilt häufig noch immer als etwas, das sich mit dem Ewigen, Absoluten, dem Alltag, auch dem der Wissenschaften, Entzogenen befaßt. Sie scheint stets dem absoluten Geiste nahe, ihr Ort damit über den Wolken zu sein, nicht unter den Wolken, wo auch unsere Probleme sind. Eine derartige Ortsbestimmung ist problematisch. Sie weist der Philosophie eine Rolle zu, die vielleicht ihrer großen Vergangenheit entspricht (selbst dies dürfte fraglich sein), aber nicht mehr den Gegebenheiten einer Lebenswelt, die von der Philosophie einen Beitrag zur Lösung ihrer Probleme erwartet, und nicht mehr den Gegebenheiten einer wissenschaftlichen Welt, die einmal aus dem Geiste der Philosophie entstand. Also kommt es darauf an, philosophische Reflexionen wieder stärker mit beiden Welten zu verbinden. Dabei ist auch die wissenschaftliche Welt unter einen erheblichen Orientierungsdruck geraten – in wissenschaftstheoretischen wie in wissenschaftspraktischen Dingen. Fragen nach einer Orientierungsfunktion der Wissenschaft, nach Grenzen der Wissenschaft und nach einer Wissenschaftsethik werden immer drängender in einer Welt, die selbst zu großen Teilen ein wissenschaftliches Wesen besitzt, Produkt des wissenschaftlichen Geistes ist und dessen, was er in mannigfachen gesellschaftlichen Transformationen vermag. Die in diesem Band zusammengefaßten Arbeiten im Grenzbereich von Philosophie und Wissenschaft dokumentieren diese Situation und stellen zugleich den Versuch dar, Orientierungen für Philosophie und Wissenschaft in der modernen Welt zu geben.

Jürgen Mittelstraß, Professor für Philosophie und Direktor des Zentrums Philosophie und Wissenschaftstheorie der Universität Konstanz, hat im Suhrkamp Verlag u.a. veröffentlicht: Die Möglichkeit von Wissenschaft (stw 62); Wissenschaft als Lebensform. Reden über philosophische Orientierungen in Wissenschaft und Universität (stw 376); Der Flug der Eule. Von der Vernunft der Wissenschaft und der Aufgabe der Philosophie (stw 796); Leonardo-Welt. Über Wissenschaft, Forschung und Verantwortung (stw 1042); Die Häuser des Wissens. Wissenschaftstheoretische Studien (stw 1390).

Jürgen Mittelstraß

Wissen und Grenzen

Philosophische Studien

Suhrkamp

Die Deutsche Bibliothek – CIP-Einheitsaufnahme
Ein Titeldatensatz für diese Publikation
ist bei Der Deutschen Bibliothek erhältlich.

suhrkamp taschenbuch wissenschaft 1566
Erste Auflage 2001

Druck: Nomos Verlagsgesellschaft, Baden-Baden
Printed in Germany
Umschlag nach Entwürfen von
Willy Fleckhaus und Rolf Staudt

1 2 3 4 5 6 – 06 05 04 03 02 01

Inhalt

Für Johannes, Philipp,
Luise, Anna und Anton

Vorwort

Wissen ist wieder einmal ins Gerede gekommen. Am Beispiel der wachsenden Eingriffsmöglichkeiten von Gentechnik und Reproduktionsmedizin wird ein scharfer gesellschaftlicher Disput um Reichweiten und Zuständigkeiten des wissenschaftlichen Wissens bzw. des wissenschaftlichen Verstandes, damit auch um die Freiheit der Forschung, geführt, am Beispiel einer vielbeschworenen Wissensgesellschaft lösen sich die (begrifflichen) Grenzen zwischen Wissen und Information auf – Information erscheint als das bessere Wissen –, am Beispiel der Universität, der gesellschaftlichen Debatte um eine Reform der Hochschulen und des Bildungswesens überhaupt, droht das Wissen seine angestammten institutionellen Formen zu verlieren. Unsicherheiten und Unklarheiten erfassen auch die Wissenschaft selbst, z.B. in der semantischen Erosion des Forschungsbegriffs. Die Stunde des Wissens, d.h. eine Situation, in der das Wissen als wichtigste Ressource gesellschaftlichen Fortschritts beschworen wird, scheint auch die Stunde des Zweifels, der methodischen und institutionellen Skepsis, des Aufruhrs wider den wissenschaftlichen Geist zu sein.

Wo sich Wissenschaft und Gesellschaft in den Haaren liegen, Unklarheiten Klarheiten verdrängen, Methodisches seine Sicherheit und Unterscheidungen ihre Selbstverständlichkeit verlieren, schlägt auch noch eine andere Stunde, die Stunde der Philosophie. Philosophie hier nicht verstanden als ein Ort der weltabgewandten Kontemplation und eines (vermeintlich) überlegenen Wissens, auch gegenüber den Wissenschaften, als eine Denkform, die das Wissen in Wissenschafts- und Alltagsform zwar gelegentlich berührt, aber deren Denkformen weit hinter sich läßt, sondern als ein Ort, an dem es gerade um die Selbstvergewisserung und die kritische Selbstreflexion einer Rationalitätsform geht, deren Ausdruck auch die Wissensformen des wissenschaftlichen und des nicht-wissenschaftlichen Verstandes sind. Veränderungen im Verhältnis zwischen Wissenschaft und Gesellschaft, heute meist als Verhältnis zwischen Wissenschaft und Öffentlichkeit diskutiert – wobei es allerdings nicht nur um Verstehensprozesse, sondern auch um Legitimationsprozesse geht –, und Veränderungen im Wissenschaftssystem selbst, die derzeit vor allem die Forschungsformen erfassen, haben es mit eben dieser Rationalitätsform zu tun, die dabei auch nicht so sehr ein wissenschaftlicher Gegenstand im engeren Sinne oder ein gesellschaftlicher Gegenstand im weiteren Sinne, sondern ein philosophischer Gegenstand ist. Über eine Rationalitätsform, die unserer Kultur, der Kultur moderner wissenschaftsgestützter Gesellschaften zugrunde liegt, entscheiden eben nicht wissenschaftliche Theorien oder gesellschaftliche Vorstellungen vom Wesen der Rationalität, sondern entscheidet in gewissem Sinne die in Frage stehende Rationalitätsform selbst, insofern sie sich – auch unter wissenschaftlichen und gesellschaftlichen Gesichtspunkten – mit sich selbst befaßt. Eben dies aber ist etwas Philosophisches, weil Philosophie von Anfang an eine Form der Selbstaufklärung von Rationalität (und deren mythischen Gegenformen) war. Damit wird die Philosophie nicht zur Herrin über die Rationalitätsformen von Wissenschaft und Gesellschaft, aber zum Organ oder zum erwähnten Ort entsprechender Reflexions- und Selbstvergewisserungsprozesse.

Die in diesem Band zusammengefaßten Überlegungen verstehen sich als Beiträge zu derartigen Prozessen. Sie verdanken sich unterschiedlichen Anlässen, meist Vorträgen, und kreisen um die thematischen Schwerpunkte Wissen, Grenzen und Universität. Das Stichwort Wissen spiegelt die neuen Unklarheiten über Wesen, Funktion und Zuständigkeiten des wissenschaftlichen Verstandes, das Stichwort Grenzen sowohl wissenschaftsinterne, vor allem methodische Neuorientierungen als auch zuvor bereits unter dem Stichwort Wissenschaftsethik behandelte Einschränkungen, das Stichwort Universität systematische wie institutionelle Entwicklungen und Unklarheiten im Wissenschaftssystem. Vereinzelt auftretende Redundanzen, z.B. im Zusammenhang mit der Darstellung eines Transdisziplinaritätsprinzips, der Irritationen um die Begriffe des Wissens und der Information sowie der Alpträume des Wissens im Spiegel von Halbwertszeiten und künstlicher Intelligenz, werden um der thematischen und der argumentativen Geschlossenheit der einzelnen Beiträge willen in Kauf genommen. Dieser Umstand erlaubt auch eine unproblematische, freie Wahl der Lesereihenfolge. Diese ist auch durch die hier gewählte Anordnung in drei größeren Abschnitten nicht festgelegt.

Im übrigen setzt dieser Band frühere Bemühungen in ähnlich konzipierten Bänden fort (Die Möglichkeit von Wissenschaft, 1974; Wissenschaft als Lebensform, 1982; Der Flug der Eule, 1989; Leonardo-Welt, 1992; Die unzeitgemäße Universität, 1994; Die Häuser des Wissens, 1998). Es geht nach wie vor darum, Bemühungen um begriffliche Klarheit in begrifflich wie konzeptionell unklaren Verhältnissen mit Bemühungen um institutionelle Klarheit in ebenso unklaren institutionellen Verhältnissen zu verbinden und dabei der philosophischen Reflexion im Problemfeld Wissenschaft wieder größeren Einfluß zu verschaffen.

Konstanz, im Juli 2001 Jürgen Mittelstraß

I. Krise des Wissens?

1. Hat Wissenschaft eine Orientierungsfunktion?

Vorbemerkung

Die Frage ›hat Wissenschaft eine Orientierungsfunktion?‹ klingt möglicherweise befremdlich. Die Gesellschaft erwartet von der Wissenschaft handfeste Ergebnisse, Orientierung sucht sie im Gewohnten und in Ideologien. Die Wissenschaft schmückt sich mit den Insignien der Objektivität und der Wahrheit, Orientierung hält sie für etwas Wissenschaftsfremdes. Die Wissenschaftstheorie ist an Theorienstrukturen und Theoriendynamik interessiert, Orientierungsfragen im wissenschaftlichen Umfeld verweist sie an die Soziologie. Es ist in der Tat zunächst einmal unklar, was hier Orientierung besagt und gegenüber wem oder was Orientierungsleistungen der Wissenschaft erbracht werden könnten oder erbracht werden sollten.

Nun läßt sich, was diesen Punkt betrifft, sagen, daß die Wissenschaft ihre Subjekte, nämlich die Wissenschaftler orientiert, indem sie die wissenschaftliche Arbeit bestimmten Standards unterwirft. In diesem Falle orientierte die Wissenschaft sich selbst, indem sie sich und ihren Subjekten immer wieder vor Augen führt, welchen Gesichtspunkten, Regeln und Methoden die wissenschaftliche Arbeit folgt. Doch dies soll mit der Frage nach einer Orientierungsfunktion der Wissenschaft nicht gemeint sein. Vielmehr werden hier tatsächlich Orientierungsleistungen in gesellschaftlichen Zusammenhängen ins Auge gefaßt, kurz: Orientierungsleistungen in und gegenüber der Gesellschaft. Die Frage ist, worin diese liegen könnten. Noch einmal: Üblicherweise erwartet die Gesellschaft von der Wissenschaft Ergebnisse, die auf direkten oder indirekten Wegen ›nützlich‹ sind, insofern auch ein wesentliches Element ihrer Gegenwart und ihrer Zukunft bilden, und Kompetenz in Ausbildungszusammenhängen in in erster Linie universitären Studiengängen. Von Orientierung zwischen Wissenschaft und Gesellschaft ist zudem häufig in der umgekehrten Richtung die Rede, nämlich in dem Sinne, daß nicht die Wissenschaft die

Gesellschaft, sondern die Gesellschaft die Wissenschaft orientiert bzw. einen ›orientierenden‹ Einfluß auf die Wissenschaft zu nehmen sucht. Abschreckende Beispiele aus jüngerer Zeit sind der Versuch der Etablierung einer deutschen Physik im Nationalsozialismus und der sogenannte Fall Lyssenko, in dem tatsächlich eine radikale Änderung wissenschaftlicher Lehrmeinungen durch politische Autorität erfolgte.

Den (politischen) Hintergrund des Falles Lyssenko, der hier kurz in Erinnerung gerufen werden darf, bildete die Auffassung, daß der Mensch ausschließlich ein Produkt seiner Umwelt sei und daß es entsprechend keine ›Konstanten der menschlichen Natur‹ gebe, die dem formenden Einfluß der Umwelt- und Lebensbedingungen entzogen wären. Auf der Grundlage dieses Ansatzes konnte folglich erwartet werden, daß sich durch die Umgestaltung der Produktionsverhältnisse ein neuer Mensch schaffen ließe. Die Aufgabe bestand darin, diesen aus politischen Gründen akzeptierten theoretischen Ansatz mit empirisch-wissenschaftlichen Indizien zu untermauern, und das Problem darin, daß die traditionelle Genetik bestimmte Merkmale vorsah – Mendels ›Faktoren‹, also die Vorläufer der heutigen Gene –, die zur biologischen Grundausstattung der jeweiligen Art gehörten und insofern dem Einfluß der Umwelt entzogen waren. Die Lösung dieses Problems war, wie nicht anders zu erwarten, grobschlächtig. Man erklärte, daß die traditionelle Genetik eine durch Klasseninteressen verzerrte Sichtweise darstelle; sie sei eine ›bürgerliche Theorie‹. Diese Vorstellung wurde ergänzt durch einen Rekurs auf vordarwinsche Deutungen der Entwicklung der Arten, nämlich auf die Annahme der ›Vererbung erworbener Eigenschaften‹. Lyssenko arbeitete seine Theorie auf dieser Grundlage aus und berichtete von erfolgreichen empirischen Stützungen. Die Theorie wurde dann gleichsam durch Regierungsbeschluß in den 30er und 40er Jahren zur offiziellen Grundlage der sowjetischen Biologie.

Das Beispiel macht deutlich, was unter einer gesellschaftlichen Orientierung der Wissenschaft, hier gleichgesetzt mit einer Ideologisierung der wissenschaftlichen Verhältnisse, verstanden werden kann. Eine derartige Orientierung wirkt zugleich auf die Gesellschaft zurück, insofern diese nunmehr ihre eigenen Orientierungen wissenschaftlich bestätigt und legitimiert sieht. Dies aber kann nicht gemeint sein, wenn hier von einer Orientierungsfunktion von Wissenschaft die Rede ist. Diese hat vielmehr, wie ich nunmehr in vier Schritten darlegen möchte, zu tun mit dem Rationalitätsbegriff der modernen Welt, dem Wissenschaftsbegriff selbst, der mehrere Bedeutungen einschließt, und den Erwartungen der Gesellschaft hinsichtlich der Leistungsfähigkeit der Wissenschaft, schließlich auch mit der Vorstellung, daß Wissenschaft nicht nur eine Wissens- und Arbeitsform, sondern auch eine Lebensform ist und – gegen alle gesellschaftlichen Unkenrufe – etwas mit Bildung zu tun hat.

Mein Vortrag ist insofern auch kein rein wissenschaftstheoretischer Beitrag (jedenfalls nicht im üblichen Sinne von Wissenschaftstheorie), sondern ebenso sehr ein philosophischer und wissenschaftspolitischer.

1. Wissenschaftliche und gesellschaftliche Rationalität

Daß die moderne Welt in ihren Strukturen und in ihrer Entwicklung wesentlich von den Leistungen des wissenschaftlichen Verstandes abhängt, ist eine Binsenweisheit und stellt sich nicht nur dem wissenschaftlichen Verstand so dar. Weniger selbstverständlich ist, daß sie auch ihren *Rationalitätsbegriff* weitgehend über den Begriff der wissenschaftlichen Rationalität definiert. Gemeint ist, daß die in den Wissenschaften wirksame Rationalität nicht nur der eigentliche Motor rationaler Kulturen ist, die die moderne Welt ausmachen, sondern auch den Kern des Rationalitätsbegriffs dieser Kulturen bildet. Seit der ›Entdeckung des Geistes‹ (B. Snell) durch die Griechen, die wir auch als den Schritt vom Mythos zum Logos (W. Nestle) bezeichnen, ist es die *wissenschaftliche* und die *philosophische*, mit der wissenschaftlichen Rationalität ursprünglich identische Rationalität, später auch die (wissenschaftsgestützte) *technische* Rationalität, die das Wesen rationaler Kulturen ausmachen. Mit anderen Worten: Wenn Rationalität ein wesentlicher, sie geradezu definierender Bestandteil moderner Kulturen ist und den Kern dieser Rationalität die wissenschaftliche Rationalität bildet, dann ist auch Wissenschaft modernen Kulturen nichts Äußerliches, dann gehört auch Wissenschaft nicht nur unter Gesichtspunkten eines Verfügungswissens, d.h. eines Wissens um Ursachen, Wirkungen und Mittel, sondern auch unter Gesichtspunkten eines Orientierungswissens, d.h. eines Wissens um Ziele und Zwecke, zu den konstitutiven Elementen dieser Kulturen. Schließlich dient Rationalität nicht nur der Aneignung der Welt, sondern auch der Orientierung in der Welt.

In diesem Sinne könnte man sagen, daß die moderne Welt sowohl das Produkt *verfügender* Rationalität als auch das Produkt *orientierender* Rationalität ist. Sie ist darüber hinaus, weil Rationalität weder ein Produkt der Natur noch ein Geschenk des Himmels ist, das Werk des *epistemischen* (und des technischen) Wesens des Menschens, nämlich Resultat und Form seines Suchens und Findens, Entwerfens und Bauens, Wissens und Zweifelns, Denkens und Tuns. Mit dem Begriff des epistemischen Wesens ist gemeint, daß Wissensbildungsprozesse (wie Wissenschaft auf der Ebene rationaler Kulturen) dem Menschen nicht äußerlich sind. Sie bilden vielmehr das Medium, in dem sich der Mensch orientiert, und zwar in Alltags- und in Wissenschaftsform. Unter Orientierung ist dabei im Sinne des Begriffs des Orientierungswissens nicht nur ein sich auskennender Umgang mit Gegenständen und deren Beziehungen untereinander verstanden, sondern auch deren deutende und erklärende Aneignung (insofern verbinden sich aber auch im Begriff der Orientierung der werkhafte und der verstehende Aspekt des menschlichen Handelns). Im wissenschaftlichen Wissen wiederum findet diese Aneignung zu ihrer eigentlichen rationalen Form. Was Aristoteles in dem Satz formuliert, daß alle Menschen von Natur aus nach Wissen streben,[1] ist so verstanden die Begründung der Rationalität im epistemischen Wesen des Menschen.

Dem epistemischen Wesen des Menschen entspricht auf der Ebene des herstellenden Tuns sein *technisches* Wesen. Dadurch, daß sich der Mensch Werkzeuge schafft und in seiner Lebensform auf Werkzeuge angewiesen ist, erweitert er seine Organe, über die er mit der Welt interagiert, um weitere, ›künstliche‹ Organe. Dabei ›vervollständigt‹ Technik nicht nur die Natur des Menschen, die ohne sie eine Episode der Natur-

1 Met. A1.980a21.

geschichte bliebe, sie gewinnt auch Elemente einer eigenen Rationalität. Homo sapiens und homo faber, das ist nicht Sokrates auf der einen Seite und Leonardo da Vinci auf der anderen, sondern der eigentümliche Doppelaspekt, in dem sich die Rationalität des Menschen und seiner Welt geschichtlich entfaltet. Noch anders ausgedrückt: In Kulturen, die sich in ihrer Existenz wissenschaftlichen und technischen Rationalitäten verdanken, realisieren sich nicht irgendwelche Fähigkeiten oder ›Anlagen‹ des Menschen, sondern eben diejenigen, die ihn zu einem *rationalen Subjekt* und seine Welt zu einer *rationalen Welt* machen. Die moderne Welt, d.h. die Wirklichkeit wissenschaftsgestützter technischer Kulturen, ist insofern auch kein kontingentes, sondern ein konsequentes Resultat des entwickelten Wesens des Menschen. Dies bedeutet auch eine Legitimation der modernen Welt – aus dem epistemischen und dem technischen Wesen des Menschen –, und es bedeutet eine zusätzliche Begründung der Aussage, daß der wissenschaftliche Verstand Ausdruck, und zwar paradigmatischer Ausdruck, des Rationalitätsbegriffs der modernen Welt ist.

Damit scheint, was die in Frage stehende Orientierungsfunktion der Wissenschaft, d.h. der wissenschaftlichen Rationalität, betrifft, alles klar zu sein. Wenn Wissenschaft Teil, und zwar wesentlicher Teil, der Rationalitätsstruktur der modernen Welt ist, dann hat sie auch teil an den Orientierungsfunktionen von Rationalität, teil am Orientierungsprofil rationaler Kulturen bzw. an gesellschaftlichen Rationalitäten. Doch diese Klarheit täuscht. Einer der Gründe dafür ist, daß keineswegs immer klar ist, wie rational eigentlich rationale Kulturen sind, und daß auch der Begriff der Rationalität selbst, sogar der Begriff der wissenschaftlichen Rationalität, Probleme macht.[2] So steuern rationale Kulturen heute vielfach in Situationen, die einer rationalen Beurteilung kaum standhalten, und wissenschaftstheoretische Kontroversen konzentrieren sich mehr und mehr auf die längst entschieden geglaubte Frage, was (wissenschaftliche) Rationalität ist. Es gibt eine Art *Dialektik* der Rationalität, die diese in ›irrationale‹ Verhältnisse, eben Verhältnisse, die keiner rationalen Beurteilung standhalten, führt

2 Vgl. zum Folgenden die ausführlichere Darstellung in: J. Mittelstraß, »Rationalität und Reproduzierbarkeit«, in: P. Janich (Ed.), *Entwicklungen der methodischen Philosophie*, Frankfurt/Main 1992, 54-67.

(Stichwort: Umweltprobleme); und es gibt eine Erosion des Rationalitätsbegriffs, in deren Folge *Rationalitätskriterien*, die bisher der Definition der wissenschaftlichen Rationalität dienten, ihre unterscheidende Kraft verlieren. So definieren Kriterien wie Intersubjektivität, Kontrollierbarkeit, Reproduzierbarkeit, begriffliche Klarheit und Widerspruchsfreiheit auch andere Praxen. Nicht nur Lehrbücher der Physik, auch gute Kochbücher erfüllen sie. Zudem löst sich der Begriff einer ursprünglich einmal als gegeben betrachteten Einheit der (wissenschaftlichen) Rationalität in unterschiedliche Rationalitäten auf: An die Stelle des (einheitlichen) Begriffs der wissenschaftlichen Rationalität tritt in der modernen Wissenschaftstheorie der Begriff wissenschaftlicher *Rationalitätsmodelle*.

Beispiele derartiger Modelle sind das *fallibilistische* Modell, das die wissenschaftliche Rationalität nicht mehr am (begründeten) Aufbau von Theorien, sondern an Verfahren ihrer Kritik mißt, das *historistische* Modell, das – mit oder ohne Kuhn, das will ich an dieser Stelle offen lassen – eine Beurteilung der Geltungsansprüche wissenschaftlicher Theorien allein auf der Basis faktischer theoretischer Entwicklungen für möglich hält, das *strukturalistische* Modell, in dem an die Stelle historistisch gedeuteter wissenschaftlicher Entwicklungen wissenschaftstheoretisch reflektierte Strukturen treten, und das *konstruktivistische* Modell, das an der Idee einer Begründungsrationalität (gegen die Reduktion auf eine Bewährungsrationalität) festhält.

Nun sind Modelle theoretische Einfälle, die dazu dienen, mit dem Anspruch auf Vereinfachung (komplexer Sachverhalte) und Veranschaulichung (abstrakter Strukturen) etwas zurückzugewinnen, das, jedenfalls in Form eines unmittelbaren Zugangs, verlorenging. Eben dies scheint, wenn man den Wissenschaftstheoretikern Glauben schenken darf, beim Begriff der wissenschaftlichen Rationalität der Fall zu sein. Eine Orientierungsform, die die moderne Welt in ihren Strukturen und in ihrer Dynamik wesentlich bestimmt und sich dabei paradoxerweise nicht dauerhaft gegenüber eigenen irrationalen Folgen isolieren läßt, hat ihre eigene Orientierung (weitgehend) eingebüßt. Gemeint ist eine *transparadigmatische*, der Pluralität von Rationalitätsmodellen nicht unterliegende Rationalitätsform. Tatsächlich tritt heute neben einen Pluralismus der Theorien, von dem sich die Wissenschaftstheorie frei nach Darwin einen Erkenntnisfortschritt verspricht, ein Pluralismus auch in Sachen wissenschaftlicher Rationalität. Die Frage ist erlaubt, ob das selbst vernünftig, rational ist. Da die Beantwortung dieser Frage jedoch selbst in die wissenschaftstheoretische Debatte zurückführt (und hier möglicherweise als gar nicht mehr zulässig angesehen wird), sei sie hier nicht weiter verfolgt. Unter dem Gesichtspunkt einer Orientierungsfunktion von Wissenschaft genügt es festzustellen, daß diese (mögliche) Funktion heute bereits durch wissenschaftstheoretische, in diesem Sinne innerwissenschaftliche Unklarheiten belastet ist.

2. Wissensform, Institution, Idee

Der Begriff der wissenschaftlichen Rationalität bezieht sich in der Regel auf eine besondere *Form der Wissensbildung*, eben der wissenschaftlichen Wissensbildung. Hier geht es, wie auch in der wissenschaftstheoretischen Diskussion unterschiedlicher (wissenschaftlicher) Rationalitätsmodelle deutlich wird, um Theorien, Methoden und besondere Rationalitätskriterien, denen Theorien und Methoden unterliegen. Zu diesen Kriterien, auf deren Erfüllung sich auch Wahrheits- und Objektivitätsansprüche stützen, gehören, wie schon erwähnt, Reproduzierbarkeit und Kontrollierbarkeit bzw. Nachprüfbarkeit wissenschaftlicher Ergebnisse und Verfahren, sprachliche bzw. begriffliche Klarheit wissenschaftlicher Darstellungen, Intersubjektivität (wiederum im Sinne intersubjektiver Verständlichkeit und Nachprüfbarkeit von Ergebnissen und Verfahren) und Begründung. Werden derartige Kriterien verletzt, verliert Wissenschaft ihren Anspruch auf Objektivität und Wahrheit, werden Wissenschaft und Meinung ununterscheidbar. Doch dies ist nur eine Bedeutung von Wissenschaft, wenn auch die unter wissenschaftlichen Gesichtspunkten wichtigste.

Eine weitere Bedeutung des Begriffes Wissenschaft ist dadurch gegeben, daß Wissenschaft nicht nur eine besondere Form der Wissensbildung, sondern auch eine *gesellschaftliche Veranstaltung* ist, d.h. jene gesellschaftliche Form, in der sich die wissenschaftliche Wissensbildung auf den uns allen gewohnten Wegen verwirklicht. Wenn wir dies meinen, sprechen wir von Wissenschaft als *Institution*. Beispiele für Wissenschaft in diesem Sinne sind die Universitäten und die außeruniversitären Forschungseinrichtungen. Hier steht die Wissensbildung unter besonderen, gesellschaftlich definierten Bedingungen, zu denen z.B. auch der Lehrauftrag der Universitäten in Verbindung mit ihrem Forschungsauftrag gehört. Als Institution wird Wissenschaft sinnlich wahrnehmbar, auch symbolisch, wenn man z.B. an die Anrufung der Wahrheit und des Geistes denkt, die früher die Portale der Universitäten schmückte.

Auch mit dieser zweiten, der institutionellen Bedeutung ist der Begriff der Wissenschaft noch nicht erschöpfend erfaßt. Es gibt eine dritte Bedeutung, die über den *methodischen* oder *theoretischen* und den *institutionellen* Charakter von Wissenschaft hinausreicht, mit diesem allerdings eng zusammenhängt. Sie läßt sich im Anschluß an das über wissenschaftliche Rationalitätskriterien Gesagte verdeutlichen. Diese Kriterien, vor allem dann, wenn man nun auch noch, dem Wissenschaftssoziologen Merton folgend,[3] solche Kriterien wie Uneigennützigkeit, Wahrhaftigkeit und organisierten Skeptizismus, d.h. ein allgemeines Kritikgebot gegenüber allen Geltungsansprüchen und Überzeugungen hinzunimmt, sind nämlich in der Wissenschaft nicht auf rein methodische oder theoretische Aspekte beschränkbar; sie verbinden vielmehr wissenschaftliche Rationalität mit einer *moralischen Form*. Bezogen auf diese moralische Form aber ist Wissenschaft nicht nur methodisch und theoretisch aufgeklärte Rationalität oder ein Mittel zur Differenzierung und Stabilisierung der gesellschaftlichen Organisation der Bedürfnisbefriedigung, sondern stets auch eine *Idee*, die die zweite Natur des Menschen, nämlich das epistemische oder Vernunftwesen des Menschen betrifft, oder, mehr noch, eine *Lebensform*.

Diese dritte, über alles Methodische bzw. Theoretische und

3 R. K. Merton, *Social Theory and Social Structure*, New York/London [2]1968, 604-615 (Science and Democratic Social Structure) (dt. in: P. Weingart [Ed.], *Wissenschaftssoziologie I* [Wissenschaftliche Entwicklung als sozialer Prozeß], Frankfurt/Main 1973, 45-59 [Wissenschaft und demokratische Sozialstruktur]).

Institutionelle hinausgehende Bedeutung von Wissenschaft war ursprünglich sogar die wesentliche Bedeutung. Die griechische Philosophie, der wir die Theorieform des Wissens verdanken, sprach ausdrücklich vom *bios theoretikos*, vom theoretischen Leben, und nicht von Theorie in dem uns vertrauten, eher technischen Sinne. *Theoria* ist nach Aristoteles eine allgemeine, das Leben betreffende Orientierung, Theorie in diesem Sinne – nicht im Sinne unseres Lehrbuchbegriffs – eine höchste Form der Praxis.[4] Das Wissenschafts- oder Erkenntnissubjekt und das ›bürgerliche‹ Subjekt sind hier noch eins; mit Theoria als Lebensform wird auch Wahrheit zur Lebensform, d.h., sie gehört den hier getroffenen Unterscheidungen nach nicht zur methodischen, sondern zur moralischen Form bzw. zur Idee der Wissenschaft. In diesem Sinne ist sowohl die Arbeit des Menschen an seinem Vernunftwesen als auch die Wahrheit moralisch.

Von Wissenschaft kann also in dreifacher Bedeutung gesprochen werden, einer *wissenschaftstheoretisch* bestimmten Bedeutung (Wissenschaft als besondere Form der Wissensbildung), einer *gesellschaftstheoretisch* bestimmten Bedeutung (Wissenschaft als Institution) und einer *moralischen* Bedeutung (Wissenschaft als Idee). Moralisch ist diese Idee, weil sie die das wissenschaftliche Subjekt leitenden (moralischen) Orientierungen betrifft (in denen übrigens auch alle Autonomieansprüche in wissenschaftlichen Verhältnissen begründet sind). Zugleich setzt sie, um zur Entfaltung zu kommen, ein Stück realisierter institutioneller Autonomie und natürlich eine erfolgreiche wissenschaftliche Praxis, d.h. eingespielte Formen der wissenschaftlichen Wissensbildung, schon voraus. So gesehen aber ist der Begriff der Orientierung der Wissenschaft nichts Fremdes oder Äußerliches. Er gehört vielmehr, auf alle hier explizierten Bedeutungen von Wissenschaft bezogen, zu ihrem Wesen. Die Frage ist nur, ob die Wissenschaft dieses ihr Wesen auch in die Gesellschaft hinein, und zwar wiederum in Orientierungsform, vermitteln kann.

Dagegen stehen heute nicht nur die genannten Schwierigkeiten mit dem Rationalitätsbegriff, sondern auch Unklarheiten über den institutionellen und den moralischen Charakter

4 Eth. Nic. K7.1177a12ff.

von Wissenschaft. Vor allem ist uns über falschen Alternativen wie Wissenschaft als Selbstzweck oder Wissenschaft als reines Mittelwissen bzw. als reiner Produktionsfaktor die Vorstellung, daß Wissenschaft eine moralisch oder ethisch relevante Instanz sein könnte, oder gar die Vorstellung, daß sie selbst ihrer Idee nach eine Lebensform ist, eigentümlich fremd geworden. Entsprechend vermitteln auch die hohen Schulen heute keine Lebensformen mehr, mit denen sich Lehrende und Lernende noch identifizieren könnten. Als Gründe dafür nenne ich die folgenden:[5] (1) *Universalität* als ›allgemeine Zuständigkeit‹ auch über das eigene Fach im engeren Sinne hinaus, die einmal zum Wesen ›akademischer‹ Wissensformen gehörte, ist wachsender Spezialisierung gewichen. Über der gleichzeitigen Atomisierung der Fächer hat die Universität nicht nur ihre Übersichtlichkeit, sondern auch ihre innere Einheit verloren. Aus der Zusammensetzung von Partikularitäten entsteht eben keine neue Universalität; diese Stelle im Aufbau des Wissens, die zugleich für identifikationsfähige, damit auch orientierende Strukturen sorgte, bleibt frei. (2) Wissenschaftliche *Kritik* an traditionellen Lebensformen schlägt paradoxerweise auf ihre eigenen lebensformrelevanten Seiten durch. Die im Zuge dieser Kritik entstandene Rationalität moderner Industriegesellschaften erfaßt auch die Wissenschaft selbst. Sie ›industrialisiert‹ sich, wird zur Arbeit wie jede andere, organisierbar wie jede andere. Ihr ›Produktionsprozeß‹ anonymisiert sich, was auch bedeutet, daß der Wissenschaftler als Arbeiter jederzeit ersetzt werden kann durch einen anderen, in gleicher Weise qualifizierten Arbeiter.[6] (3) Unter der Dominanz von *Ausbildungszwängen* degenerieren nicht nur Universalitätselemente, sondern mit ihnen auch Bildungselemente. Das Ausweichen auf ein Studium Generale als gehobene Universitätsveranstaltung zeigt nur, daß wir es als selbstverständliches Studienelement nicht mehr haben. (4) Die hohe Beschleu-

5 Vgl. J. Mittelstraß, »Wissenschaft als Kultur«, in: J. Mittelstraß, *Der Flug der Eule. Von der Vernunft der Wissenschaft und der Aufgabe der Philosophie*, Frankfurt/Main 1989, 13-42.

6 Vgl. H. Plessner, »Zur Soziologie der modernen Forschung und ihrer Organisation in der deutschen Universität (1924)«, in: H. Plessner, *Diesseits der Utopie. Ausgewählte Beiträge zur Kultursoziologie*, Frankfurt/Main 1974, 121-142.

nigung der rechtlichen und institutionellen Veränderungen im Hochschulwesen sowie das hohe Maß an Abhängigkeit von Regelungsmechanismen hat ein *überorganisiertes Leben* zur Folge, das Nachdenklichkeit weitgehend durch Anpassungskompetenz ersetzt. Nachdenklichkeit aber ist ein wesentliches Moment jeder Orientierungsbemühung. Wo es fehlt, verliert der Rationalitätsbegriff sein orientierendes Vermögen, wird er Teil einer ›Technik‹, die allein in Strukturen der Zweckrationalität operiert, d.h. einer Rationalität, die weder Zwecke setzt, noch Zwecke kritisch beurteilt, sondern gegebene Zwecke einfach erfüllt.

Hier gilt es daher auch, gegen den Zeitgeist, umzudenken. Schließlich gehört es zum Wesen moderner technischer Kulturen, Denken in Tätigkeit zu setzen und Tätigkeiten unter Rationalitätsansprüche zu stellen. Diese Ansprüche schließen nach dem über die unterschiedlichen Formen von Wissenschaft Gesagten eine *moralische Form* ein. Täten sie es nicht, gerieten rationale Kulturen in die Gefahr, in ihren Produktionsverhältnissen rationalen und in ihren Orientierungsverhältnissen nicht-rationalen Formen zu folgen. Das aber hält keine rationale Kultur auf Dauer aus. Insofern ist aber auch ein Plädoyer für die Einheit der Rationalität, die in ihren orientierenden Funktionen die Wissenschaft einschließt, nicht etwa die Beschwörung eines Gespenstes, wie sie Philosophen, auf Weltfremdheit verpflichtet, lieben, sondern eine sehr realistische und zudem hilfreiche Vorstellung, die der Zerlegung unserer gesellschaftlichen Rationalitäten, die in dieser Zerlegung ihre orientierenden Fähigkeiten verlieren, entgegenwirken könnte. Nicht zugunsten der einen oder der anderen Seite, der rationalen oder der nicht-rationalen, sondern so, daß beide Seiten Ausdruck einer Lebensform, auch einer gesellschaftlichen Lebensform, sind.

3. Von Platon über Bacon zu Humboldt

Derartige Vorstellungen sind nicht neu; sie sind auch nicht Ausdruck von Schwierigkeiten, die erst im Laufe wissenschaftlicher und gesellschaftlicher Entwicklungen aufgetreten wären. Tatsächlich verbinden sich von Anfang an, wie schon der Hinweis auf den griechischen Theoria-Begriff deutlich machen sollte, Erwartungen an den orientierenden Charakter von Wissenschaft mit der Entwicklung von Philosophie und Wissenschaft. Dies sei an drei Beispielen kurz verdeutlicht.

(1) *Platons Idee der Philosophenkönige*. Diese Idee, die zunächst ein wenig abstrus anmutet und bis heute wenig Realisierungschancen hat, ist in Platons »Politeia« Teil einer philosophischen Pädagogik, die im wesentlichen aus Überlegungen zur Rolle der Wissenschaften in einem Erziehungsprogramm besteht. Es geht um die Ausbildung der zukünftigen Herrscher im (idealen) Staat und, sofern es sich dabei um ›philosophische‹ Herrscher handeln soll, um den *Anfang der Vernunft*. Dieser Anfang wird von Platon verstanden als ein ›Umlenken der Seele‹,[7] dieses wiederum als ›Umkehr der Seele vom Werden zur Wahrheit und zum Sein‹.[8] Die Frage ist, wie eine derartige Umkehr, die im vorausgegangenen Höhlengleichnis dem Aufstieg aus der Höhle entspricht, bewirkt werden kann. Platons Antwort lautet: durch die ›größten Mathemata‹,[9] d.h. durch die – später in den organisatorischen Formen des Quadriviums gelehrten – ›exakten‹ Wissenschaften, nämlich die Arithmetik, die Geometrie, die Astronomie und die (rationale) Harmonienlehre. ›Exakt‹ bedeutet dabei schon bei Platon: sich mathematischer Mittel bedienend und mit mathematischen Mitteln darstellbar.

Daß die so ausgezeichneten Mathemata in diesem Zusammenhang eine wesentliche *propädeutische* Rolle spielen, macht der Begriff der Dialektik, einer ›dialektischen Episteme‹,[10] deutlich, dessen Darstellung unter anderem an eine methodische Dinge betreffende Mathematikkritik anschließt. Hinter der Auszeichnung der Dialektik gegenüber den Wissenschaften steht wiederum die hervorgehobene Stellung einer Idee des Guten,[11] mit der zum Ausdruck gebracht werden soll, daß es die eigentliche Aufgabe der Vernunft ist, *praktisch* zu sein, d.h. das Leben zu orientieren. Die Wissenschaften als Ausdruck der theoretischen Vernunft dienen nach Platon der Realisierung

7 Pol. 521c6.
8 Pol. 525c5-6.
9 Pol. 503e4.
10 Pol. 511c5.
11 Pol. 508e2-3.

der praktischen Vernunft, hier in Form eines pädagogischen Programms, das aus unaufgeklärten Verhältnissen (im Bild der Höhle, in der die Menschen nicht Herr ihrer Orientierungen sind) zu aufgeklärten Verhältnissen (im Begriff der Philosophenherrschaft) führen soll. Mit anderen Worten: In Platons philosophischer Pädagogik geht es um die Erreichung eines praktischen (philosophischen) Zweckes auf theoretischen (wissenschaftlichen) Wegen. Platons ›Intellektualismus‹, der ihn zum Idealisten macht, beruht nicht zuletzt in der Orientierungsrolle, die der Theorie, in Form der Wissenschaften, für die Praxis, in Form einer vernünftigen Praxis, zukommen soll.

(2) Ganz anders *Francis Bacons Utopia* in »Nova Atlantis« (1627). Auch in dieser Konzeption spielen die Wissenschaften eine entscheidende Rolle, allerdings in der Weise, daß sie die Platonische Idee einer Dialektik neben oder ›über‹ den Wissenschaften überflüssig machen sollen. In Bacons glücklichem Nirgendwo ist nämlich das politische Regiment, für Platon durch die Philosophenkönige vertreten, vollständig durch einen wissenschaftlich-technischen Sachverstand ersetzt. Im Pantheon von Neu-Atlantis stehen keine Politiker und keine Militärs, auch keine Philosophen, sondern Wissenschaftler und Ingenieure. Das ist, wenn man Statuen durch gesellschaftliche Anerkennung ersetzt, heute nicht anders. Bacons Utopie begründet in gewisser Weise den neuzeitlichen Begriff des Fortschritts und den einer technischen Kultur.

Maßgebend für beide Begriffe ist die gesellschaftliche Priorität eines wachsenden theoretischen Wissens und seiner technischen Nutzung, ferner die Annahme, daß eine freie Entwicklung des Intellekts und eine Steigerung des wissenschaftlich-technischen Könnens nahezu zwangsläufig zu einer Humanisierung der Gesellschaft führen. Nach Bacon und seinen modernen Jüngern unter den Gesellschaftstheoretikern ist eine Gesellschaft human, wenn sie als weitgehend entpolitisierte Gesellschaft der ›technokratisch‹ ermöglichten Befriedigung geordneter Bedürfnisse nachgeht. Hier herrscht der Sachverstand über den politischen (bei Platon: philosophischen) Verstand, wobei das Problem in der Identifikation einer ›Logik der Verhältnisse‹ (in der sich der Sachverstand auskennt) mit einer ›Vernunft der Verhältnisse‹ liegt bzw. in der Identifikation einer Gesellschaft, die von (wissenschaftsgestützten) technischen Einrichtungen beherrscht ist, mit einer Gesellschaft, die nichts anderes als ein technisches System ist. Bacons Hochschätzung des wissenschaftlich-technischen Verstandes führt zu einer Überforderung dieses Verstandes in Orientierungsdingen bzw. zum Begriff einer gesellschaftlichen Maschine, die selbst keine vernünftigen Orientierungen mehr auszubilden vermag. Das wiederum ist mehr als Bacons Nirgendwo: Die moderne Welt sieht sich an.

(3) *Wilhelm von Humboldts Universitätsreform.* Motor dieser Reform, die eigentlich eine Universitätsreform wider Willen, weil gegen die Universitäten geplant, war, ist der Grundsatz *Bildung durch Wissenschaft.* Wissenschaft wird hier erneut gegen Bacons Programm einer Verselbständigung des wissenschaftlichen Verstandes in den Formen eines reinen Sachverstandes, in einer propädeutischen Rolle, damit auf eine Platonische Weise gesehen, allerdings, im Unterschied nun auch zu Platon, nicht so, daß ihr ein weiteres Lehrstück wie die Platonische Dialektik zu folgen hätte. Nach Humboldt schafft ein wissenschaftliches Studium bereits diejenigen ›praktischen‹ Orientierungen, um die es auch Platon (mit der Auszeichnung einer Idee des Guten) geht.

Institutioneller Ausdruck dieser Reform ist der Aufstieg der Philosophischen Fakultät. Deren Theorie hatte wiederum schon Kant in seiner Schrift über den »Streit der Fakultäten« (1798) formuliert, indem er die Philosophische Fakultät mit dem Begriff der Wahrheit, die oberen Fakultäten, d.h. die Theologie, die Medizin und die Jurisprudenz, mit dem Begriff der Nützlichkeit verband.[12] Damit wird die Philosophische Fakultät in gewissem Sinne zur ›eigentlichen‹ Universität; die Unterscheidung zwischen Universität und ›Spezialschulen‹, als die nun die anderen, die oberen Fakultäten erscheinen, verlagert sich in die Universität. Die vergißt sehr schnell, daß sie ein Humboldtscher Kompromiß ist, und feiert sich, mit Fichte, als institutionellen Inbegriff der Idee des Menschen überhaupt. Die Universität soll nicht nur der Wissenschaft, sondern im Sinne des Humboldtschen Programms einer Bildung durch Wissenschaft auch der sittlichen Vervollkommnung des Men-

12 I. Kant, *Der Streit der Facultäten in drey Abschnitten (1798)*, in: I. Kant, *Werke in sechs Bänden*, ed. W. Weischedel, Frankfurt/Main—Darmstadt 1956-1964, VI, 290f.

schen dienen. Der Mythos Humboldt, an dem auch heute noch die Universitätsentwicklung immer wieder einmal gemessen wird, nimmt seinen Lauf.

Nach Fichte sichert der philosophische Geist die Einheit und die Bildungskraft des wissenschaftlichen Wissens; mit ihm »als der reinen Form des Wissens, müßte nun der gesamte wissenschaftliche Stoff, in seiner organischen Einheit, auf der höheren Lehranstalt aufgefaßt und durchdrungen werden«.[13] Humboldt wiederum notiert in der kleinen Schrift über eine »Theorie der Bildung des Menschen« (1793): »Um der zerstreuenden und verwirrenden Vielheit zu entfliehen, sucht man Allheit; (...) um an jeden Schritt, den man vorrückt, auch die Vorstellung des letzten Zwecks anzuknüpfen, sucht man das zerstreute Wissen und Handeln in ein geschlossenes, die bloße Gelehrsamkeit in eine gelehrte Bildung, das bloß unruhige Streben in eine weise Thätigkeit zu verwandeln.«[14] Der ›philosophische‹ Zuschnitt dieser Bemerkungen deutet dabei nicht auf Realitätsferne hin, sondern weist auch hier wiederum den theoretischen Anspruch aus, der sich mit einer beabsichtigten Reform des Bildungswesens verbindet. Mit ihm sucht Humboldt noch einmal die Wissenschaft nicht nur als nützliches Wissen, sondern auch als Lebensform der Vernunft zu begreifen.

Fichte geht mit seiner Vorstellung einer sittlichen Vervollkommnung des Menschen durch Wissenschaft noch einen Schritt weiter. Nach ihm soll der Gelehrte »der *sittlich beste* Mensch seines Zeitalters sein«.[15] Damit geht Fichte über den Humboldtschen Grundsatz von Bildung durch Wissenschaft und die Erneuerung der Lebensformidee in Orientierungsdingen noch hinaus, weshalb es im übrigen auch kein Wunder ist, daß der idealistischen Theorie einer neuen Universität alsbald der Wind ins Gesicht schlägt. Dem Gelehrten Fichtes ist dasselbe Schicksal beschieden wie Platons Philosophenkönig –

13 *Deducirter Plan einer zu Berlin zu errichtenden höhern Lehranstalt (1807)* § 13, in: E. Spranger (Ed.), *Über das Wesen der Universität*, Leipzig ²1919, 23.

14 W. v. Humboldt, Gesammelte Schriften, I-XVII, Berlin 1903-1936, I, 285.

15 *Einige Vorlesungen über die Bestimmung des Gelehrten (1794)*, in: J. G. Fichte, *Ausgewählte Werke in sechs Bänden*, ed. F. Medicus, Leipzig 1910-1912, I, 261.

eine Idee bleibt mit der Philosophie, aus der sie geboren wurde, allein. Die Wirklichkeit zieht weiter.

4. Bildung durch Wissenschaft?

Die Beispiele lehren, daß Wissenschaft immer, zumal in ihrer im Grunde bis ins 19. Jahrhundert reichenden Einheit mit der Philosophie, die Rolle einer wesentlichen Orientierungsinstanz spielte – als besondere *Wissensform*, eng mit der Rationalitätsidee der europäischen Wissenschafts- und Gesellschaftsentwicklung verbunden, als *Institution*, in der sich diese Wissensform mit dem Begriff der Bildung verbindet, und als *Idee*, in der der Begriff einer bildenden Wissenschaft zur Lebensform wird. Defizitär, bezogen auf eine Orientierungsfunktion, ist daher auch nicht *die* Wissenschaft, sondern in erster Linie die Institution Wissenschaft, insofern sie ihren zuerst von Platon, dann von Humboldt betonten Bildungsauftrag nicht oder nur noch unzureichend erfüllt, d.h. auch keine Idee mehr vermittelt, die Wissenschaft, auch und gerade in ihren Rationalitätsformen, (wieder) zur Lebensform im Leben einer Gesellschaft machen könnte.

Ausdruck einer derartigen ›defizitären‹ Entwicklung ist vor allem die weitgehende Entkoppelung von *Wissenschaft* und *Bildung*.[16] Die Vermittlung einer wissenschaftlichen Arbeitsform und (wenn es sie denn doch noch geben sollte) einer wissenschaftlichen Lebensform mit den nicht-wissenschaftlichen Arbeits- und Lebensformen der Gesellschaft gehört heute nicht mehr zu den von der Universität im Sinne einer institutionellen Einheit von Forschung, Lehre und Bildung wahrgenommenen Aufgaben. Ausbildung im üblichen, allein Sachverstand auf begrenzten Feldern vermittelnden Sinne ist an ihre Stelle getreten und Spezialisierung um jeden Preis. In einer Welt, die ihre Bildungs- und Ausbildungsgewohnheiten vornehmlich an Märkten orientiert und in der sich der Wissenschaftler selbst allein noch als Spezialist versteht, hat die Vorstellung, daß Bildung sich an den Idealen einer durch Wis-

16 Die folgende Darstellung gibt einige bereits früher vorgetragene Analysen und Überlegungen zum Stichwort *Bildung durch Wissenschaft* wieder: Wissenschaft als Kultur (vgl. Anm. 5), 25-29.

senschaft aufgeklärten Gesellschaft orientiert, keine Chance mehr. Auch diese Situation ist allerdings nicht völlig neu. Ein Chronist berichtet im Zusammenhang mit den Josephinischen Universitätsreformen Anfang der 80er Jahre des 18. Jahrhunderts: »Wie die Kirchenlehre den Satz zum Angelpunkt hat, daß der Mensch von Natur nichts Gutes tut, so beruhte die österreichische Staatspädagogik auf der Anschauung, daß er von Natur nichts lernen wolle, wenigstens nicht das Rechte. Der alte Aristoteles war anderer Ansicht.«[17] Ist dieser Pessimismus, unter dem sich ein Bildungsauftrag in einen reinen Ausbildungsauftrag verwandelt, auch heute wieder angezeigt, oder sollte man beizeiten wieder auf Aristoteles hören?

Bildung wird sich heute nicht mehr auf die aufklärerische Vorstellung berufen können, daß allein das wissenschaftliche Bewußtsein wahrhaft gebildet ist; sie wäre aber auch als betuliche Alternative zur fortschreitenden Verwissenschaftlichung der Welt gründlich mißverstanden. Bildung hat vielmehr stets etwas mit dem Wesen einer rationalen Kultur, anspruchsvoll formuliert: mit *Identitätsfindung* in einer rationalen Kultur zu tun. Sie ist ein Medium, in dem es dem einzelnen, der Subjektivität, gelingen soll, in seiner *besonderen* Lebensform das *Allgemeine* (im Sinne einer überwundenen reinen Subjektivität) zu verwirklichen. Bildung ist ferner ein Medium, in dem in einer rationalen Kultur der einzelne und die Gesellschaft eine vernünftige Identität (im Sinne stabiler Orientierungen) auszubilden vermögen.

Das klingt reichlich idealistisch, und ist auch so gemeint. Ich denke aber, daß wir in diesem Punkte vom Deutschen Idealismus noch immer einiges lernen können, zumal uns mit diesem zwar nicht mehr die Wirklichkeit, aber immer noch die Idee der Universität verbindet. So richtet sich Bildung nach Hegel, ganz in Übereinstimmung mit den Vorstellungen des Reformers Humboldt, auf eine »subjektive Substantialität der Sittlichkeit«,[18] die entsteht, wenn an die Stelle naturwüchsiger

17 F. Paulsen, *Geschichte des gelehrten Unterrichts auf den deutschen Schulen und Universitäten vom Ausgang des Mittelalters bis zur Gegenwart, I-II*, Leipzig 1919-1921, II, 115f.

18 G. W. F. Hegel, *Grundlinien der Philosophie des Rechts oder Naturrecht und Staatswissenschaft im Grundrisse*, § 187, Sämtliche Werke

Entwicklungen ›Vernünftigkeit‹ tritt.[19] Bildung also als Konkretion der Sittlichkeit. Deren Allgemeinheit besteht dann zum einen in der Überwindung reiner Subjektivität, zum anderen im Charakter der (bürgerlichen) Gesellschaft als eines Systems der Sittlichkeit. Darum heißt es auch weiter bei Hegel, daß es der »höchste Punkt der Bildung eines Volkes« sei, »den Gedanken seines Lebens und Zustandes, die Wissenschaft seiner Gesetze, seines Rechts und Sittlichkeit zu fassen«.[20] Wissenschaft – hier in allen drei erläuterten, jedoch den institutionellen Charakter der Wissenschaft hervorhebenden Bedeutungen – ist neben Familie, bürgerlicher Gesellschaft und Staat Teil jenes konkreten Systems der Sittlichkeit, in dem Hegel und der Deutsche Idealismus die Realisierung der Idee des Menschen als eines Vernunftwesens unter sich entwickelnden historischen Bedingungen zu begreifen suchten.

Nun werden wir kaum mehr mit gleicher Selbstverständlichkeit wie Humboldt und Hegel annehmen, daß, wenn Wissenschaft und Universitäten »ihren Endzweck erreichen, sie auch seine (des Staates) Zwecke und zwar von einem viel höheren Gesichtspunkte aus erfüllen«.[21] Und doch setzen wir noch immer den Bildungs- oder Kulturstaat voraus, wenn wir von einem Bildungsauftrag der Universitäten sprechen und dabei die (epistemische) Einheit und die (institutionelle) Autonomie von Forschung und Lehre hervorheben. Das mag zwar im wesentlichen zur üblichen Bildungs- und Universitätsrhetorik gehören, doch wird damit immerhin deutlich, daß auch unter veränderten historischen Bedingungen und ohne expliziten (und meist ein wenig belächelten) Rekurs auf die Philosophie des Deutschen Idealismus die Unterscheidung zwischen Wissenschaft und Ausbildung nicht vollständig ist. Sie schließt noch immer Bildung und damit das, was zuvor als Idee und Lebensformseite der Wissenschaft bezeichnet wurde, ein. Die Theorie, so wird man auch heute noch sagen dürfen – selbst auf

(Jubiläumsausgabe), I-XXVI, ed. H. Glockner, Stuttgart 1927-1939 (im Folgenden zitiert als Sämtl. Werke), VII, 269.

19 A.a.O., Sämtl. Werke VII, 268.

20 *Vorlesungen über die Philosophie der Geschichte*, Sämtl. Werke XI, 116.

21 W. v. Humboldt, *Über die innere und äußere Organisation der höheren wissenschaftlichen Anstalten in Berlin (1810)*, Gesammelte Schriften X, 255.

die Gefahr hin, als unverbesserlicher Idealist angesehen zu werden – stimmt, die Praxis nicht.

Das hat – neben der üblichen Distanz zwischen Denken und Tun – viele Gründe. Zu ihnen gehören: (1) Bildung setzt Formen von *Unmittelbarkeit* voraus, die in Dingen, die die Wissenschaft betreffen, immer seltener werden. Wir studieren heute, als suchten wir mit dem Lehrbuch in der Hand das Skilaufen zu lernen, und wir lehren heute, als wäre die Welt nur das, was wissenschaftlich der Fall ist. (2) Bildung setzt *Köpfe* voraus, nicht nur Vermittler. Die Vermittler nehmen zu, die Köpfe ab. Dabei liegt in der Verbindung von Köpfen und Wissen auch heute noch die tiefere Wahrheit einer inneren Einheit von Forschung und Lehre. Wer nicht selbst forscht, und zwar unter hohen Ansprüchen forscht, verliert in der Lehre das Augenmaß für die innere Dynamik der Wissenschaftsentwicklung, in der er sich selbst mit seinem Wissen befindet. Er steht für die Vergangenheit des Wissens, nicht für dessen Zukunft. (3) Bildung ist, wie Wissenschaft, nicht nur Wissen, sondern, im Sinne des bisher Gesagten, eine *Lebensform*. Wer keine Lebensform mit seiner wissenschaftlichen Existenz verbindet, der kann auch keine darstellen, der lebt nicht in der Wissenschaft, sondern allein von der Wissenschaft. Nach Fichte ist der Gelehrte der Gebildete und als solcher Wissenschaftler, der Wissenschaftler folglich nicht notwendigerweise auch ein Gebildeter und Gelehrter (eine Einsicht, die sich schwerlich auf die Fichte vor Augen stehenden Verhältnisse beschränken läßt): »Wir lehren nicht bloß durch Worte; wir lehren auch weit eindringender durch unser Beispiel; und jeder, der in der Gesellschaft lebt, ist ihr ein gutes Beispiel schuldig.«[22] (4) Bildung ist *Selbstbildung*. Sie kann nicht gelehrt, sie muß erworben werden. Das Erwerben-Können zu lernen, sollte allerdings ein wesentliches Ziel auch der Lehre sein. Das meinte auch der Württemberger Altliberale Carl Julius Weber in seinen noch immer lesenswerten hinterlassenen Papieren eines lachenden Philosophen (1838): »Wir müssen uns selbst erziehen, wenn wir nicht verprinzen, veradeln, verwuchern sollen, verpastoren, verjuristen, verarzten, veramtmännern, verbauern.«[23]

22 *Einige Vorlesungen über die Bestimmung des Gelehrten*, Sämtliche Werke, I-VIII, ed. J. H. Fichte, Berlin 1846-1846, VI, 332.

23 C. J. Weber, *Democritos oder hinterlassene Papiere eines lachenden*

Darum gibt es im übrigen auch keine Experten für Bildung, nur Gebildete und Ungebildete, und keine Richtlinien, in deren Befolgung man zum Gebildeten wird. Wieder auf die Universitäten als den unter Orientierungsgesichtspunkten von Wissenschaft wesentlichen Institutionen bezogen: Es ist das Geheimnis großer Universitäten wie Oxford und Cambridge, nicht durch besonders raffiniert ausgeklügelte Lehrpläne und Organisationsformen, sondern durch die Bildung von ebenso leistungs- wie lebensformbezogenen Strukturen jene Identifikation zu ermöglichen, die den einzelnen *formt*, ohne daß dies ein inhaltlich gesetztes Maß oder ein Lehrbuchelement wäre. Darum ist es aber auch so schwer, zu sagen, wann und auf welche Weise Wissenschaft in ihrer methodischen und institutionellen Wirklichkeit eine Bildungsform, damit auch eine Orientierungsform, annimmt, die auch eine Lebensform ist; es sei denn, man versuchte es auch an dieser Stelle noch einmal mit Humboldt, für den der Gebildete derjenige ist, der »soviel Welt, als möglich zu ergreifen, und so eng, als er nur kann, mit sich zu verbinden« sucht.[24]

Diese Bestimmung macht zumindest dies deutlich, daß Bildung ebensosehr ein *Können* wie ein Wissen ist. Auch das verbindet die Begriffe Bildung und Orientierung, und auch das macht deutlich, daß Defizite einer Orientierungsfunktion von Wissenschaft (im Sinne einer nicht erfüllten Orientierungsaufgabe) nicht so sehr in deren *theoretischer* Form als vielmehr in deren *praktischer* Form, als Institution und als Idee, liegen. So betrachtet ist denn auch die Frage, in welcher Form Wissenschaft zu den Orientierungsstrukturen einer modernen Gesellschaft beitragen kann (und sollte), keine im üblichen Sinne gebildete Frage aus der Vergangenheit, sondern eine Kernfrage aus der Zukunft der Wissenschaft, die eine rationale Kultur wie die unsere beantworten muß, wenn sie denn eine Zukunft haben will.

Philosophen III, Stuttgart 1838 (Sämmtliche Werke XVIII), 196.

24 »Theorie der Bildung des Menschen (Bruchstück)«, Gesammelte Schriften I, 283.

2. Krise des Wissens?

Über Erosionen des Wissens- und Forschungsbegriffs, Wissen als Ware, Information statt Wissen und drohende Forschungs- und Wissenschaftsverbote

Vorbemerkung

Krisenhafte Entwicklungen sind nichts Ungewöhnliches. Sie befallen Individuen wie Gesellschaften, aber auch Institutionen und selbst die Wissenschaft, und sie sind häufig Teil eines größeren Zusammenhangs, in dem ältere Entwicklungen zu einem gewissen Ende kommen und neuere Entwicklungen ihren bestimmten Anfang noch nicht gefunden haben. In diesem Sinne sprechen wir, mehr oder weniger deutlich an einen ursprünglich medizinischen Hintergrund erinnernd, von Persönlichkeitskrisen, wirtschafts- und finanzpolitischen Krisen und wissenschaftlichen Krisen, speziell Grundlagenkrisen. Diese treten dort auf, wo die methodischen und theoretischen Grundlagen einer Wissenschaft in einem solchen Grade unsicher geworden sind, daß es angezeigt erscheint, sie einer gründlichen Revision zu unterziehen oder nach neuen Grundlagen zu suchen.[1]

Derartige Grundlagenkrisen sind hier mit der Frage nach einer Krise des Wissens nicht gemeint. Diese Frage geht weiter. Sie bezieht sich nicht auf spezielle Wissenschaftsbereiche und nicht auf wissenschaftstheoretische Dinge im engeren Sinne; zudem erfaßt sie auch institutionelle Zusammenhänge. Es geht um den Ort und die Funktion des Wissens in der modernen Welt und in der modernen Gesellschaft. Die Frage ist, ob diese Gesellschaft in ihren Wissensstrukturen, in ihrem epistemischen Wesen, unsicher geworden ist, oder ob das Wissen in dieser Gesellschaft seine ursprüngliche Bedeutung verloren hat.

1 Vgl. Chr. Thiel, Artikel »Grundlagenkrise» und »Grundlagenstreit« in: J. Mittelstraß (Ed.), *Enzyklopädie Philosophie und Wissenschaftstheorie I*, Mannheim/Wien/Zürich 1980, in revidierter Fassung Stuttgart/Weimar 1995, 826f.

Nun bezeichnet sich die moderne Gesellschaft neuerdings mit Vorliebe gerade als *Wissensgesellschaft*; und wo könnte das Wissen besser aufgehoben, wo könnte seine Bedeutung (auch für gesellschaftliche Entwicklungen) klarer erfaßt sein als in einer Gesellschaft, die schon in ihrer Selbstwahrnehmung und in ihrer Selbstbezeichnung zum Ausdruck bringt, daß das Wissen, damit auch die wissensgenerierende Wissenschaft, Basis ihres Selbstverständnisses und ihrer Entwicklungsvorstellungen ist? Wissensgesellschaft – das ist, in dieser Selbstwahrnehmung, eine Gesellschaft, die ihre Entwicklung und damit ihre Zukunft auf die Leistungsfähigkeit des Wissens, speziell des wissenschaftlichen und des technologischen Wissens, setzt und daher auch im Wissen ihre wesentliche Produktivkraft erkennt, die aber auch, wenn sie, bezogen auf ihre in diesem Falle im Wissen gesuchten bzw. aufgesuchten Grundlagen, nicht in krisenhafte Entwicklungen geraten will, über einen klaren Wissensbegriff verfügen müßte. Eben dies scheint heute nicht mehr, jedenfalls nicht mehr in einem überzeugenden Sinne, der Fall zu sein. Also doch: Krise des Wissens?

Ich will im Folgenden dieser Frage unter fünf Gesichtspunkten bzw. Stichworten nachgehen. Diese lauten: neue Vergänglichkeitsmythen, Wissen als Ware, vom Wissen zur Information, Erosion des Forschungsbegriffs und Forschungs- bzw. Wissenschaftsverbote. Bezweckt (und in der Kürze der Zeit auch nicht anders möglich) ist weder eine detaillierte wissenschaftstheoretische Analyse noch eine umfassende gesellschaftstheoretische Analyse. Ich beschränke mich auf kurze, exemplarische Hinweise und Beurteilungen, auf Kritisches, aber, so hoffe ich, auch Tröstliches – im wissenschaftlichen wie im gesellschaftlichen Sinne.

1. Neue Vergänglichkeitsmythen

Auch in einer wissenschaftlichen und einer durch Wissenschaft geprägten Welt gibt es Mythen. In der wissenschaftlichen Welt ist es z.B. der Mythos der Empirie, d.h. die Vorstellung, daß in der Wissenschaft alles empirisch sei, der den wissenschaftlichen Verstand beherrscht und in den Scheingegensatz empirischer und nicht-empirischer Ideale führt;[2] in unserer durch Wissenschaft geprägten Welt sind es z.B. neue Mythen der Vergänglichkeit, verbunden mit seltsamen Vorstellungen über das Wesen des Wissens und einer künstlichen Intelligenz.

Wer heute die Macht des Wissens in Wissenschaftsform zu preisen sucht, verweist eigentümlicherweise mit Vorliebe auf die *Vergänglichkeit* des Wissens, nämlich unter dem Stichwort Halbwertszeit des Wissens auf immer kürzere Verfallsdaten dessen, was wir eben noch zu wissen meinten. Die Terminologie stammt aus den Lehrbüchern der Kerntechnologie und des Strahlenschutzes. Es heißt, daß sich die Halbwertszeit des Wissens in atemberaubender Weise, genannt wird ein Zeitraum von etwa fünf Jahren, verringere. Das klingt spektakulär, auch für den Wissenschaftler selbst, ist aber Unsinn. Was einmal erkannt oder entdeckt ist, was sich einmal als begründet und erwiesen, als den zu erkennenden Gegebenheiten entsprechend herausgestellt hat, verliert – Irrtumsmöglichkeiten selbstverständlich immer in Rechnung gestellt – nicht alle fünf Jahre seine Wahrheit. Das gilt von mathematischen Einsichten ebenso wie von unserem Wissen von den Naturgesetzen, manchmal auch von unserem ökonomischen und selbst philosophischen Wissen. Was hier offenbar gemeint ist, dann aber auch so ausgedrückt werden sollte, ist, daß sich unser Wissen, allem voran unser wissenschaftliches Wissen, immer schneller vermehrt, sich heute – wenn diese Feststellung einigermaßen den tatsächlichen Umständen entsprechen sollte – etwa alle fünf Jahre verdoppelt.

Das ist zweifellos für sich selbst genommen schon ein großartiger Ausdruck erfolgreichen menschlichen Strebens nach Einsicht und Wissen. Welcher Teil unserer Welt sonst könnte auch auf derartige, offenbar zuverlässige Zuwachsraten verweisen? Allerdings will hier sehr genau beurteilt werden, um was für Wissen es sich da jeweils handelt. Wir zählen möglicherweise sehr viel Überflüssiges, Unbedeutendes, Redun-

2 Vgl. J. Mittelstraß, »Philosophische Grundlagen der Wissenschaften. Über wissenschaftstheoretischen Historismus, Konstruktivismus und Mythen des wissenschaftlichen Geistes«, in: J. Mittelstraß, *Der Flug der Eule. Von der Vernunft der Wissenschaft und der Aufgabe der Philosophie*, Frankfurt/Main 1989, 194-227, hier 211-216.

dantes, nur die Publikationslisten der Wissenschaftler Verlängerndes mit. Nicht alles Rechnen hinter dem Komma macht Sinn, nicht alles, was man wissen kann, weil es unsere Konstruktionen erweitert oder unsere Instrumente zu registrieren vermögen, ist sinnvolles Wissen, bringt uns in unserem Streben nach Einsicht und (relevantem) Wissen wirklich weiter. Da gibt es eben neben einem Informationsmüll, der unaufhaltsam wächst und den viele beklagen, auch etwas, das man als Wissensmüll bezeichnen könnte. Also käme es darauf an, sehr genau zwischen relevantem Wissen und seinen mehr oder weniger irrelevanten Ablegern und Seitenwegen zu unterscheiden.

Zum Mythos der Vergänglichkeit, der das Wissen als ein flüchtiges Gut darzustellen sucht, gesellt sich als ein nicht weniger merkwürdiges Komplement ein Mythos von der Ablösung der natürlichen durch die *künstliche Intelligenz*. Auch dieser Mythos hält sich hartnäckig, nachdem es lange Zeit um die sogenannte KI-Forschung sehr still geworden war. Unter Hinweis auf die Fortschritte von Gen- und Informationstechnologie, Robotik und Hirnforschung wird von selbsternannten und gewitzten Propheten wie Joy, Kurzweil und Brooks die Ablösung des Menschen durch die künstliche Intelligenz von Maschinen geweissagt. Nach Joy ist der Mensch auf dem besten Wege, sich selbst überflüssig zu machen,[3] nach Kurzweil beginnen selbstreproduktive Maschinen über die erbärmlichen Formen menschlicher Selbstreproduktion und schwächer werdende menschliche Regieformen zu herrschen,[4] nach Brooks wird sich der Mensch nur dadurch gegenüber den Robotern behaupten können, daß er selbst zum Roboter wird.[5] Hier triumphiert, von den Medien lustvoll unterstützt, der Sonntag der Phantasie über den Alltag der wissenschaftlichen

3 B. Joy, »Warum die Zukunft uns nicht braucht. Die mächtigsten Technologien des 21. Jahrhunderts – Robotik, Gentechnik und Nanotechnologie – machen den Menschen zur gefährdeten Art«, Frankfurter Allgemeine Zeitung (FAZ), 6.6.2000, Nr. 130, 49-51.

4 R. Kurzweil, »Der Code des Goldes«, Frankfurter Allgemeine Zeitung (FAZ), 17.6.2000, Nr. 139, 49.

5 R. A. Brooks, »Das Fleisch und die Maschine. Wie die neuen Technologien den Menschen verändern werden«, Frankfurter Allgemeine Zeitung (FAZ), 4.9.2000, Nr. 205, 49.

Arbeit, das unverdaute Zeug über das differenzierende Argument, science fiction über science reality.

Dabei zeugen wiedererwachte Erwartungen an eine künstliche Intelligenz auch noch von gewaltigen Mißverständnissen, etwa dem, daß aus einer weiteren Zunahme von Rechengeschwindigkeiten ein qualitativer Umschlag in Intelligenz erfolge. Zudem wird, wenn es wirklich Wege zur künstlichen Intelligenz auf dem Niveau natürlicher Intelligenz gäbe, ein derartiges System, so der renommierte Hirnforscher Singer, »nicht unterhalb des Komplexitätsgrades realisierbar sein, den die Großhirnrinde erreicht hat«, wobei »man heute noch nicht einmal in der Lage (ist), Teile eines Fliegenhirns zu simulieren, geschweige denn die Leistungen einer ganzen Fliege«.[6] Auch Singer wiederholt in diesem Zusammenhang die über 200 Jahre alte Frage Kants, ob sich das Bewußtsein, ob sich ein kognitives System überhaupt selbst vollständig beschreiben könne. Unsere Propheten überspringen diese Frage einfach – mit nichts als ihren Phantasien (und gelegentlich handfesten wirtschaftlichen Interessen) in der Hand. Doch auch ohne eine derartige, erkenntnistheoretisch subtile Frage bleibt ein mögliches KI-Land ein dürres Land. Versteht man auch nur ein wenig von einer Turing-Maschine, die das Grundmodell aller programmierbaren Rechner ist, und deren konstruktiver Einfachheit (sie wurde 1936 von dem Mathematiker und Logiker Turing zur exakten Definition des Begriffes der effektiven Berechenbarkeit entwickelt), vermag man auch den gewaltigen Abstand zwischen wissenschaftlicher Realität und nachgeträumten (alten) Träumen von einer heraufziehenden Symbiose von Mensch und Maschine zu ermessen. Die Krise des Wissens, die hier in einer falschen, überzogenen Einschätzung des Wissens und seiner Entwicklung beruht, ist selbstgemacht.

In Wahrheit wird hier denn auch aus einer (so nicht einmal wahrgenommenen) Krise des Wissens eine Krise des Menschen herbeigeredet, wird aus einer epistemologischen Krise eine anthropologische. Doch ob es sich hier wirklich um eine Krise handelt oder ob es wirklich zu einer derartigen Krise kommen wird, ist völlig offen. Erstens, weil, wie gesagt, auch hier die Phantasie stärker ist als eine rationale Beurteilung, zweitens,

6 W. Singer, »Wir benötigen den neuronalen Code«, Frankfurter Allgemeine Zeitung (FAZ), 24.8.2000, Nr. 196, 51.

weil diese Entwicklungen schließlich nicht von selbst passieren, sondern abhängig von Forschungsentscheidungen und Forschungshandeln, wissenschaftlichen und gesellschaftlichen Orientierungen sind. Und ob der Mensch bereit ist, gehorsam beiseite zu treten, um einem sich selbständig machenden Wissen Platz zu machen, darf mit Fug und Recht bezweifelt werden – jedenfalls in einer rationalen Gesellschaft, die wir in weiten Grenzen doch zu sein glauben und in einem klugen Zusammenspiel von Verstand und Vernunft, wo dieses Zusammenspiel gelingt, auch sind. In nicht-rationalen Gesellschaften mag das anders sein; doch drohen da bekanntlich noch ganz andere Gefahren.

2. Wissen als Ware

Wissen, vor allem in seinen theoretischen Formen, galt einmal als Inbegriff des Menschen als Vernunftwesen und als die höchste Form menschlicher Arbeit. Darum lautet auch der berühmte Eingangssatz der Aristotelischen »Metaphysik«: »Alle Menschen streben von Natur aus nach Wissen«,[7] und darum bezeichnet Aristoteles in seiner Ethik Theoria, oder das theoretische Leben, als höchste Form der Praxis[8] – dabei nicht unerwähnt lassend, daß dies ein Ideal, kein Faktum und damit wirklich erreichbar, sei. Das Wissen wird hier zugleich mit einer Lebensform identifiziert. Entsprechend war das Wissen stets auch mit einem Subjekt – einem überragenden Wissenschaftler, später in Form des Gelehrten, oder einem bewunderten Lehrer – verbunden. Das ist, von sehr individuellen Verhältnissen abgesehen, seit langem vorbei. In seiner subjekthaften Realisierung verschwindet das Wissen heute hinter neuen Übermittlungsformen, wird es, auch in Form von Lehr- und Lernprozessen, zunehmend subjektlos – was es in einem gewissen Sinne, nämlich unter Geltungsgesichtspunkten, weil Geltung im philosophischen und wissenschaftlichen Sinne gerade inter- oder transsubjektive Geltung bedeutet, natürlich auch immer schon war. Zugleich wird das Wissen – und das ist hier das Entscheidende – mehr und mehr als ein Gut betrach-

7 Met. A1.980a21.
8 Vgl. Eth. Nic. K7.1177a12ff.

tet, das sich den üblichen Marktformen anpaßt, das mal vergänglich, mal (mehr oder weniger) unvergänglich ist, nichts, das die Welt, die moderne Welt, beherrscht, sondern etwas, das von dieser Welt bzw. ihren Marktformen beherrscht wird.

Eigentümlicherweise versteht sich ja auch die Wissensgesellschaft in der Regel nicht in der Weise, daß hier eine Gesellschaft konsequent auf ihr wissenschaftliches, d.h. ihr epistemisches, Wesen setzt, sondern so, daß sie das Wissen als eine handelsfähige Ware entdeckt. Wer heute vor dem Bildschirm seines Computers hockt und durch die Wissens- und Informationsbestände dieser Welt jagt (›surft‹, in der Sprache der Wasserfreunde), hat nicht die wissenschaftliche Wahrheit, sondern die Unwahrheiten des Marktes und die Vergänglichkeiten gesellschaftlicher, wirtschaftlicher und unterhaltender Befindlichkeiten im Auge. Wissen und Börse gehen ein ebenso überraschendes wie inniges Verhältnis ein. Nasdaq als ein alles überragender Maßstab für die Qualität von Wissen? Werden die gewohnten Geltungsansprüche und der prüfende Umgang mit ihnen durch wirtschaftlichen Erfolg und Börsennotierungen ersetzt?

Wissen ist heute in der Tat für große Teile der Gesellschaft etwas geworden, mit dem man umgeht, das man aber nicht selbst mehr betreibt. Das Zauberwort lautet Wissensmanagement. Wissen wird hier zu einem Sport, den man nicht mehr selber ausübt, über den man aber alles zu wissen glaubt, zu einem Spiel wie dem Schachspiel, dessen Regeln man kennt, dessen große Spiele man vielleicht sogar nachzuspielen vermag, das man aber, weil man es nie als eigenes Spiel zu spielen gelernt hat, gegen jeden Nobody verlieren würde. Mit anderen Worten, es droht eine ungewohnte Distanz einzutreten zwischen Wissen und Wissendem, dem, was das Wissen vorantreibt, Voraussetzung des Neuen ist, und dem, der das Wissen nutzt und ›managt‹, eine Distanz, die dem Wissensprozeß insgesamt abträglich ist, die das Wissen, wie gesagt, zu einem Gut macht, das irgendwie zur Verfügung steht, und den Wissenden zu einem, der sich nur noch als Dienstleistenden, nicht mehr als Teil des Wissensprozesses selbst, d.h. nur noch als dessen Vermittler und Nutzer versteht. Wissen aber, das nur noch als Ware gesehen wird, die es zu erwerben, zu vermitteln, zu managen und zu nutzen gilt, verliert sein eigentliches Wesen, nämlich Ausdruck des epistemischen Wesens des Menschen zu sein, und wird zu einem Gut wie jedes andere auch.

Die Wissensgesellschaft erweist sich damit in ihrer Selbstwahrnehmung und ihrem Selbstverständnis als Teil einer Dienstleistungsgesellschaft, in der alle Produktionsvorgänge wieder in reine Tauschvorgänge überzugehen scheinen. Jeder ist jedem in irgendeiner Weise zu Diensten, auch der Wissenschaftler, der sein Handwerk nicht mehr in der Produktion von Wissen, in der intelligenten Arbeit am Wissen, sondern als dessen Anbieter, Verkäufer, Manager und Ausstatter versteht. Wissen online ist alles; die Vorstellung, daß Wissen zunächst einmal etwas ist, das entdeckt, hergestellt, bearbeitet und erworben werden muß, das unter anderen Bedingungen als denjenigen eines drohenden epistemischen Ökonomismus entsteht, geht verloren. Wissen, so scheint es, kommt aus dem Computer, wie Licht aus der Steckdose. Die Frage, wie das Wissen in den Computer kommt, scheint ebenso uninteressant zu werden wie für viele die Frage, wie der Strom in die Steckdose kommt.

Und in der Tat dürfte für viele das unbegrenzte und unbegrenzbare Operieren im Meer des Wissens interessanter geworden sein als der asketische Versuch, es an irgendeinem Punkt in diesem Meer mit viel Aufwand und unbestimmtem Ausgang um das eine oder andere Element zu vermehren. Wechselt der Entdecker von der erfahrenen Armut des Wissens in dessen aufdringlichen Reichtum? Entdeckung nicht als Entdeckung des bis dahin Ungewußten, damit des eigentlich Neuen, sondern als Entdeckung des irgendwo schon Gewußten, also des alten Neuen? Vieles spricht dafür, daß das Wissen in unseren Köpfen sein Koordinatensystem zu wechseln beginnt, daß mit der Warenvorstellung des Wissens auch ein veränderter Umgang mit dem Wissen verbunden ist. Könnte auch das ein Grund dafür sein, daß in den Natur- und Ingenieurwissenschaften die Studierenden ausbleiben und den informatikbezogenen und wirtschaftswissenschaftlichen Studiengängen die Hörsäle überlaufen?

Wissen läßt sich nicht herstellen, wie man Kugellager oder Waschmittel herstellt. Eben diese Vorstellung aber scheint, ineins mit einem veränderten Umgang mit dem Wissen, mehr und mehr um sich zu greifen. Der Verwertungsdruck auf die

Forschungseinrichtungen, unter ihnen die Universitäten, steigt; ein immer wieder angemahnter Wissenstransfer besagt, daß in der Wissenschaft die Dinge so weit vorzufertigen sind, daß sie die Wirtschaft wie Rohlinge gleich in die weiterverarbeitende und wirtschaftende Hand nehmen kann. Alles andere scheint vergeudete Zeit und unnütz zu sein. Wo von Forschung in der Weise von Grundlagenforschung die Rede ist, denkt man nur noch an Elfenbeintürme. Die passen tatsächlich nicht mehr in die Architektur der modernen Welt, doch hat das mit dem besonderen Wesen der Wissenschaft auf der Suche nach dem Neuen und den besonderen Wegen, die sie dabei einzuschlagen hat, nichts zu tun. Wir stehen vor einem großen Mißverständnis. Und wenn wir nicht achtgeben, schlägt ein unsicher und oberflächlich gewordener Umgang mit dem Wissen auf die Wissenschaft zurück.

3. Vom Wissen zur Information?

Was hier in allgemeiner Form, in der Charakterisierung der Wissensgesellschaft als Teil einer Dienstleistungsgesellschaft und mit der neuen Warenform des Wissens dargestellt wurde, spiegelt sich auch in dem Verhältnis der Begriffe Wissen und Information und dem sich hartnäckig haltenden Begriff einer Informationsgesellschaft. Das Undeutlichwerden des Begriffs des Wissens liegt auch an seiner häufig unverstandenen Nachbarschaft zum Begriff der Information.

Information macht dem Wissen und der Gesellschaft Beine, aber sie ist damit noch nicht, wie sie selbst vorgibt, das bessere Wissen. Das gleiche gilt vom Begriff der Informationsgesellschaft. Mit ihm ist (wie im Falle eines oberflächlichen Begriffs der Wissensgesellschaft) eine Gesellschafts- und Wirtschaftsform gemeint, in der Erzeugung, Speicherung, Verarbeitung, Vermittlung, Verbreitung und Nutzung von Informationen und Wissen in Informationsform einschließlich immer größerer technischer Möglichkeiten der interaktiven Kommunikation eine zunehmend dominante Rolle spielen.[9] Maßgebli-

9 Vgl. *Der Rat für Forschung, Technologie und Innovation: Informationsgesellschaft. Chancen, Innovationen und Herausforderungen*, Bonn 1995, 9-12 (Allgemeine Vorbemerkungen).

che Elemente dieser Entwicklung sind die Technik, z.B. in Form des Aufbaus und des Ausbaus von Informationsleitungsnetzen und der Entwicklung nutzerfreundlicher Mensch-Maschine-Schnittstellen, die Wirtschaft, z.B. in Form von e-commerce, und alle kulturellen Formen der Gesellschaft, z.B. in den Bereichen Bildung und Umwelt. In der Ökonomie spricht man bereits davon, daß Märkte im traditionellen Sinne durch Netzwerke ersetzt werden, in denen nicht Eigentum getauscht, sich Käufer und Verkäufer gegenüberstehen, sondern es zwischen Anbietern und Nutzern um den Zugang zu einem erwünschten Gut geht. Zugang, Zugriff, ›Access‹, so Rifkin, einer der Herolde dieses Wandels (allerdings der eher guruhaften Art), sollen zu Schlüsselbegriffen eines neuen ökonomischen Zeitalters werden.[10]

Dabei versprechen Informationswelten schon heute vielen ein paradiesisches Reich des Wissens ohne mühsame Lernprozesse. Ihre Pädagogik lautet, daß wir alle von Wissenszwergen zu Informationsriesen werden sollen.[11] In diesen Welten, metaphorisch gesprochen: in der Symbiose von Bildschirm und Kopf, wird die Unterscheidung zwischen Wissen und Information blaß. So sprechen wir häufig (und unbedacht) von Information, als sei diese schon das ganze Wissen, und übersehen dabei, daß Information nur die Art und Weise ist, wie sich Wissen transportabel macht, also eine *Kommunikationsform*, keine (selbständige) Wissensform. Es entsteht der irreführende Eindruck, daß sich das Wissen selbst in Informationsform bildet, daß mit dem Informationsbegriff ein neuer Wissensbegriff entstanden ist, und zwar, gegenüber älteren Wissensbegriffen, der einzig richtige. Das aber ist semantischer Unsinn. Die Information folgt dem Wissen; sie ist weder mit diesem identisch, noch geht sie ihm als eigene Wissensform voraus.

Daß Information nicht gleich Wissen ist oder sich an dessen Stelle setzen kann, wird auch darin deutlich, daß nicht alles

10 J. Rifkin, »Die Teilung der Menschheit. Zugang heißt das Zauberwort des neuen Jahrhunderts: Vom Verschwinden des Eigentums in der Epoche des Hyperkapitalismus«, Frankfurter Allgemeine Zeitung (FAZ), 12.8.2000, Nr. 186, If. (Bilder und Zeiten).

11 Das Folgende ist weiter ausgeführt in: J. Mittelstraß, »Der Verlust des Wissens«, in: ders., *Leonardo-Welt. Über Wissenschaft, Forschung und Verantwortung*, Frankfurt/Main 1992, 221-244.

Wissen ist, was die Information transportiert. Ihre Ware ist vielmehr auch der Irrtum, das schlicht Falsche, das Oberflächliche und Ungeprüfte, das Halbgare und das Verdorbene, sogar (gelegentlich) Täuschung und Lüge. Auch das Banale ist eben nicht fern, wenn das Virtuelle nah ist. Wir werden uns mithin daran gewöhnen müssen, daß das Informationsnetz nicht nur der Wahrheit wegen geflochten wird; es ist auch das Kleid, das Dummheit, Ignoranz und manches andere tragen. Anders ausgedrückt: In einer Informationswelt treten, wie schon unter dem Stichwort Warenform des Wissens beschrieben, an die Stelle eigener Wissensbildungskompetenzen vor allem Verarbeitungskompetenzen und das Vertrauen darauf, daß die Information ›stimmt‹. In der Tat macht es wenig Sinn, vor dem Bildschirm den Skeptiker zu spielen (A. Fuhrmann). Informationen muß man glauben, wenn man ihr Wissen, das über die Information transportierte Wissen, nicht selbst daraufhin prüfen kann, ob es wirklich Wissen ist. Eben diese Prüfung aber war bisher konstitutiv für den Begriff der Wissensbildung: Wissen kann man sich nur als Wissender aneignen, Wissen setzt den Wissenden voraus, Wissen heißt lehren können.

Im übrigen werden im Medium der Information auch Wissen und *Meinung* ununterscheidbar. Meinung artikuliert sich im Medium der Information wie Wissen; der ›Informierte‹ selbst weiß nicht, ob er in einer Wissenswelt oder in einer Meinungswelt lebt. Oder noch deutlicher ausgedrückt: Wo in Informationsform zwischen Wissen und Meinung nicht mehr unterschieden wird bzw. dieser Unterschied nicht mehr kenntlich ist, öffnet sich in überraschender Weise eine Nische für eine *neue Dummheit*, allerdings für eine Dummheit auf hohem Niveau. Sie gibt sich nur dem auf Wiederherstellung einer ursprünglichen Wissenswelt Dringenden wirklich zu erkennen und fällt im übrigen deshalb nicht sonderlich auf, weil sie eben technologisch gesehen ungeheuer erfolgreich ist.

Noch einmal: Informations- und Kommunikationsmedien besitzen nicht nur ein großes Aufklärungs-, nämlich Wissensvermittlungspotential, sondern auch ein gewaltiges Täuschungspotential. Alles, was hier übermittelt, weitergegeben wird, trägt den suggestiven Anspruch der Wahrheit vor sich her, bietet sich als Schatzkammer untrüglichen Wissens dar und ist nur allzu oft doch nur bloße Meinung, oder, schlimmer noch, Trug und Schein. Eine Logik des Scheins, die Kant noch in den großen Systemen der Metaphysik am Werke sah, hat sich in die Niederungen des menschlichen Fürwahrhaltens begeben und ist heute wohlfeil – in Form eines Netzes, das zwischen dem Bedeutenden und dem Unbedeutenden, dem Wahren und dem Falschen nicht zu unterscheiden vermag – allen zugänglich. Welch ein Paradies für alle Gaukler, Halbgebildeten, Wissenshabenichtse und kleinen Betrüger. Virtualität als große Gleichmacherin von Wissen und Meinung, Tatsachen und Nicht-Tatsachen, Wahrheit und Betrug? Wir werden auf der Hut sein müssen. Tatsächlich falsch und virtuell falsch ist im Effekt dasselbe, tatsächlich falsch und virtuell wahr nicht.

Und noch etwas: Die Informationswelt, als die sich heute die moderne Welt zu erkennen gibt, ist eine *Expertenwelt*; in ihr herrscht nicht die Leibnizsche Monade, in der sich auch in Wissensdingen ein Universum spiegeln soll, sondern der Spezialist, in dem sich fast nichts mehr oder nur noch (frei nach Schiller) eine geteilte Erde spiegelt. Das aber kann vor allem unter Orientierungsgesichtspunkten nicht gutgehen. Wenn nämlich das Wissen nicht zuletzt immer auch der Orientierung dient, dann muß auch ein ›Informationswissen‹, d.h. Wissen in Informationsform, seinen wohlbestimmten Platz in einer derartigen Ordnung finden. Und hier ist es wichtig, sich klarzumachen, daß Informationen im strengen Sinne nicht orientieren, daß sie aber, in Form verläßlicher Informationen, zu den Voraussetzungen oder Grundlagen der Orientierung gehören. Maßgebend für diese Bestimmung ist, daß ›Informationswissen‹ stets in erster Linie ein Faktenwissen ist, d.h. ein Wissen darüber, was der Fall ist (oder als solcher ausgegeben wird). Demgegenüber läßt sich ein *Orientierungswissen* als ein Zwecke- und Zielewissen definieren, d.h. als ein Wissen darüber, was (begründet) der Fall sein soll. Oder noch anders, den ›Ort‹ eines ›Informationswissens‹ im System des Wissens verdeutlichend, formuliert: ›Informationswissen‹ ist Teil eines Verfügungswissens und dient dem Orientierungswissen.

Daß es mit einem Orientierungswissen heute nicht zum besten bestellt ist, pfeifen die Spatzen, nicht nur die philosophischen, von allen Dächern. Die moderne Welt weiß immer mehr, und sie wird gleichwohl immer orientierungsschwächer.

Das steht durchaus auch in einem ursächlichen Verhältnis miteinander. So ist es nicht zuletzt der Überfluß, der uns zu Verlierern macht. Der lockende Zugriff auf alles verfehlt nur allzu oft das Gesuchte, Bedeutende. Mit kleiner Münze wird zurückgezahlt, was wir als Erwartung in unsere Werke stecken und als Nutzen aus ihnen wieder zu gewinnen suchen. In den unendlichen Weiten der Information verliert der Suchende alle Orientierung, und in den unendlichen Weiten transportierten Wissens geht nur allzu häufig das schon Gewußte verloren. Indiz dafür ist z.B. der Aufwand, der heute mit Retrievaltechniken in großen Datenbanken getrieben wird. Dem Aneignen in seinen modernen, digitalen Formen steht offenbar das Vergessen näher als die Erinnerung. Deshalb muß diese auch immer wieder neu inszeniert werden. Die Flüchtigkeit der Information verdrängt die andauernde Gegenwart des Wissens.

Das bedeutet, daß die Informationswelten eine Aneignungsform der modernen Welt sind, mit der diese über das Sein und das Bewußtsein ihrer Subjekte zu herrschen beginnt. Ihre Kultur ist *Konstruktion*, Konstruktion der Wirklichkeit ebenso wie des Bewußtseins, das sich im Medium der Information auf diese Wirklichkeit bezieht. Wo *homo faber* herrscht, wird in diesem Sinne alles zur Konstruktion, erfaßt die moderne Welt unter dem Signum des technologischen Wandels selbst die Wissenschaft und die Wissensformen. Achten wir darauf, daß wir über den Schalmeienklängen der neuen Weltbaumeister, von homo faber, der sich in *mundus faber* zu verwandeln beginnt, nicht vergessen, daß die Zukunft der modernen Welt und der modernen Gesellschaft nicht die Informationsgesellschaft, sondern eher schon die *Wissensgesellschaft* ist, allerdings eine Gesellschaft, die die neuen Möglichkeiten der Kommunikations- und Informationstechnologien klug und souverän nutzt, ohne ihnen, d.h. der in allem Technologischen liegenden Verselbständigungs- und Herrschaftstendenz – und damit in diesem Falle auch einer Erosion des Wissensbegriffs selbst – zu erliegen.

4. Erosion des Forschungsbegriffs

Neben die hier beschriebene Erosion des Wissensbegriffs tritt eine Erosion des Forschungsbegriffs. Diese hat, weil Forschung zunächst einmal das ist, was Wissenschaft unter Forschung versteht, die Wissenschaft selbst zu vertreten. Und hier hat es häufig den Anschein, als hätten Wissenschaft und Forschung die Übersicht über den eigenen Forschungsbegriff verloren, als käme zunehmend die Fähigkeit abhanden, zwischen Forschung und akademischen oder anderen Routinen, die dann auch als Forschung bezeichnet werden, zu unterscheiden.[12] Tatsächlich schmückt sich mit dem Begriff der Forschung auf dem weiten wissenschaftlichen Felde und vielen benachbarten Feldern jeder und alles. Da heißt schon Forschung, wenn Chemiker ein Reagenzglas in die Hand nehmen, Historiker in Archiven verschwinden, Ingenieure Geodimeter betätigen und Juristen in Kommentaren abweichende Meinungen notieren. Auf der Universität gelten alle Wissenschaftler als Forscher, auch die blassen unter ihnen; und in den außeruniversitären Forschungseinrichtungen ist es nicht anders. Wissenschaft ist heute ein riesiger, längst unüberschaubar gewordener Betrieb geworden, der vom theoretischen Glasperlenspiel bis zur industriellen Entwicklung reicht und im Begriff der Forschung gleichwohl eine systematische, auch gegenüber anderen, nicht-wissenschaftlichen Entdeckungsformen geltend gemachte Einheit zu gewinnen sucht. Der Geist, so ein altes philosophisches Vorurteil, weht überall, und das bedeutet eben auch: Er weht über Klaren und Verwirrten, denen, die nach Wahrheit suchen, und denen, die sie immer schon gefunden zu haben glauben, Forschenden und denen, die sich dafür halten. Der Begriff der Forschung ist heute weitgehend zur Allerweltsvokabel mutiert und in seiner inflationären Verwendung zur leeren Münze verkommen.

12 Dazu und zum Folgenden vgl. J. Mittelstraß, »Erfüllt die Naturforschung ihren Auftrag?«, in: W. Köhler (Ed.), *Was kann Naturforschung leisten? Vorträge anläßlich der Jahresversammlung vom 21. bis 24. März 1997 zu Halle (Saale). Deutsche Akademie der Naturforscher Leopoldina, Halle (Saale)*, Heidelberg/Leipzig 1997 (Nova Acta Leopoldina NF 76, Nr. 303), 63-77, hier: 68-70; ferner in: J. Mittelstraß, *Die Häuser des Wissens. Wissenschaftstheoretische Studien*, Frankfurt/Main 1998, 159-178; hier: 165-168.

Nun ist, abgesehen von einer auffälligen Leere des Begriffs bzw. semantischen Gewohnheiten, in denen Wissenschaft und Gesellschaft nicht mehr so genau hinsehen, der Begriff der Forschung tatsächlich schwierig: weil Forschung nicht gleich Forschung ist. Forschung heißt, die Elemententafel vervollständigen, Fermats Vermutung zur Gewißheit werden lassen, Flugkörper zum Mars schicken, künstliche Diamanten herstellen, Qumran entziffern, das HIV-Virus dingfest machen, Wahlen analysieren, die Briefe Karls V. ordnen, die schwache mit der elektromagnetischen Kraft vereinigen. Das alles heißt Forschung, und das alles ist, wenn den üblichen, durch die scientific community gesetzten wissenschaftlichen Standards entsprechend, Forschung, nur dürfte es schwerfallen, die Einheit der hier verwendeten Forschungsbegriffe in theoretischer, methodischer oder gar inhaltlicher Hinsicht deutlich zu machen. Eine falsche Unendlichkeit des Begriffs der Forschung liegt eben nicht nur im inflationären Gebrauch dieses Begriffs, sondern auch in seiner (methodischen) Unbestimmtheit bzw. Unterbestimmtheit. Wen wundert es, daß wir uns auch in anderen Zusammenhängen mit dem Forschungsbegriff so schwer tun, z.B. bei der noch immer manche wissenschaftspolitischen Kontroversen bestimmenden Unterscheidung zwischen Grundlagenforschung und angewandter Forschung.

Wo sich die Wissenschaft heute auf dem unsicheren Boden eines allgemeinen Forschungsbegriffs einen festen Stand zu geben oder sich gesellschaftlicher Anmutungen – wie unter dem Stichwort Wissen als Ware und der mit diesem verbundenen Vorstellung eines epistemischen Ökonomismus – zu erwehren sucht, spricht sie gern von ihrem Wesen als Grundlagenforschung (im Unterschied zur sogenannten angewandten Forschung). Zumindest dieser Begriff scheint klar, ist es aber nicht. Zum einen wird mit Grundlagenforschung nämlich ›reine‹ Forschung bezeichnet, die sich in ihrem Selbstverständnis nur den hehren Idealen der Wahrheit und der reinen Erkenntnis verpflichtet fühlt, zum anderen Forschung, die hinsichtlich ihrer Gegenstände in einer besonderen Weise vor den Gegenständen anderer Forschung ausgezeichnet ist. Zu diesen Gegenständen gehören heute etwa Hochenergiephysik und ferne Galaxien. Beide Unterscheidungen, die erkenntnisorientierte oder ›subjektive‹ und die gegenstandsorientierte oder ›objektive‹, sind problematisch. Die eine definiert eine Forschungsform über das Interesse, die Motivation des Forschers, die andere über Teile der Welt bzw. deren Besonderheiten.

Beide Forschungsformen – Grundlagenforschung, vor allem in ihrem Selbstverständnis als rein erkenntnisorientierte Forschung, und angewandte Forschung, entsprechend als anwendungs- und produktorientierte Forschung verstanden – gehen denn auch in ihren wissenschaftlichen Orientierungen und in ihren (gegebenen oder erwartbaren) Resultaten – man könnte auch sagen: im wissenschaftlichen Forschungsalltag – zunehmend ineinander über. Die moderne Forschungsentwicklung hat sich aus ihrem älteren Definitionsrahmen gelöst, der den tatsächlichen Gegebenheiten schon lange nicht mehr entsprach; sie führt in ein *Forschungsdreieck*, gebildet aus reiner Grundlagenforschung, anwendungsorientierter Grundlagenforschung und produktorientierter Anwendungsforschung. Anders formuliert: Wer – und das könnte gegebenenfalls auch der Wissenschaftler selbst sein – Forschung mit Routinen verwechselt, die nur allzu oft an die Stelle tatsächlichen Wissensfortschritts treten, oder wer in einem falschen, längst überwundenen Dualismus von Grundlagen und Anwendungen verharrt, hat das, was Forschung im wirklichen und im modernen Sinne ist, nicht begriffen.

Es ist allerdings nicht nur Forschung zwischen falscher Unendlichkeit und ökonomischem Verwertungsdruck, deren Begriff hier in Frage steht, sondern auch eine seltsame Vorstellung von (der Demokratietheorie entlehnten) *pluralistischen* Verhältnissen in methodischen Dingen. In der politischen Theorie sind demokratische Verhältnisse ihrem Wesen nach *pluralistisch* bestimmt, insofern im demokratischen Diskurs kein Argument von vornherein, d.h., bevor es sich überhaupt zur Geltung bringen kann, ausgeschlossen werden darf (Argumentepluralismus) und kein Interesse von vornherein, d.h. wiederum, bevor es sich zur Geltung bringen kann, als illegitim bezeichnet werden darf (Interessenpluralismus). Das gilt insoweit – Stichwort: Freiheit der Forschung – auch für die Wissenschaft, und zwar dort, wo es um die Vertretung von wissenschaftlichen Argumenten und wissenschaftlichen Positionen geht. Allerdings darf dies eben nicht so weit gehen, daß dann auch jede ›Wahrheit‹ als gleich gut, d.h. als gleich gut begründet, angesehen und diese Vorstellung selbst zum Prinzip erhoben wird. Eine derartige Vorstellung führt in der Wissenschaftstheorie zu einem sogenannten (theoretischen) *Theorien-* und *Methodenpluralismus*, d.h. zu der These, daß sich über Methoden und Theorien selbst kein begründungsorientierter Diskurs führen läßt und dieser daher, wenn er dennoch geführt wird, dogmatisch sei.[13] Wahrheit wird hier beliebig, weil die Wege, die zu ihr führen, und die Konzeptionen (›Theorien‹), in deren Rahmen sie gebildet wird, selbst beliebig, eben im Sinne eines politischen Argumente- und Interessenpluralismus, zu sein scheinen.

Dies ist nicht nur ein Irrtum, den nur eine sehr eigenwillige Interpretation der Wissenschaftsgeschichte verbergen läßt, sondern auch ein schwerwiegendes Mißverständnis, in dessen Rahmen der Begriff der wissenschaftlichen Wahrheit – entsprechend auch der der forschenden Objektivität – nicht erfüllt, sondern aufgehoben wird. Gegen diesen (theoretischen) Pluralismus in Wissenschaftsdingen, der sich selbst gelegentlich mit demokratischen und postmodernen Idealen schmückt (Feyerabend),[14] hilft denn auch nur ein striktes Begründungspostulat, dessen Einlösung den Begriff der wissenschaftlichen Wahrheit (und der forschenden Objektivität) jenseits seiner Inanspruchnahme durch einen mißverstandenen ›demokratischen‹ Pluralismus wieder herstellt. Daß ein derartiges Postulat seinerseits eines erheblichen philosophischen und wissenschaftstheoretischen Aufwands bei seiner Formulierung und zu seiner Durchsetzung bedarf, ist in gewisser Weise trivial, sichert aber, zumindest wissenschaftsintern, die Tragfähigkeit eines intern wie extern immer wieder in Frage gestellten Wissensbegriffs. Oder andersherum und die vorangehenden Überlegungen zum Forschungsbegriff wieder aufgreifend formuliert: Indem die Wissenschaft gelegentlich selbst schlampig mit ihrem Forschungsbegriff umgeht und irreführenden wis-

13 Vgl. F. Kambartel, *Theorie und Begründung. Studien zum Philosophie- und Wissenschaftsverständnis*, Frankfurt/Main 1976, 83f.; ferner P. Janich/F. Kambartel/J. Mittelstraß, *Wissenschaftstheorie als Wissenschaftskritik*, Frankfurt/Main 1974, 29ff.

14 P. K. Feyerabend, *Erkenntnis für freie Menschen*, Frankfurt/Main 1980, ²1981.

senschaftstheoretischen Konzepten aufsitzt, trägt sie unbewußt und unbeabsichtigt selbst zu einer Krise des Wissensbegriffs bei.

5. Forschungsverbote?

Zu einem unverantwortlichen Umgang mit dem Wissensbegriff, zum Versuch einer radikalen Ökonomisierung des Wissens, zur Verwechslung von Wissen und Information und zur zum Teil selbstverschuldeten Erosion des Forschungsbegriffs kommt heute, krisenhafte Symptome des Umgangs mit Wissen und Wissenschaft noch einmal verstärkend, ein neuer Streit um die *Freiheit der Forschung*. Dieser ist im Unterschied zu früheren Kontroversen um den Begriff der Forschungsfreiheit weniger gesellschaftstheoretisch als ethisch motiviert. Im Hintergrund stehen Entwicklungen in der Biologie (Stichwort Gentechnik) und der Medizin, speziell der Reproduktionsmedizin. Und wieder geht es nicht so sehr um die Frage, was der einzelne Forscher darf, und unter welchen Bedingungen, sondern um die grundsätzliche Frage, ob sich Forschung im Hinblick auf mögliche Folgen, sprich: Anwendungen, einschränken läßt bzw. ob Forschung in dieser Hinsicht eingeschränkt werden muß. Eine Krise des Wissens und des Umgangs mit dem Wissen wird hier zur Krise der Forschung.

Zum Hintergrund. Wir sind heute nicht nur Zeugen tiefgreifender, revolutionärer Entwicklungen in Biologie und Medizin, sondern auch Zeugen einer fundamentalen Veränderung im Verhältnis von Wissenschaft und (philosophischer) Ethik.[15] Der philosophische Blick geht vom Makrokosmos, den der Mensch mit anderen Wesen bewohnt, hin zum Mikrokosmos, der der Mensch selbst ist. Zugleich findet er jene *Exzentrizität*, die im Übergang vom geozentrischen zum heliozentrischen Weltbild die neue Stellung des Menschen im Kosmos ausmachte, in sich selbst. Der Mensch begreift sich als das ›nicht festgestellte Wesen‹ (Nietzsche) und in dieser Form von exzentrischer, keine feste Mitte besitzender Existenz als

15 Vgl. J. Mittelstraß, »The Impact of the New Biology on Ethics«, *European Review. Interdisciplinary Journal of the Academia Europaea* 7 (1999), 277-283.

Einheit von vermittelter Unmittelbarkeit und natürlicher Künstlichkeit (so der Anthropologe Plessner).[16] Gemeint ist, daß dem Menschen als reflexivem, denkendem Wesen ein unvermitteltes Verhältnis zu sich selbst nicht möglich und ihm insofern auch sein reflexives, ›künstliches‹ Wesen natürlich ist. Diese anthropologische Bestimmung findet in der modernen Biologie auf eine überraschende Weise eine Bestätigung.

Die Biologie lehrt seit Darwin, daß der Mensch nicht nur kulturell, sondern auch biologisch gesehen kein fixes Wesen ist, daß er, wenn auch für das Individuum unmerklich und für die Wissenschaft nur über große Zeiträume erkennbar, Teil evolutionärer Veränderungen ist und daß er selbst in diese Entwicklungen eingreifen kann. Es ist eben diese Einsicht, die heute durch die Entwicklung von Biologie und Medizin bestätigt wird, allerdings auch zu den zu Beginn angeführten utopischen Träumen und Alpträumen Anlaß gibt. Der Mensch beginnt in die Baupläne des Lebens einzugreifen, auch in die seines eigenen Lebens. Wie die äußere Welt, die äußere Natur, schon seit langem mehr und mehr zu einem Werk des Menschen wird, so nunmehr auch die innere Welt, seine innere (biologische) Natur. Die moderne Biologie – Stichworte sind Humangenetik und Gentechnik – macht deutlich, daß uns unser wissenschaftliches Wissen zunehmend in die Lage versetzt, uns selbst, unsere (biologische) Natur nicht nur zu erkennen, sondern auch zu verändern. Das zwingt zu einer völlig neuen Beurteilung der conditio humana auch in ethischen Dingen und führt heute in einen heftigen gesellschaftlichen Disput um den richtigen Umgang mit dem neuen Wissen und Können.

Während die Ethik zu lernen beginnt, daß auch sie wissenschaftliche Tatbestände in der Beurteilung der conditio humana zur Kenntnis zu nehmen und zu berücksichtigen hat – allerdings eingedenk der (philosophischen) Tatsache, daß aus Sein kein Sollen folgt, jeglicher Naturalismus in der Ethik diese gerade daran hindert, ihre eigentliche Aufgabe zu erfüllen, nämlich das Leben vernünftig zu orientieren –, sieht es im Augenblick so aus, als ob der gesellschaftliche Disput in eine Sackgasse geraten sei, nämlich in die zwischen unterschiedli-

16 H. Plessner, *Die Stufen des Organischen und der Mensch. Einleitung in die philosophische Anthropologie* (1928), Frankfurt/Main 1981 (Gesammelte Schriften IV), 360ff., 383ff., 396ff.

chen fundamentalistischen Vorstellungen, und zu Forschungsverboten führen könnte. Die Stichworte hier sind: therapeutisches und reproduktives Klonen, Stammzellenforschung und Präimplantationsdiagnostik. Wer all dieses nicht will, weil er mit ihm die Menschenwürde verletzt und den Menschen auf dem Wege zum Unmenschen sieht, ruft nicht nur nach Anwendungs-, sondern auch nach Forschungs- und damit nach Wissenschaftsverboten.

Nun geht es an dieser Stelle, im Kontext der vorausgegangenen Überlegungen, nicht so sehr um spezielle Verfahren und deren Beurteilung bzw. um eine Beurteilung entsprechender Beurteilungen, sondern um eigentümliche Vorstellungen über das Wesen der Forschung, die dabei zum Ausdruck kommen. Zu diesen gehört die – uns bereits unter dem Stichwort Wissen als Ware begegnete – Vorstellung, Forschung müsse in allen ihren Phasen, also auch in dem, was sie herauszufinden sucht, jederzeit voraussehbar, klar und berechenbar sein; dasselbe gelte von ihren Folgen. Was nicht dieser Art ist, sei undurchschaubar und potentiell gefährlich, müsse also gegebenenfalls verboten werden.

Wer so denkt und so argumentiert, kennt die Forschung und kennt die Wissenschaft nicht. Forschung, wirkliche Forschung, ist immer ein Wagnis, und sie ist immer unüberschaubar und unberechenbar in dem Sinne, daß sie nicht weiß – jedenfalls nicht von vornherein und in voller Klarheit und Bestimmtheit –, wie sie fortschreiten wird, und daß sie nicht sagen kann – jedenfalls nicht mit prognostischer Sicherheit –, wo sie ankommen wird. Wäre Forschung auf ihren Wegen in allen Aspekten festlegbar und in ihren Resultaten wie in x-beliebigen Produktionsverhältnissen planbar, wäre sie, wie bereits deutlich gemacht, gerade nicht Forschung, sondern ein gewohnter Herstellungsvorgang, verlöre sie ihr auf das wirklich Neue justiertes Wesen und mit diesem auch ihr wissenschaftliches Wesen.

Das hat auch etwas mit Grenzen zu tun. Gute Forschung bewegt sich immer an Grenzen und über bisher bestehende Grenzen hinweg, nicht auf dem sicheren Boden des schon Gewußten und des schon (auch gesellschaftlich) Akzeptierten: »Diesseits des Rubikons gibt es keine Forschung. Forschung vollzieht sich immer am Rubikon, und muß ihn gelegentlich auch überschreiten, per Definition.«[17] Das kann auch in ethischen Dingen der Fall sein, nämlich dort, wo eine Gesellschaft schon zu wissen glaubt, wo Ethik der Forschung Einhalt zu gebieten hat. Hier muß dann sehr genau hingesehen und geprüft werden, nicht nur, was Forschung verspricht, sondern auch, was Ethik zu halten und zu begründen vermag, vor allem dort, wo sie in der Beurteilung der conditio humana wissenschaftliche Tatbestände nicht zur Kenntnis nimmt und sich selbst auf höhere Einsichten beruft.

Das gilt insbesondere in den Fällen, in denen ethisch geltend gemachten Verboten durch Forschung eröffnete Heilungschancen, d.h. die Verringerung großen menschlichen Leids, gegenüberstehen. So läßt sich durchaus darüber streiten, bei wem das *Humanum*, das hier stets beschworen wird, besser aufgehoben ist: bei denjenigen, die unter Rekurs auf exklusive Einsichten, etwa in das, was ein göttlicher Wille will oder was eine vermeintlich allgütige Natur mit dem Menschen vorhat, oder bei denjenigen, die forschend in der unvollendeten Natur des Menschen seine eigentliche Vernunftnatur und Wissenschaft als eine Weise, dieser Natur Ausdruck zu geben, sehen. Kann, soll Wissenschaft, mit anderen Worten, wo sie dem Heilen nahe ist, aufgehalten werden, nur weil sie überkommenen Menschenbildern nicht entspricht?[18]

Erinnert sei in diesem Zusammenhang daran, daß es gerade das christliche Denken war, das gegen ein mythisches Denken in einer radikalen Entgöttlichung der Welt diese einer rationalen, an Maßstäben der Objektivität und der Begründung ori-

17 E. Winnacker, »Die beste und die schlimmste aller Zeiten«, Berliner Zeitung, 30.5.2001, Nr. 124, 1 (Wissenschaftsbeilage).

18 »Der Staat hat die Menschenwürde nicht nur zu achten, sondern auch zu schützen (Art. 1 I Satz 2 GG); deshalb haben die staatlichen Stellen alles zu unterlassen, was dem medizinischen Fortschritt bei der Bekämpfung schwerer Krankheiten oder Behinderungen hemmen oder gar unterbinden könnte. Der Staat muß sich aktiv für neue Techniken einsetzen, wenn erkennbar wird, daß dadurch menschenunwürdige Zustände beseitigt oder zumindest gelindert werden können. Die Menschenwürde verletzt nicht derjenige, der dem Querschnittsgelähmten hilft, sondern derjenige, der ihm die mögliche Hilfe verweigert« (E. Hilgendorf, »Klonverbot und Menschenwürde – Vom Homo sapiens zum Homo xerox? Überlegungen zu § 6 Embryonenschutzgesetz«, in: H. W. Arndt u.a. [Eds.], *Staat – Kirche – Verwaltung. Festschrift für Hartmut Maurer zum 70. Geburtstag*, München 2001, 1155).

entierten Forschung öffnete.[19] Diese Forschung schließt auch den Menschen ein. Das heißt, auch in anthropologischen (und ethischen) Dingen läßt sich der Forschung nichts allein durch den Hinweis entziehen, daß sie einem bestimmten Welt- und Menschenbild nicht entspricht. Wäre dies anders, stünde die Anatomie womöglich immer noch dort, wo sie mit Galen bis in die Renaissance hinein stand, d.h. bis sich Vesalius in Padua sezierend auf den Weg der Erforschung des menschlichen Körpers begab, stünde die Biologie des Menschen womöglich immer noch dort, wo Darwin sie vorfand und, gegen erhebliche Widerstände – bis heute im amerikanischen Kreationismus noch virulent –, zum Teil seiner Evolutionstheorie machte, stünde die Medizin womöglich immer noch dort, wo sie vor der Entdeckung der Impfstoffe, d.h. einer Immunisierung durch bewußt vorgenommene ›Vergiftung‹, stand. In allen Fällen hat Wissenschaft ihre erklärende und heilende Kraft nicht zuletzt dadurch entfaltet, daß sie einem herkömmlichen Menschenbild, auch einem theologisch oder anders legitimierten, widerstand bzw. diesem gerade nicht folgte.

Das bedeutet nicht, daß Forschung alles darf, um ihre Zwecke zu erreichen. Wo sich Forschung den Menschen unterwirft, wider alle Gesetze einer aufgeklärten Gesellschaft am Menschen und mit dem Menschen experimentierend forscht, wie in menschenverachtender Weise in Auschwitz und andernorts unter direkter Beteiligung renommierter Wissenschaftseinrichtungen geschehen, hat auch das forschende Tun sein Recht verloren, wird es zu einem kriminellen Tun. Unbeschadet dessen aber gilt, daß das forschende Wissen seine Freiheit und – in der hier beschriebenen Weise – seine humane (heilende) Kraft verliert, wenn es der Jurisdiktion einer Ethik unterworfen wird, die ihre Maßstäbe nicht dem Forschungsgeschehen selbst, d.h. der forschenden und beurteilenden Vernunft, sondern höheren, gegenüber dieser Vernunft gerade isolierten Einsichten entnimmt. Wieder gerät das Wissen unter ein falsches Paradigma: statt das Leben zu orientieren, unterliegt es – wie unter den zuvor erörterten Stichworten – dessen häufig zeit- und institutionell bedingten Orientierungen.

19 Vgl. W. Kamlah, *Utopie, Eschatologie, Geschichtsteleologie. Kritische Untersuchungen zum futurischen Denken der Neuzeit*, Mannheim 1969, 53-70 (Profanisierung und Säkularisierung).

Schlußbemerkung

Gibt es eine Krise des Wissens? Die Antwort wird wohl Ja lauten müssen. Nicht, weil das Wissen seine Bedeutung verloren hätte, nicht, weil die Gesellschaft auf andere Karten setzte, nicht, weil die Wissenschaft unfruchtbar und einfallslos geworden wäre oder sich gegen den Menschen gerichtet hätte, sondern weil der Gesellschaft – und streckenweise sogar der Wissenschaft – ein klarer Begriff des Wissens verloren zu gehen droht, und ein klarer Begriff der Forschung ebenso. Und dies auch noch in einer Gesellschaft, die sich als Wissensgesellschaft wahrzunehmen und zu bezeichnen beginnt.

Wenn aber die Antwort Ja lautet, wo bleibt dann das zu Beginn erwähnte Tröstliche? Auf eine treffliche Weise wurde jüngst die umjubelte Virtualität allen Wissens, in der alle Begrenzungen des Wissens und des Umgangs mit ihm aufgehoben zu sein scheinen, mit der Wiederkehr eines Mythos verglichen. Als »Odysseus an den Sirenen vorüberfuhr, da lockte ihr süßer Gesang mit dem Versprechen, alles zu wissen, ›was irgend geschieht auf der vielernährenden Erde‹. Es waren Todesvögel, die so sangen; und die List der Vernunft lag darin, ihrer Lockung nicht zu erliegen und den eigenen Weg fortzusetzen. Man verfehlt dann zwar das ominöse Glück des Allwissens, kommt aber immerhin bis Ithaka.«[20] Bleibt nur zu hoffen, daß es in Zukunft nicht der mythischen Kraft, der List und der Ausdauer eines Odysseus bedarf, um den falschen Versprechungen moderner Wissenschaftspropheten, die immer wieder das Mögliche mit dem Wirklichen (und dem Wahrscheinlichen) verwechseln, dem ökonomischen Verwertungsdruck, der wieder einmal auf allem Wissenschaftlichen liegt, der Verwechslung von Wissen und Information, die aus Wissenszwergen Informationsriesen macht, der Erosion des Forschungsbegriffs, die falschen Gefälligkeiten und wissenschaftstheoretischen Mißverständnissen folgt, und einer neuen gesellschaftlichen Herrschaft über das Wissen, in der sich wieder einmal die Anrufung des absoluten Geistes oder kleinerer

20 U. Jochum, »Die virtuelle Bibliothek«, in: G. Sievernich/H. Budde (Eds.), *Sieben Hügel – Bilder und Zeichen des 21. Jahrhunderts VI (Wissen, Verarbeiten, Speichern, Weitergeben. Von der Gelehrtenrepublik zur Wissensgesellschaft)*, Berlin 2000, 40.

Einsichtgeber in die Geschäfte der Forschung mischt, zu widerstehen. Das Tröstliche eben ist, daß diese Hoffnung auf gutem Boden steht, dem Boden eines leistungsfähigen, ungeheuer erfindungsreichen wissenschaftlichen Verstandes, der sich auch seiner verwirrten Interpreten und falschen Freunde zu erwehren vermag, und einer noch immer beurteilungsstarken Vernunft, wenn diese nur der eigenen Neigung entgegentritt, statt ihre Stärken ihre Schwächen zu lieben.

3. Zwischen Information und Wissen

Über das Schicksal des Wissens in einer Informations- und Medienwelt

Vorbemerkungen

Ich bin weder Informations- noch Medienexperte. Was ich über die Informations- und Medienwelt weiß, weiß ich, je nach Situation, aus der Perspektive dessen, der sie nutzt oder ihnen ausgesetzt ist, darüber hinaus aus gelegentlichen Berührungen des Erkenntnistheoretikers mit unterschiedlichen Formen des Wissens und der Information, also eher wiederum amateurhaft, nicht professionell. Dennoch hoffe ich, daß meine Überlegungen für Sie nicht zur Zumutung werden. Es sind jedenfalls die Überlegungen eines Philosophen, der sich, in dieser akademischen Profession eher selten, in der Nähe des common sense und unserer tatsächlichen Probleme wohler fühlt als in der Nähe der absoluten Geistes, wo sich noch immer viele Philosophen drängeln, und der selbsterfundenen Probleme im Elfenbeindesign. Meine Hoffnung ist, daß dieser Umstand Ihnen das Zuhören erleichtert. Auch haben, wie wir alle wissen, unmaßgebliche Meinungen – und so schätze ich meine Überlegungen unter Experten ein – gelegentlich den Charme des Unerwachsenen, der Vernunft vom Lande, wogegen das Maßgebliche, meist als wissenschaftliche oder professionelle Konfektionsgröße daherkommend, an ewige und daher meist auch ein wenig verstaubte oder langweilige Wahrheiten erinnert. Man guckt durch Schlüssellöcher, statt sich in Empfangsräumen oder Standesvertretungen umzusehen.

Zwischen Information und Wissen – damit soll die Aufgabe bezeichnet sein, mit Blick auf eine Informations- und Kommunikationskultur der Zukunft einen Ort auszumessen, der in den Vorstellungen der einen erfreulich eng, in den Vorstellungen der anderen beunruhigend weit ausgelegt ist. Den Hintergrund bildet der Umstand, daß sich die moderne Welt zunehmend in eine Informationswelt verwandelt. Darunter ist eine Welt verstanden, die ihre Probleme des Wissens und des Könnens auf eine entlastende Weise in Form von immer leistungsfähigeren Informations- und Kommunikationstechnologien zu lösen sucht. Doch diese Welt, in der sich viele von uns schon häuslich, im Professionellen wie im Privaten, eingerichtet haben, ist eine seltsame Welt. In ihr geht, wie es scheint, der Information das Wissen und dem Wissen die Realität verloren. Virtualität ist eines der Zauberworte der Stunde, und in der Virtualität sind alle Katzen grau, auch die an den Pforten des Wissens. Unübersehbar beginnt unter dem Signum einer Informationsgesellschaft eine rationale Kultur ihre Wissens- und Orientierungsformen zu verändern, nämlich eine Situation ins Auge zu fassen, in der der Begriff der Information an die Stelle älterer Wissens- und Orientierungsbegriffe tritt. Steht uns eine neue Götterdämmerung ins Haus, in der diesmal nicht eine archaische, mythische Kultur, sondern die rationale Kultur, die sie ablöste, untergeht? Gehören die Begriffe des Wissens und der epistemischen Autonomie, d.h. einer selbständigen Wissensbildung und eines selbst verantworteten Verfügens über Wissen, auf den Müllplatz der Geschichte und der Kultur, die nunmehr mit anderen Steinen, Bits and Bytes und Multimedia, baut?

Diese Frage soll im Folgenden beantwortet werden. Sie betrifft den sehr ernsten Umstand, daß über einer immer mächtiger werdenden Schwärmerei von Mega-, Giga- und Terabits und wilden utopischen Träumen, in denen der Mensch hinter seinen Geräten und Konstruktionen gänzlich zu verschwinden beginnt – womit ja im Grunde Information und Kommunikation ihren eigentlich menschlichen Sinn verlören –, unsere Köpfe durcheinanderzugeraten drohen. Das Durcheinander beginnt mit sprachlicher Schlamperei und setzt sich in begriffliche Verwirrungen fort. Eben davon werden auch die Begriffe der Information und des Wissens erfaßt. Bevor jedoch von diesen Begriffen selbst die Rede ist, zunächst noch einmal ein kurzer Blick auf gegenwärtige ungeordnete Verhältnisse.

1. Märchenwelten

Man sollte meinen, daß dort, wo eine rationale, auf Wissen und Urteilskraft setzende Gesellschaft, nämlich die moderne Gesellschaft, es mit sich selbst zu tun hat, Nüchternheit und kritische Selbstwahrnehmung die Diskussionslage und die Analysen bestimmen. Tatsächlich besetzen vielfach Phantasien, Ängste und Märchen die Kammern des öffentlichen Bewußtseins. Gurus haben wieder Konjunktur, nicht nur diejenigen, die auf der Rückseite aller Rationalität, im esoterischen Nirgendwo siedeln, sondern auch solche, die gerade die Zukunft der Rationalität für sich beanspruchen. Während man erstere, solange sie allein im Privaten ihre Netze auswerfen, getrost vergessen darf, sollte man letztere im kritischen Auge behalten. Sie verdanken die ihnen entgegengebrachte Aufmerksamkeit ja gerade dem Umstand, daß sie vorgeben zu wissen, wohin das Wissen einer rationalen Gesellschaft führt. Einschlägig dafür ist wiederum die unbedachte Rede von Halbwertszeiten (des Wissens) und der voraussagbaren Omnipotenz einer künstlichen Intelligenz.

Im Märchen von der betörenden Halbwertszeit des Wissens wird zur Dokumentation der Überlegenheit des wissenschaftlichen Verstandes und des von ihm produzierten Wissens ausgerechnet auf dessen Vergänglichkeit – die vermeintlich immer kürzeren Verfallsdaten dessen, was wir eben noch zu wissen glaubten – verwiesen. Das beständige Wissen, Einsichten, die nicht über Nacht zu Irrtümern werden, geraten aus dem Blick. Daß dabei meist die unerhörte Beschleunigung der Wissenszunahme, nicht die Kurzlebigkeit des Wissens gemeint ist, macht die Dinge auch nicht besser. Wir verlieren, wie es scheint, jedes Augenmaß für das Wissen und die Bedingungen, unter denen es sich bildet, unter denen es seine Geltung besitzt und, gegebenenfalls, wieder verliert.

Im Märchen von der Ablösung der natürlichen durch eine künstliche Intelligenz werden alte Träume und Alpträume wieder ausgepackt; mit wohligem Grusel wird, unter Hinweisen auf die Fortschritte von Gen- und Informationstechnologie, Robotik und Hirnforschung, die Ablösung des Menschen durch die künstliche Intelligenz von Maschinen beschworen.[1] In Wahrheit ist die Begründungslage dürftig. Die Wissenschaft ist bei weitem noch nicht so weit, daß sie auch nur annähernd einlösen könnte, was ihre Propheten verkünden; und was hier beschworen wird, zeugt von mehr Mißverständnissen als für

1 Vgl. die ausführlichere Darstellung oben 36ff.

den wissenschaftlichen und nicht-wissenschaftlichen Verstand bekömmlich. Offenbar faszinieren erfundene Probleme stärker als wirkliche Probleme, deren Lösung Gen- und Informationstechnologie, Robotik und Hirnforschung doch auch, und in erster Linie, zu dienen haben.

Soviel aus der Welt der Märchen, wobei zur Rehabilitierung des Märchens hinzugefügt sein soll, daß Märchen üblicherweise Erfahrungen des Menschen mit sich selbst und mit der Welt, in der er lebt, spiegeln, in den beiden genannten Beispielen aber als Erfahrungen ausgegeben wird, was zum einen wohl eher begriffliche Disziplinlosigkeit, zum anderen wohl eher wissenschaftliche Ignoranz ist.

2. Medienwelten

Kommen wir zur Welt der Medien. Die moderne Welt verwandelt sich zunehmend in eine *Medienwelt*; homo faber gibt seine Rolle mehr und mehr an mundus faber ab. Homo faber – das ist der Mensch, der mit Kopf und Hand, deren neuzeitlicher Ausdruck Wissenschaft und Technik sind, alles, und die Welt, in der er lebt, zu seinem Werk macht; mundus faber – das ist die vom Menschen angeeignete und geschaffene Welt, die sich anschickt, sich den Menschen anzueignen. Mundus faber schlägt auf homo faber, seinen Schöpfer zurück. Homo faber gehört nicht länger sich selbst – wozu ihn in einer Sternstunde des Geistes die europäische Aufklärung aufgefordert hatte –, weil ihm viele seiner Orientierungen nicht mehr gehören. Diese gehören vielmehr den Medien, vor allem den visuellen Medien, auch wenn diese selbst gemäß den Idealen einer offenen, pluralistischen Gesellschaft pluralistisch organisiert und frei sind. Das Man, von dem Heidegger so überzeugend sagt, daß es die alltägliche Seinsweise des Menschen ist[2], hat in den Medien seine moderne, alles in Besitz nehmende Orientierungsform gefunden. Freie Medien machen eben das Individuum noch lange nicht frei. Wo sie es nicht voraussetzen – wie es das Ideal

2 M. Heidegger, *Sein und Zeit*, Tübingen [14]1977, 126ff. Vgl. zum Folgenden J. Mittelstraß, »Neue Medien und Kultur«, in: G. Seiler (Ed.), *Gelebte Demokratie. Festschrift für Oberbürgermeister a.D. Dr. h.c. Manfred Rommel*, Stuttgart 1997, 325-346.

einer aufgeklärten Gesellschaft besagt –, setzen sie sich vielmehr an seine Stelle, indem sie die Kammern seines Bewußtseins besetzen, seine Wahrnehmungen, seine Vorstellungen und seine Erfahrungen lenken, Einfluß auf das Bild der Welt durch ihre Bilder nehmen. An die Stelle der Weltbilder sind die Bilderwelten der Medien getreten. Wir herrschen mit unseren Bildern über die Dinge, und die Bilder herrschen über uns.

In der Medienwelt, die Ausdruck von mundus faber ist, rufen alle nach dem mündigen Bürger und viele, vor allem Politiker, hoffen dabei insgeheim, daß es ihn nicht gibt, jedenfalls nicht in nennenswerter Zahl. Und diese Hoffnung wird (leider) selten enttäuscht. Das gilt für alle Teile der Öffentlichkeit, mit deren Idee als bürgerlicher Öffentlichkeit ursprünglich die Durchsetzung von gesellschaftlicher Autonomie und Vernunft verbunden war, desgleichen der Zusammenhang von Mündigkeit und Aufklärung. Der mündige Bürger ist der aufgeklärte Bürger; ›aufgeklärt‹ dabei nicht lediglich im Sinne von ›informiert‹, sondern im Sinne von ›selbstbestimmt‹ und ›selbstverantwortet‹. Dies ist der eigentliche Kern des aufklärerischen Programms, weshalb es auch noch immer höchst angebracht ist, Kant zu zitieren: »Aufklärung ist der Ausgang des Menschen aus seiner selbst verschuldeten Unmündigkeit. Unmündigkeit ist das Unvermögen, sich seines Verstandes ohne Leitung eines anderen zu bedienen. Selbstverschuldet ist diese Unmündigkeit, wenn die Ursache derselben nicht am Mangel des Verstandes, sondern der Entschließung und des Mutes liegt, sich seiner ohne Leitung eines andern zu bedienen.«[3] In dem Maße, in dem die öffentliche Meinung an die Stelle einer eigenen Meinung, d.h. des öffentlichen Gebrauchs des eigenen Verstandes, tritt, ist Mündigkeit auch heute oft nur noch eine Beschwörungs- und Beschwichtigungsformel, die sich als schöner gesellschaftlicher Schein über unaufgeklärte Verhältnisse legt.

Die Medien sind ihrer eigenen Rolle in einer modernen, pluralistischen Gesellschaft nach das Mittel, diesen Schein zu zerstören; sie befördern ihn aber auch und sie profitieren auch von ihm. Das Man ist die Urform der Gesellschaft, auch der mo-

3 I. Kant, Beantwortung der Frage: was ist Aufklärung? (1784), in: Immanuel Kant, *Werke in sechs Bänden*, ed. W. Weischedel, Frankfurt/Main–Darmstadt 1956-1964, VI, 53.

dernen, pluralistischen, und es ist der bevorzugte Adressat der Medienwelt. Dabei kann die Eintrittsschwelle dieser Welt unterschiedlich hoch liegen. Bei den visuellen Medien liegt sie besonders niedrig. Das mag daran liegen, daß wir Augenmenschen sind, das Auge Paradigma aller Sinnlichkeit, auch einer intelligenten Sinnlichkeit ist, aber auch daran, daß im visuellen Medium Aneignung zugleich Sich-Aneignen und Angeeignetwerden ist. Welche Herrschaftschancen für die Symbiose von Bildschirm und Kopf!

Deshalb auch noch einmal: Freie Medien machen das Individuum noch lange nicht frei; ihre Freiheit kann auch die Unfreiheit des Individuums bedeuten. Frei ist, wer nicht nur niemandes Knecht ist, sondern dem auch seine Orientierungen gehören. Insofern setzt auch Freiheit jene Mündigkeit voraus, die sich in der Herrschaft über die eigenen Orientierungen äußert. Wo diese nicht gegeben ist, wo dem einzelnen seine Orientierungen nicht gehören, wird dieser unfrei wie ein Knecht, meint er, was andere meinen, urteilt er, wie andere urteilen, lebt er in der Welt der anderen, nicht in seiner eigenen Welt. Deshalb sind freie Medien auch nur die eine Seite einer freien, pluralistischen Gesellschaft; die andere Seite ist das freie, selbstbestimmte Ich. Die Frage ist, wie sich dieses Ich des Zugriffs einer Medienwelt und ihres Orientierungsdrucks ›erwehren‹ kann, und die Antwort auf diese Frage ist: indem es seine Orientierungen zwar immer wieder kritisch zur Disposition stellt, sich diese Orientierungen aber nicht abhandeln läßt, weder in ökonomischen noch in anderen, z.B. öffentlich-rechtlichen, Strukturen. Schließlich sieht sich auch ein Medium wie das Fernsehen immer wieder selbst, vor allem wenn es öffentlich-rechtlich verfaßt ist, dem Versuch des Zugriffs durch die politische Arena ausgesetzt und gibt, wenn es diesem Versuch unterliegt, diese ›Politisierung‹ an seine ›Konsumenten‹ weiter. Allerdings bestimmt es durch seine ausgezeichnete mediale Stellung auch die Prioritäten in eben dieser Arena.

Und noch etwas zum Stichwort freie Medien und unfreies Individuum: Medien dienen der gesellschaftlichen Kommunikation; sie sind in einer pluralistischen Gesellschaft Ausdruck eben ihrer pluralistischen Natur, und sie dienen der Befriedigung von Bedürfnissen. Letzteres steht obenan. Während gesellschaftliche Kommunikation etwas für die Theoretiker unter den Medienexperten ist und Pluralismus, der aus einer Verlegenheit (nämlich nicht zu wissen, wo begründete Ziele und Zwecke liegen) eine Tugend macht (die Tugend des ›anything goes‹), ebenso, sind Bedürfnisse das goldene Kalb, um das sich der Reigen der Programme dreht. Wie anders wäre es sonst zu erklären, daß heute jeder triste Entertainer seine Chance hat, wenn er nur eine und sei es noch so miese Bedürfnislage in der Gesellschaft trifft. Daß hier vor allem Geschmacklosigkeit mehrheitsfähig ist, bewiesen noch vor gar nicht langer Zeit televisionäre Kostbarkeiten wie »Tutti Frutti« und die unsäglichen Seifenopern »Dallas« und »Schwarzwaldklinik«, heute Orwells Enkelzwerge mit »Big Brother« und dem, was da alles zur Befriedigung atavistischer Bedürfnisse noch folgen mag. Die Medien geben dem Publikum, was es will, selbst wenn sie dieses damit immer tiefer in die Gefilde der Geschmacklosigkeit und des Seichten ziehen.

Wer nur Bedürfnisse befriedigen will, so wie sie sind, und nebenbei das Bedürfnis nach hohen Einschaltquoten auch, muß nicht lange suchen. Er findet sie gleich nebenan und wohl auch bei sich selbst. Dabei endet der Wettlauf um die Befriedigung faktischer Bedürfnisse immer bei den niedersten Bedürfnissen: sex and crime – und Seifenopern. Man könnte dies als das Gesetz des ausgeschlossenen Geschmacks bezeichnen. Insofern wäre aber auch über die Zukunft des Mediums Fernsehen wie auch anderer, heute vor allem über Internet daherkommender visueller Medien schon entschieden: Es wird den Bedürfnissen, die uns treu bleiben, auch treu bleiben. Welcher Art diese Bedürfnisse sind, wird mehr und mehr zur Nebensache. Die modernen Medien sind insofern im Guten wie im Bösen in eminenter Weise Ausdruck einer Welt, die in Form von mundus faber ihre Natürlichkeit längst verloren hat, in der alle Wirklichkeit zur *Konstruktion* wird und in der nicht nur die Welt zum Werk des Menschen, sondern auch der Mensch zum Werk seiner selbst und der von ihm geschaffenen Welt wird. In den Medien schaut sich die moderne Welt an, und sie verwandelt sich unversehens selbst in ein Medium, indem sie die Übersicht darüber, was an ihr selbst real und was an ihr selbst virtuell ist, verliert. Dazu gehört auch das immer unklarer werdende Verhältnis der Begriffe Information und Wissen. Schließlich sind die Medienwelten auch Informationswelten, selten Wissenswelten, obgleich jede Informationswelt vorgibt, auch eine Wissenswelt zu sein.

3. Informationswelten

Alle Veränderung beginnt im Kopf; wir handeln, wie wir denken. Also muß derjenige dem Denken eine neue Wendung geben, der das Handeln verändern will. Dazu wiederum gehört immer auch ein Stück begriffliche Arbeit, z.B. in Sachen Information und Wissen, aber auch Informations- und Wissensgesellschaft, Begriffe, in denen sich heute Medien- und Informationswelten spiegeln. Besonders not tut hier, wie zuvor dargestellt[4], die Arbeit am Begriff der Information. Das Wichtigste sei hier noch einmal zusammengefaßt.

Informationswelten versprechen den Zugang zum und die Beherrschung von Wissen ohne mühsame Lernprozesse. Dabei geht die Unterscheidung zwischen Wissen und Information verloren, vor allem wird übersehen, daß Information eine *Kommunikationsform*, keine (selbständige) Wissensform ist und daß daher nicht, wie häufig vermutet, mit dem Informationsbegriff ein neuer Wissensbegriff entstanden sei. Eben dies ist ein Irrtum. Die Information folgt dem Wissen; sie generiert es nicht. Dabei kommt es auch, entgegen einer oberflächlichen Identifikation von Information und Wissen, entscheidend darauf an, sehr genau zwischen einem Wissen, das seinen Sitz in einem selbsterworbenen, selbst Wissen produzierenden und sich methodisch und kritisch auf dieses Wissen beziehenden Sachverstand hat, und einem Wissen, das als mitgeteiltes einfach übernommen und weiterverarbeitet wird, zu unterscheiden. Der ›Nutzer‹ oder ›Anwender‹ des Mediums Information muß wissen, worauf er sich einläßt, nicht, indem er den modernen Informationstechnologien mißtraut, sondern indem er Informationen mit dem eigenen Wissen verbindet. Noch einmal: Vor dem Bildschirm hat es keinen Sinn, den Skeptiker zu spielen – nur sollte der richtige Kopf vor dem Bildschirm sitzen.

Und auch das sei noch einmal wiederholt: Im Medium der

4 Vgl. oben 41ff.

Information wird auch der Unterschied zwischen Wissen und Meinung unkenntlich, weil sich Meinung im Medium der Information wie Wissen artikuliert; Wissenswelt und Meinungswelt werden ununterscheidbar. Das aber bedeutet, daß die modernen Informations- und Kommunikationsmedien nicht etwa nur ein großes Aufklärungs-, nämlich Wissensvermittlungspotential besitzen, sondern auch ein gewaltiges Täuschungspotential. Was hier mit dem suggestiven Anspruch von Wahrheit auftritt, ist allzu oft nur bloße Meinung, oder, in Form einer neuen Logik des Scheins, Lug und Trug.

Noch etwas anderes kommt hinzu, wenn es darum geht, in der Terminologie von Information und Wissen die moderne Welt, die sich selbst als Informationswelt zu bezeichnen beginnt, und ihre eigentümliche Dynamik zu beschreiben. Diese Dynamik kommt nicht nur darin zum Ausdruck, daß wir mit mehr Informationen zusammenleben, als wir verarbeiten können, daß es immer schwerer fällt, zwischen Wissen und Meinung, Wahrheit und Schein in Informationsform zu unterscheiden, sondern auch darin, daß sich die Wissensstrukturen in dieser Welt tatsächlich verändern. Auf den Strömen der Information entfernen wir uns immer weiter von den Quellen, die das Wissen sind. Und in dieser Entwicklung droht das politische Prinzip des Teilens und Herrschens auch zu einem Wissensprinzip zu werden. Gemeint ist die zunehmende *Partikularisierung* des Wissens, die in einem seltsamen Gegensatz zu der in einer Informationswelt zunehmenden ›technologischen‹ Integration des Wissens steht. Diese Integration führt nicht, was man vermuten könnte, zu einer neuen (oder alten) Einheit des universal orientierten Wissenden, sondern zur Kreation des Experten. Die Informationswelt ist eine *Expertenwelt.* In dieser Expertenwelt verliert das Wissen seine Orientierungsfunktion. Information, in deren Form nun Wissen und Meinung daherkommen, gehört zwar zu den Voraussetzungen oder Grundlagen jeder Orientierung, doch vermag sie die Orientierungsfunktion des Wissens, in Form eines Orientierungswissens, nicht selbst schon zu übernehmen.

Daher ist es auch mit einem Orientierungswissen heute schlecht bestellt. Der modernen Welt stehen mit den neuen Informations- und Kommunikationstechnologien Unmengen von Informationen zur Verfügung; gleichwohl wird sie immer orientierungsschwächer. Es ist, wie schon gesagt, gerade der Überfluß, der uns zu Verlierern macht. Der leichtgemachte Zugriff auf alles verfehlt nur allzu oft das Gesuchte, das Bedeutende und das Notwendige. Im unendlichen Reichtum der Information verliert der Suchende alle Orientierung; in der beliebigen Vielfalt transportierten Wissens geht nur allzu häufig das schon Gewußte verloren. Die Flüchtigkeit der Information verdrängt die andauernde Gegenwart des Wissens.

Damit wird deutlich, daß auch die Beschwörung einer Informationsgesellschaft ins Leere geht, wenn mit ihr nicht nur eine *informierte*, sondern auch eine *orientierte* Gesellschaft gemeint sein sollte. Wie ein Orientierungswissen gewonnen werden kann, ist daher auch keine Frage, die sich über noch mehr Information beantworten läßt. Mit anderen Worten: Die Informationswelt ist keine Orientierungswelt, auch wenn in rationalen Kulturen jede Orientierungswelt (zunehmend) Elemente eines ›Informationswissens‹ enthalten muß. Und das gilt auch für die hinter der Informationswelt gesuchte Wissenswelt und die hinter der Informationsgesellschaft gesuchte *Wissensgesellschaft*. Diese wäre eine Gesellschaft, die (1) über einen klaren Wissensbegriff verfügt und diesen von einem bloßen Informationsbegriff zu unterscheiden weiß, die (2) ihre Entwicklung und damit ihre Zukunft auf die Leistungsfähigkeit des wissenschaftlichen und des technologischen Verstandes setzt, daher auch (3) im Wissen ihre wesentliche Produktivkraft erkennt und im übrigen (4) zwischen Verstand, als Ausdruck eines Verfügungswissens, und Vernunft, als Ausdruck einer Orientierungskompetenz, zu unterscheiden vermag.[5] Dabei sind Wissensgesellschaft und Wissenschaftsgesellschaft nicht dasselbe. Wir brauchen zwar im Sinne der angeführten zweiten Bestimmung immer mehr Wissen, das durch Wissenschaft und Forschung gewonnen wird, aber die Wissenden in einer Wissensgesellschaft sind deshalb nicht gleich alle Wissenschaftler oder auf diese beschränkt. Das Medium Wissen, in dem sich die moderne Gesellschaft bewegt und immer intensiver bewegen wird, speist sich aus vielen Quellen. Wissenschaft und Forschung gehören zu diesen Quellen, aber auch

5 Zum Begriff einer Wissensgesellschaft vgl. auch G. Böhme, »The Structures and Prospects of Knowledge Society«, *Social Science Information* 36 (1997), 447-468.

der kluge Umgang mit wissenschaftlichem Wissen, ferner Urteilskraft, die sich auf Wissen und Erfahrung stützt und (nach Kant) zwischen Verstand und Vernunft produktiv zu vermitteln vermag, schließlich Kommunikationsfähigkeit, in deren Medium sich ebenfalls Wissen bildet. Auf diese Momente, nicht auf die flüchtigen Phantasien unserer technischen Traumtänzer und medialen Rattenfänger stützt sich die Zukunft unserer Welt.

Schlußbemerkung

Odysseus – auch diese hübsche Metapher sei noch einmal wiederholt – lockte der Gesang der Sirenen »mit dem Versprechen, alles zu wissen, ›was irgend geschieht auf der vielernährenden Erde‹. Es waren Todesvögel, die so sangen; und die List der Vernunft lag darin, ihrer Lockung nicht zu erliegen und den eigenen Weg fortzusetzen. Man verfehlt dann zwar das ominöse Glück des Allwissens, kommt aber immerhin bis Ithaka«[6]. Die Sirenengesänge der Informationsgesellschaft scheinen gleicher Art zu sein. Bedarf es der mythischen Kraft und Ausdauer eines Odysseus, um ihnen zu widerstehen? Eines dürfte (ganz unmythisch) klar sein: In dem Maße, in dem es auch in Zukunft nicht so sehr um eine Herrschaft der Information als vielmehr um eine Herrschaft des Wissens gehen muß, so in Orientierungsdingen auch um eine Herrschaft der Vernunft: Vernunft als das noch immer nicht vollständig eingelöste Versprechen der Aufklärung und Vernunft als eine unendliche Aufgabe. Und: auch in unseren Werken, einschließlich denen der Information und der Kommunikation, steckt nur so viel Vernunft, wie wir in sie hineinstecken.

6 U. Jochum, »Die virtuelle Bibliothek«, in: G. Sievernich/H. Budde (Eds.), *Sieben Hügel – Bilder und Zeichen des 21. Jahrhunderts VI (Wissen, Verarbeiten, Speichern, Weitergeben. Von der Gelehrtenrepublik zur Wissensgesellschaft)*, Berlin 2000, 40.

4. Für und wider eine Wissenschaftsethik

Vorbemerkung

Selten war so viel wie heute von Orientierungslosigkeit, Wertewandel und Werteverlust die Rede. Glaubt man denen, die Tag für Tag über Derartiges schreiben, stünde es tatsächlich schlecht um unsere Gesellschaft, taumelte diese ihrer Selbstauflösung entgegen, zumindest aber einem Zustand, in dem die alten Orientierungen nicht mehr halten und neue nicht in Sicht sind, in dem die alten Werte nicht mehr gelten und neue kein gesellschaftliches Glück mehr versprechen. Und in diesen Prozeß scheint auch die Wissenschaft tief hineingezogen zu sein. Von Lug und Trug in ihren Reihen ist immer häufiger die Rede; ihre vermeintliche Göttlichkeit ist offenbar sehr menschlichen und bedenklichen Verhältnissen gewichen. Ist es um die Stabilität der Werte, die auch die Wissenschaft mit der Gesellschaft teilte, geschehen?

Offenbar weist die Beantwortung dieser Frage heute selbst Züge eines Glaubensbekenntnisses auf. Die einen halten sie längst für beantwortet, nämlich durch eine Entwicklung, in der Orientierungslosigkeit und Werteverlust nur noch zu konstatieren, nicht mehr aufzuhalten oder gar in Frage zu stellen sind. Die anderen sehen in ihr nur den immer gegenwärtigen Pessimismus, der gerade eine solch erfolgreiche Kultur wie die unsere, die Kultur einer modernen, wissenschaftsgestützten Gesellschaft, auf eine merkwürdige Weise von Anfang an begleitet und sich dem eigentlichen Fortschritt, der ja nie verlustlos vonstatten geht, entgegenstemmt. Oder anders, in der Sprache der griechischen Mythen formuliert: Kassandra hier, Prometheus dort, beide aber durch dieselbe Welt verbunden.

Nun zeugen die griechischen Mythen von einer Welt, die längst untergegangen ist; und doch liegen ihre Schatten auch noch auf unserer Welt. Diese Welt ist tatsächlich eine prometheische Welt. Prometheus brachte den Menschen aus der Werkstatt des Hephaistos das Feuer und mit ihm das Können, das sich in Wissenschaft und Technik zur Geltung bringt. Er ist ein Handwerkergott, der Athene nachstellt, die selbst wiederum Klugheit, Mut, Verstand und technische Fähigkeit verkörpert. Göttliches mischt sich zu Beginn in die Geschäfte der Menschen und Menschliches in die Geschäfte der Götter. Am Ende dieser schwierigen Entwicklung steht die moderne Welt.

In dieser Welt aber hat heute nicht nur Prometheus, sondern auch Kassandra das Sagen. Kassandra, Tochter des Priamos und der Hekabe, die sich Apollon verweigerte und deren Schicksal es seither ist, drohendes Unheil zu künden und dabei unter den Menschen keinen Glauben zu finden. In der modernen Welt regt sich, paradox genug, der archaische Geist. Der Streit zwischen Prometheus und Kassandra wird zum Gleichnis einer Welt, die alles Mythische längst verloren zu haben scheint. Aber so schnell geben eben griechische Mythen nicht auf, und so schnell verliert auch eine moderne Welt nicht ihr mythisches Gedächtnis.

In dieser Situation ist es schwer, Richtung zu halten, eine Richtung, die zwischen einem tiefen Pessimismus, der die Erben Kassandras befallen hat, und einem pionierhaften Optimismus, der die Erben des Prometheus beharrlich begleitet, hindurchsteuern läßt. Ich will das hier versuchen, indem ich zunächst etwas über das technische und wissenschaftliche Wesen der modernen Welt und über die Aneignung des Menschen durch die moderne Welt sage, um dann auf das Problem eines Maßes in einer durch den wissenschaftlich-technischen Fortschritt bestimmten Welt und damit konkret auf die Frage nach dem Für und Wider einer Wissenschaftsethik zu sprechen zu kommen. Den Abschluß sollen wiederum, in den Kategorien von Orientierung und Ethik und an den Anfang zurückkehrend, einige Bemerkungen über die Zukunft der modernen Welt, die ich die Leonardo-Welt nenne, und die Zukunft einer praktischen Vernunft in dieser Welt bilden. Das sind, auch unter dem Stichwort Wissenschaftsethik, keine wirklich neuen Themen und wohl auch keine neuen Einsichten, bringt aber, so hoffe ich, etwas mehr Klarheit in unübersichtliche, durch den Streit zwischen Prometheus und Kassandra bestimmte Verhältnisse. Ich wähle dazu die Thesenform, d.h., ich formuliere fünf Thesen und versuche sie zu begründen.

I.

Die moderne Welt ist ein Produkt von Wissenschaft und Technik. Wissenschaft und Technik machen die Welt zu einem Artefakt, zu einer ›Leonardo-Welt‹. Diese Leonardo-Welt erfaßt auch die Natur und den Menschen.

Wir leben in einer Welt, die das Werk des Menschen ist. Wohin wir in dieser Welt auch gehen, der analysierende, erkennende, bauende, wirtschaftende und verwaltende Verstand war immer schon da. ›Natürliche‹ Welten existieren nur noch am Rande dieser Welt, und sie werden immer weniger und immer schwächer. Eine solche Welt nenne ich die *Leonardo-Welt* – nach dem großen Renaissanceingenieur, Wissenschaftler und Künstler Leonardo da Vinci. Es ist eine Welt, in der sich der Mensch in seinen eigenen Werken begegnet und in der er ein Teil seines eigenen Werkes wird. Dazu drei Beispiele:

1. Beispiel *Natur*: Mit der Menschwerdung des Menschen war von Anfang an auch die Kulturwerdung der Natur verbunden. Diese vollzog sich in der Aneignung der Natur durch den ›prometheischen‹ Menschen, nicht erst heute, sondern selbst in der Steinzeit. Eine ›unberührte‹ Natur hat es in der Umwelt des Menschen nie gegeben. Rodend, brennend, jagend, Furchen ziehend, Wasser umlenkend, die Erde nach Bodenschätzen durchwühlend, Müll produzierend, mit anderen Worten: natürliche Ressourcen verbrauchend, verändernd und substituierend machte der Mensch immer schon seine Umwelt zu einer *Kultur-Natur*. Er greift in die Evolution seiner Umwelt ein, verändert sie, lenkt sie, macht sie sich zunutze. Dieser Eingriff hat allerdings eine neue Qualität erreicht, insofern irreversible Elemente immer größeren Einfluß gewinnen. Zu diesen Elementen gehören z.B. die klimatischen Spätfolgen des Kohlendioxid- und Spurengasanstiegs in der Atmosphäre.

2. Beispiel *Gesellschaft*: Moderne Gesellschaften sind in einem Maße von Wissenschaft und Technik abhängig geworden, daß jede Veränderung im Wissenschafts- und Techniksystem unmittelbar ihre Grundlagen berührt. Das gilt sowohl hinsichtlich der Existenz eines wissenschaftlich-technischen *Fortschritts* als auch hinsichtlich dessen möglichen Ausbleibens.

Besonders deutlich ist dies im Ernährungs-, Gesundheits- und Energiesektor. Ohne Wissenschaft und Technik geht hier nichts mehr, ohne neue Energien der Wissenschaft und der Technik gehen auch der Welt die Energien aus. Das gleiche gilt für den Informationssektor, den Verkehrssektor und alles andere, was diese Welt als Leonardo-Welt kenntlich macht.

3. Beispiel *Mensch*: Was für die moderne Gesellschaft im allgemeinen gilt, gilt auch für den modernen Menschen. Wissenschaft und Technik beginnen ihn selbst als potentielle neue Leonardo-Welt zu erkennen und in Anspruch zu nehmen. Wir gewöhnen uns allmählich an das wachsende Können der Reproduktionsmedizin, und wir gewöhnen uns allmählich an den Gedanken – Stichwort Gentechnik –, daß sich die Natur des Menschen ebenso verändern läßt wie die physische und die gesellschaftliche Welt. Nicht nur die physische und die gesellschaftliche Welt wird mehr und mehr zu einem Artefakt, zu einem Werk des Menschen, das sich an die Stelle einer natürlichen Welt setzt; das gleiche gilt auch für den Menschen selbst. Er hat, weitaus konsequenter als dies frühere Gesellschaften taten, seine Evolution in die eigene, wissenschaftliche und technische Hand genommen.

Soweit die Beispiele. Sie zeigen, daß der moderne Mensch mit seinen wissenschaftlich-technischen Rationalitäten nicht nur der *Urheber* der modernen Welt, eben einer Leonardo-Welt, ist; er gehört ihr auch. Der Aneignung der alten Welt durch den Menschen und seinem Programm einer Aneignung der Zukunft folgt die Aneignung des Menschen durch die eigene Welt. Aus dem Subjekt des Fortschritts wird (zumindest partiell) ein Objekt des Fortschritts. Einerseits, weil sich Rationalitäten, die der Mensch in Gang gesetzt hat, indem er sich selbst zum rationalen Subjekt machte, verselbständigen, andererseits, weil sich der Mensch in diesen Rationalitäten, seinen weltschaffenden Rationalitäten, nur um so mächtiger selbst gegenübertritt. Die Welt, als wissenschaftlich-technische Welt ein Produkt, ein Artefakt des Menschen, nimmt selbst produktive Züge an. Sie arbeitet am Menschen, sie verändert seine Umwelt, sie verändert ihn. Hinter den meist falschen Vereinfachungen, die sich – das sei vorweggenommen – auch in der

Rede Kassandras, der Rede von Orientierungslosigkeit, Werteverlust und Untergang einer Gesellschaft zum Ausdruck bringen, steht eine unbestreitbare Wirklichkeit, die Wirklichkeit einer Leonardo-Welt.

2.

Der Fortschritt in einer Leonardo-Welt ist maßlos, d.h. ohne inneres Maß. Grenzen des Fortschritts können daher auch nur selbst gesetzte oder ›von außen‹ gesetzte ethische Grenzen sein. Zumindest in seiner ethischen Natur bleibt der Mensch das Maß der Welt.

In der Aneignung des Menschen durch seine Welt wird deutlich, daß der wissenschaftlich-technische Fortschritt, der eine Leonardo-Welt vorantreibt, kein Maß in sich selbst hat. Er geht für sich genommen, wohin er will, über jede erkennbare Grenze hinaus. Seine Resultate machen die Welt des Erforschbaren und Machbaren nicht ärmer, sondern reicher. Jede gewonnene Einsicht schafft neue Fragen, jedes gelöste Problem generiert neue Probleme. Dabei stehen wissenschaftliche und technologische Entwicklungen in einem interdependenten Verhältnis zueinander. Der Fortschritt der einen treibt den Fortschritt der anderen voran und umgekehrt. Fortschritt in Wissenschaft und Technik ist seinem eigenen Wesen nach maßlos, oder anders ausgedrückt: Wenn es ein inneres Maß von Wissenschaft und Technik geben sollte, dann dies, über jedes Maß hinauszugehen. Maß bedeutet hier Einschränkung, Begrenzung; wogegen sich wissenschaftliche und technische Rationalitäten gerade durch die Vorläufigkeit jeder Begrenzung definieren.

Das aber bedeutet, daß Grenzen des Fortschritts allemal nur selbst gesetzte Grenzen sein können und daß ein Maß des Fortschritts allemal nur ein selbst gesetztes Maß sein kann. Die Vorstellung, daß die Welt, daß die Natur selbst Grenzen besäßen, über die der wissenschaftliche Verstand nicht hinausgehen kann, und daß der Fortschritt selbst ein Maß besäße, das ihn von innen begrenzt, macht keinen Sinn; sie ist eine historisch und systematisch jederzeit widerlegbare Vorstellung. Also liegen auch Grenzen des Fortschritts nicht dort, worauf man zeigen kann und worüber man sagt, daß der Mensch darüber nicht hinausgehen kann, sondern dort, wo sie liegen *sollen*, weil der Mensch meint, er dürfe an dieser Stelle nicht weitergehen. Selbstgesetzte Grenzen sind in diesem Sinne *ethische* Grenzen. Das gleiche gilt unter Gesichtspunkten eines Maßes. Wenn es ein Maß des Fortschritts gibt, dann nicht ein ›natürliches‹ Maß, sondern ein ethisches Maß. Es setzt ebenfalls die Beantwortung der Frage voraus, welchen Fortschritt der Mensch will und welchen nicht bzw. welcher Fortschritt sich, mit ethischen Maßen gemessen, rechtfertigen läßt und welcher nicht. Zumindest in seiner ethischen Natur bleibt der Mensch – über den Streit Kassandras mit Prometheus hinweg – das *Maß der Welt*, vermag er sich seiner Aneignung durch diese Welt zu widersetzen – nicht nur in moralischen und politischen Dingen, sondern auch in wissenschaftlichen und technologischen Dingen.

Von ethischen Problemen der Forschung und der Wissenschaft ist in der Regel im Blick auf die Folgen wissenschaftlichen Tuns und auf die Beurteilung des Fortschritts als eines Problems der praktischen, nicht der theoretischen oder technischen Vernunft die Rede. Gemeint ist, daß in rationalen oder technischen Kulturen wie der Kultur einer Leonardo-Welt die theoretische oder technische Vernunft allein das Problem eines gerechtfertigten Fortschritts nicht lösen und die Frage nach einem über ein Herrschafts- oder Verfügungswissen hinausgehenden *Orientierungswissen* nicht beantworten kann. Schon bei Max Weber heißt es: »Alle Naturwissenschaften geben uns Antwort auf die Frage: Was sollen wir tun, *wenn* wir das Leben *technisch* beherrschen wollen? *Ob* wir es aber technisch beherrschen sollen und wollen, und ob das letztlich eigentlich Sinn hat: – das lassen sie ganz *dahingestellt* oder setzen es für ihre Zwecke voraus.«[1]

Derartige Fragen zu beantworten, ist nach Weber nicht Sache der Wissenschaft. Damit wird aber das Problem einer handlungsleitenden praktischen Vernunft bzw. eines gerechtfertigten Fortschritts nur um so prekärer. Das hat auch die Wissenschaft selbst gesehen, und zugleich die Schwäche praktischer Vernunft bedauert. Albert Einstein 1948: »Die Tragik

1 M. Weber, *Gesammelte Aufsätze zur Wissenschaftslehre*, ed. J. Winckelmann, Tübingen [3]1968, 599f.

des modernen Menschen liegt (...) darin: er hat für sich selber Daseinsbedingungen geschaffen, denen er auf Grund seiner phylogenetischen Entwicklung nicht gewachsen ist.«[2] In dieser Terminologie gesprochen: die Antriebe des Stammhirns sind stärker als die Kontrolle durch das Großhirn.

Den durch die phylogenetische Ausstattung gezogenen Grenzen stehen Mängel der moralischen und der politischen Entwicklung gegenüber. Auch diese Entwicklung hält mit den wissenschaftlichen und technologischen Entwicklungen nicht Schritt. Während die wissenschaftliche und die technische Welt ins 21. Jahrhundert stürmen, hält sich die moralische und politische Welt weitgehend am 19. Jahrhundert fest. Der wissenschaftliche und der technische Geist blicken nach vorne, der moralische und der politische Geist blicken zurück. Liegt unsere moralische Zukunft wirklich in der Vergangenheit? Die Leonardo-Welt tut sich schwer, ihre eigene Entdeckung, nämlich das in den Programmen der Aufklärung entworfene ›Projekt der Moderne‹, aus der drohenden gegenseitigen Blockade von wissenschaftlich-technischem Verstand und moralisch-politischer Vernunft herauszuführen.

In dieser Situation blühen wissenschaftlich-technische Utopien und moralisch-politische Resignation; Kontingenz nimmt zu. Die Technikmetapher (›technische Kultur‹) suggeriert die Vorstellung, daß die moderne Gesellschaft in allen Teilen und Funktionen überschaubar ist. Doch diese Vorstellung täuscht. Die gesellschaftliche Wirklichkeit technischer Kulturen ist in Wahrheit zwischen wissenschaftlich-technischem Fortschritt und moralisch-politischem Orientierungsstillstand unüberschaubar, ›unberechenbar‹ geworden. Nicht nur das, was eine technische Kultur *soll*, auch das, was eine technische Kultur *kann*, gerät – nicht zuletzt bezogen auf die Folgen ihres Tuns – zunehmend ins Dunkel einer Entwicklung, um deren Rechtmäßigkeit sich wiederum Kassandra und Prometheus streiten. Auch ist ein Subjekt dieses Tuns, ein Subjekt des Fortschritts, in technischen Kulturen nicht länger erkennbar. Wissenschaftlich-technischer Fortschritt geht, wohin er will – und überläßt seine Deutung den Orientierungslosen. Darüber hinaus sind *Verantwortungs*strukturen in technischen Kulturen

2 A. Einstein, *Über den Frieden. Weltordnung oder Weltuntergang?*, ed. O. Nathan/H. Norden, Bern 1975, 494.

aus *Handlungs*strukturen – eben wegen der ›Subjektlosigkeit‹ dieser Kulturen – nicht mehr direkt ablesbar. Verantwortung wird in technischen Kulturen zu einer Leistung, die der einzelne, die konkrete individuelle Subjektivität, auch für anonym ablaufende Prozesse, z.B. den sogenannten ›technologischen Wandel‹, übernehmen muß.

Dabei besteht ein charakteristischer Unterschied zwischen den beiden in technischen Kulturen dominanten Wissenschaftsformen: der Naturforschung und der Sozialforschung. Die eine hat (mögliche) *technologische*, die andere (mögliche) *institutionelle* Konsequenzen. Institutionelle Konsequenzen wiederum haben in demokratisch verfaßten Gesellschaften eine demokratische Basis, technologische Konsequenzen in der Regel nicht. Über Institutionen entscheidet die Gesellschaft meist, bevor sie da sind, über Technologien fast immer, nachdem sie entwickelt sind. Deswegen ist technologischer Wandel in technischen Kulturen auch so dominant – er findet auch gegen gesellschaftliche Widerstände statt –, institutioneller Wandel so schwach – er setzt sich gegen die Beharrungstendenz bestehender Institutionen nur langsam durch. Hinsichtlich der Rechtfertigungsproblematik ist es entsprechend so, daß die (gesellschaftliche) Rechtfertigung institutioneller Veränderungen diesen in der Regel vorausgeht oder sie zumindest begleitet, während die (gesellschaftliche) Rechtfertigung technologischer Veränderungen diesen in der Regel folgt, man könnte auch sagen: gegenüber ihrer schon eingetretenen Wirklichkeit (fast immer) zu spät kommt. Technische Kulturen sind Kulturen mit starkem instrumentellen und schwachem institutionellen Atem.

3.

In der Leonardo-Welt hält ein Orientierungswissen mit einem Sach- und Verfügungswissen nicht Schritt. Der wissenschaftlich-technische Verstand ist stark, die praktische Vernunft ist schwach. Ein Streit um den Wertewandel versperrt den Blick auf die Zukunft der praktischen Vernunft.

In der Wirklichkeit der Leonardo-Welt entwickeln sich ein *Sach-* und *Verfügungswissen* und ein *Orientierungswissen* auseinander. Sach- und Verfügungswissen ist ein Wissen um Ursachen, Wirkungen und Mittel, Orientierungswissen ist ein Wissen um gerechtfertigte Zwecke und Ziele. Sach- und Verfügungswissen sind ein *positives* Wissen, Orientierungswissen ist ein *regulatives* Wissen. Und mit eben diesem regulativen Wissen steht es heute nicht zum besten. Wissenschaft hat dieses Wissen aus dem Auge verloren – und die Gesellschaft häufig auch. Die Folge sind Orientierungsschwächen (nicht schon Orientierungsverlust), Selbstzweifel und neuerdings wieder die Anfälligkeit gegenüber jeder Art von Fundamentalismus.

Die wesentliche Aufgabe, vor der moderne entwickelte Gesellschaften stehen, vor der eine Leonardo-Welt steht, ist es daher auch, Sach- und Verfügungswissen und Orientierungswissen, wissenschaftlich-technischen Verstand und moralisch-politische Vernunft, wieder in ein vernünftiges Verhältnis zueinander zu setzen und dabei Orientierungen nicht außerhalb unserer wissenschaftlich-technischen Rationalitäten zu suchen – diese Suche führt schnurstracks in die genannten Schwierigkeiten –, sondern innerhalb dieser Rationalitäten. Die Leonardo-Welt braucht eine neue, eine vernünftige Perspektive, sie braucht Urteilskraft auf den Feldern des Verstandes und der Vernunft und eine neue Sicherheit im Umgang mit diesen. Solange allein der Verstand stark ist und die praktisch-politische Vernunft schwach und verzagt, wird die derzeitige Orientierungsschwäche der Leonardo-Welt anhalten.

Ausdruck dieser Orientierungsschwäche ist auch die zu Beginn erwähnte Klage über einen *Wertewandel* oder mehr noch: über einen *Werteverlust*. Verwiesen wird auf die wachsende Beschleunigung in den Veränderungen, denen die Leonardo-Welt unterworfen ist. Diese Veränderungen erfassen nicht nur unsere ›äußeren‹ Wirklichkeiten (Verkehrstechnologien, Informations- und Kommunikationstechnologien etc.), sondern auch unsere ›inneren‹ Wirklichkeiten. Gemeint sind Orientierungen, die nicht mehr halten, Lebensformen, die ihre Verbindlichkeiten verlieren, Werte, die nicht mehr tragen. Dazu ist zweierlei zu sagen:

1. Derartige Veränderungen, die nach ›innen‹ gehen, werden vielfach überschätzt. Zwar ist die Leonardo-Welt weitreichenden Veränderungsprozessen unterworfen – ich nenne nur den Informationstechnologiesektor, aber auch die Globalisierung

im Wirtschaftssektor, ferner Veränderungen fundamentaler Art, die etwa die Reproduktionsmedizin und die Gentechnik mit sich bringen und weiterhin mit sich bringen werden –, doch bleiben dabei unsere Lebensformen im Grunde erstaunlich stabil. Die schon so oft totgesagte Familie lebt, eine allgemeine Bürgerethik, von der gleich noch im Zusammenhang mit dem Ruf nach einer Wissenschaftsethik die Rede sein wird, hat ihre Wahrnehmungs- und Beurteilungsfähigkeiten nicht verloren, jedenfalls nicht so, daß Kassandra an ihre Stelle treten müßte. Daß der Fundamentalismus im Vormarsch ist, ist ein weiteres, allerdings beunruhigendes Indiz für eine nun sogar schon archaisch anmutende Stabilität.

2. Eine Welt, die ihre Zukunft in dynamischen Prozessen sucht, die auf die Veränderungspotentiale von Wissenschaft und Technik setzt, kann aus dieser Dynamik ihre Werte nicht heraushalten. Das würde, wenn es dennoch versucht würde, bedeuten, die Welt von morgen mit den Orientierungen von gestern bauen, rückwärts in die Zukunft gehen. Die Leonardo-Welt wäre in ihrem Kopf eine nie dagewesene Welt, in ihrem Herzen eine archaische Welt. Eine derartige Vorstellung, die das Rad der Werte anzuhalten suchte, wäre übrigens nicht neu. Die Utopienliteratur der frühen Neuzeit ist voll von ihr. Immer sind es Weise und bürgerliche Heilige, die hier mit Wissenschaft und Technik spielen. Wir aber sollten uns hüten, das, was wir in diesen literarischen Fällen als Karikatur, als Disney-Welt der Wissenschaft und der Technik belächeln, unter der Hand auf unser eigenes Selbstverständnis anzuwenden.

Und doch charakterisiert beides, eine bei allem Wandel erstaunliche Stabilität unserer lebensweltlichen Orientierungen und eine Dynamik auch der Werte, die Leonardo-Welt auf eine zutreffende Weise. Wie diese Welt ihren Weg zwischen wissenschaftlich-technischem Verstand und praktischer Vernunft gehen muß, so auch zwischen einer gewissen Statik und einer drängenden Dynamik der Werte. Hier das richtige Maß zu finden, ist dann wiederum Sache der praktischen Vernunft.

4.

Freiheit und Verantwortung gehören zum Wesen der Institution Wissenschaft. Ihre Einhaltung ist jedoch nicht Sache einer eigens zu diesem Zweck eingerichteten Wissenschaftsethik, sondern einer allgemeinen Bürgerethik. Ethik läßt sich nicht gesellschaftlich teilen, etwa in eine wissenschaftliche Ethik, als Sonderethik des Wissenschaftlers auf der einen Seite und eine Standardethik der Gesellschaft auf der anderen Seite.

Wo sich Wissenschaft und Leonardo-Welt in Form technischer Kulturen miteinander verbinden, wo der Fortschritt kein eigenes Maß, das auch ein ethisches Maß wäre, mehr erkennen läßt und der wissenschaftlich-technische Verstand stark, die praktische Vernunft schwach ist, wird Wissenschaft, ob sie will oder nicht, nicht nur in Anwendungen und Entwicklungen hineingezogen, sondern auch in die Verantwortungsstrukturen der Leonardo-Welt. Verantwortet die Wissenschaft in ihrer forschenden Freiheit noch, so fragen nicht nur die Ängstlichen und die Laien unter uns, gerade auch im Blick auf das über ein Maß von Technik und Wissenschaft Gesagte, was sie tut und was sie bewirkt?

Nun sind Freiheit und Verantwortung nicht nur im Kontext von Wissenschaft und Forschung schwierige Begriffe. Sie gehören zu denjenigen, die jeder im Munde, mancher auch im Herzen führt, ohne über ihre appellative Verwendung wesentlich hinauszukommen. Wir wissen, daß Freiheit der Forschung oder Wissenschaftsfreiheit in den Programmen der Aufklärung und im Grundgesetz der Bundesrepublik Deutschland steht und daß Verantwortung zu den Tugenden des Bürgers in einer demokratischen Gesellschaft gehört, und gleichwohl fällt es schwer, genauer zu sagen, was eine verantwortete Freiheit der Forschung oder Wissenschaftsfreiheit ist, wo sie beginnt und wo sie endet.

Die Schwierigkeiten beginnen bereits damit, daß Freiheit der Forschung oder Wissenschaftsfreiheit einerseits Freiheit des *Wissenschaftlers*, andererseits Freiheit der *Institution* Wissenschaft bedeutet. Dabei rechtfertigt häufig die Einschränkung der einen Freiheit die Reklamation der anderen: Weil, so sagen die Wissenschaftler, die Institution Wissenschaft ihre Freiheit zunehmend an die staatlichen Verwaltungen verliert, muß ihre eigene (persönliche) Freiheit um so größer und uneingeschränkter sein. Weil, so sagen die staatlichen Verwaltungen, die Freiheit des Wissenschaftlers als uneingeschränkte Freiheit beansprucht und wahrgenommen wird, bedarf es des regulierenden Eingriffs des Staates in institutionellen Dingen. Das aber scheint zu bedeuten, daß beides zusammen, nämlich die Freiheit des Wissenschaftlers und die Freiheit der Institution Wissenschaft, nicht mehr geht. Wo die eine uneingeschränkt gilt, wird die andere mit eben dieser Begründung eingeschränkt.

Doch das dürfte ein Mißverständnis sein. Es tritt vor allem dort auf, wo zwischen Freiheit und Willkür nicht mehr richtig unterschieden wird. So gerät das gesellschaftliche Gut der Wissenschaftsfreiheit häufig zur bloßen Neigung wissenschaftlicher Subjekte, nämlich das zu tun, was ihnen ganz einfach beliebt. Begriffe wie Rechtfertigung und (gesellschaftliche) Verantwortung scheinen dann in den Vorstellungen vieler Wissenschaftler bereits zum Vokabular der Unfreiheit zu gehören. Das aber ist ein Irrtum. Freiheit ist recht verstanden immer *verantwortete* Freiheit, im anderen Falle Willkür. Folglich gehören auch beide Freiheiten, die Freiheit des Wissenschaftlers und die Freiheit der Institution Wissenschaft, zusammen. Wissenschaftsfreiheit als schrankenlose subjektive Freiheit des Wissenschaftlers geht auch aus der Sicht der Wissenschaft nicht, weil sich das alte Humboldtsche Ideal der Forschung in ›Einsamkeit und Freiheit‹ nicht wirksam genug gegen die Mißverständnisse uneingeschränkter wissenschaftlicher Subjektivität abgrenzen läßt. Auch Genialität – die im übrigen auch in wissenschaftlichen Verhältnissen keineswegs so häufig ist, wie die wissenschaftlichen Subjekte selbst meinen – bedeutet noch keine Rechtfertigung derjenigen Verhältnisse, in denen sie sich uneingeschränkt auszubreiten vermag. Das gilt auch für die Wissenschaft. Ist eine neue (oder alte) Ethik der Wissenschaft, eine neue (oder alte) Wissenschaftsethik die Antwort auf unsere Probleme mit der Wissenschaft? Viele scheinen das heute zu glauben. Meine Antwort ist eher Nein.

Dabei sei zunächst festgehalten, daß der Mensch, der seine Welt in die eigene Hand nimmt, der sie zum Werk seiner selbst macht, d.h. der Bewohner einer Leonardo-Welt, nicht etwa weniger ethische Probleme hat als seine Vorfahren, die sich in weit natürlicheren Welten einzurichten hatten, sondern eher mehr. Nicht nur, daß unsere lebensweltlichen Probleme nicht verschwinden, wenn wir unsere wissenschaftlichen Probleme gelöst haben; es ist eben auch die Lösung dieser Probleme, die neben den erwähnten Problemen eines Maßes des technischen Fortschritts neue ethische Probleme bringt. Zu ihnen gehört im Sinne des zuvor über die Aneignung der eigenen Natur Gesagten, wenn der Abstand zwischen dem Menschen als Forscher und dem Menschen als erforschtem Objekt eng wird und sich die Forschung gegen den Menschen zu wenden beginnt. Datenschutz, Reproduktionsmedizin, Gentechnik sind Stichworte dieses enger werdenden Abstands. Zugleich ist keineswegs klar, wie lange noch bisher akzeptierte ethische Schranken gegenüber wissenschaftlichen und technischen Entwicklungen halten, Schranken etwa zwischen einer pränatalen Diagnostik und ihrer Anwendung als Selektionsdiagnostik, zwischen der Sequenzierung des menschlichen Genoms und ihren möglichen Anwendungen, zwischen Gentherapie und Keimbahntherapie. Hinzu treten etwa die Stichworte heterologe Insemination, artübergreifender Gentransfer (also Interspezieshybridisierung oder Chimärenbildung), verbrauchende oder andere Forschung an Embryonen einschließlich der Erzeugung von Embryonen zu Forschungszwecken. In allen diesen Fällen erzeugt die Forschung Probleme, die selbst keine wissenschaftlichen Lösungen haben, die keine allein wissenschaftlichen Lösungen haben können. Das aber bedeutet: Ethik wird zum immer längeren Schatten, den heute Forschung und Wissenschaft in unserer Welt werfen.

Wenn aber Wissenschaft ethische Probleme aufwirft, die sie selbst nicht lösen kann, und (zumindest hinsichtlich ihrer Folgen) Beurteilungen unterliegt, die sie selbst nicht kontrollieren kann, anders ausgedrückt: wenn die wissenschaftliche (und technische) Rationalität nicht selbst sagt, was Wissenschaft (und Technik) tun darf und was nicht, dann kann offenbar ein Maß des wissenschaftlichen (und technischen) Fortschritts nur ein diesem Fortschritt ›von außen‹ gesetztes Maß sein. Noch einmal: Sorgt für dieses Maß eine neue (oder alte) Ethik der Wissenschaft?

Wie es scheint, eilen hier die Hoffnungen, die man gegenwärtig mit dem Projekt einer solchen Ethik verbindet, dessen Realisierungsmöglichkeiten weit voraus. Möglicherweise führt der Ruf nach einer Wissenschaftsethik sogar in eine falsche Richtung. Und der Grund dafür sowie für die schon angedeutete negative Antwort ist der folgende: Die Wissenschaft bildet eine besondere Wissensform aus, aber keine besondere Gesellschaftsform – mit einer entsprechenden Ethik. Wer das dennoch meint, verwechselt nicht nur methodologisch fundierte Rationalitäten des Wissens mit ethisch fundierten gesellschaftlichen Rationalitäten, er wird auch von einer falschen Vorstellung von Ethik geleitet. Gemeint ist die Vorstellung, daß es auf alle Probleme und in allen Situationen eine ethische Antwort, und zwar genau die ethische Antwort, gibt. Anders ausgedrückt: Es ist die Vorstellung, daß Ethik eine Disziplin ist, die in allen denkbaren Fällen in die Lage versetzt, zu sagen, was moralisch gerechtfertigt ist und was nicht. Eine derartige Vorstellung aber ist – manche mögen sagen: leider – irreführend; sie verwechselt Ethik mit einem Lehrbuch und die Lösung von ethischen Problemen mit der Anwendung von Lehrsätzen.

Das alles ist Ethik nicht und deshalb kann es auch so etwas wie eine von anderen Ethiken unterscheidbare Ethik der Wissenschaft nicht geben. Außerdem ist der Wissenschaftler Subjekt moralischer Ansprüche nicht als Wissenschaftler, sondern als Bürger, weshalb auch Ethik im Grunde immer *Bürgerethik* ist. Ethik läßt sich nicht gesellschaftlich teilen, d.h. in eine wissenschaftliche Ethik, als Sonderethik des Wissenschaftlers, auf der einen Seite, und eine nicht-wissenschaftliche Ethik, als Standardethik der Gesellschaft, auf der anderen Seite. Es gibt strenggenommen keine geschlossenen ethischen Welten, in denen jeweils nur eine Ethik gelten würde.

Diese Feststellung richtet sich nicht nur gegen überzogene Hoffnungen auf eine eigene Ethik der Wissenschaft, sondern auch gegen die Vorstellung, daß der Wissenschaftler für mehr verantwortlich ist als der Bürger. Der Wissenschaftler hat zwar in der Tat wegen der prinzipiellen Unkontrollierbarkeit des wissenschaftlichen Verstandes durch den außerwissenschaftlichen Verstand und wegen der Abhängigkeit moderner Gesellschaften von den Kompetenzen des wissenschaftlichen Verstandes eine besondere Verantwortung; aber diese

Verantwortung schlägt sich eben nicht in einer Sonderethik nieder. Was statt dessen erforderlich ist, ist ein besonderes *Ethos*, wie es z.B. im Berufsethos des Mediziners seit langem gesellschaftlich wirksam realisiert ist. Alle Regeln, alle Normen, die man für eine Wissenschaftspraxis in Geltung setzen wollte, um deren Verantwortlichkeiten zu stärken und deren Vernunft zu sichern, wären im übrigen für die Katz, wenn es ein solches Wissenschaftlerethos nicht schon gäbe. Die Freiheit der Wissenschaft (in Forschung und Lehre) hat als Verfassungsgut und im Sinne der genannten Verantwortungsprobleme zur Bedingung, daß dieses Wissenschaftlerethos nicht korrupt ist. Daß es faktisch oft korrupt ist, wovon die unlängst bekannt gewordenen Fälle von Lug und Trug in der Wissenschaft zeugen, ist wahr, bedeutet aber nicht, daß eine Wissenschaftsethik versagt hat oder besser ausgearbeitet werden müßte, sondern daß die Normen einer allgemeinen Ethik, der Bürgerethik, verletzt und ein Wissenschaftlerethos aus miesen individuellen Motiven außer Kraft gesetzt wurde. Mehr, so fürchte ich, läßt sich auch an dieser Stelle in Sachen Ethik der Wissenschaft oder Wissenschaftsethik nicht sagen, abgesehen davon, daß die Aufmerksamkeit der Wissenschaft als Institution in Zukunft stärker und wirkungsvoller auf die Einhaltung eines Wissenschaftlerethos und eine Kontrolle des Umgangs mit diesem Ethos gerichtet sein sollte.

Als Beispiel für eine institutionalisierte Aufmerksamkeit dieser Art möge hier ein sogenannter Verhaltenskodex für die Mitglieder der Deutschen Physikalischen Gesellschaft (DPG) dienen. Hier heißt es z.B.: »Jedes Mitglied ist auch Mitglied der Gemeinschaft der Wissenschaftler und teilt deren besondere Verantwortung gegenüber künftigen Generationen. Die Mitglieder unterstützen die Entwicklung der Wissenschaft. Dazu anerkennen und beachten sie das für alle Wissenschaften in allen Ländern gültige Grundprinzip der Ehrlichkeit gegenüber sich selbst und anderen. Die DPG verurteilt wissenschaftliches Fehlverhalten und ächtet sowohl Betrug in der Wissenschaft als auch deren vorsätzlichen Mißbrauch.« Zum Stichwort Forschung wird festgehalten: »Forschungsergebnisse müssen reproduzierbar sein und nachvollziehbar dokumentiert werden. Die Leiter von Forschungsgruppen sollen durch angemessene Organisation gewährleisten, daß ihre Mitarbeiter ihre Forschungsergebnisse vor der Publikation ausreichend kommunizieren und diskutieren. Begründete Ausnahmen, etwa zum Patentschutz, müssen möglich gemacht werden. Nach der Publikation der Ergebnisse sollen die dokumentierten Daten für eine dem Fachgebiet angemessene Zeit aufbewahrt werden. Das Erfinden von Daten sowie das Fälschen und das Plagiieren von Daten und Texten ist wissenschaftliches Fehlverhalten oder Betrug in der Wissenschaft.«[3] Es ist klar, daß hier Vorstellungen einer allgemeinen Bürgerethik auf die Wissenschaft und die besonderen Bedingungen einer wissenschaftlichen Praxis übertragen werden. Eine eigene Wissenschaftsethik bilden diese kodifizierten Regeln nicht.

5.

Auch die Bürgerethik wird in einer Leonardo-Welt in Entwicklungen gezogen; sie läßt sich gegenüber diesen Entwicklungen, deren wesentlicher Motor Wissenschaft und Technik sind, nicht isolieren. Es ist wiederum Aufgabe einer praktischen Vernunft, diesem Umstand, der auch einen Wertewandel einschließt, in normativer Form Rechnung zu tragen.

Wenn die hier vorgetragenen Überlegungen zur Notwendigkeit eines ethischen Maßes der Wissenschaft (und der Technik) und zur Entbehrlichkeit oder besser: Unangemessenheit einer speziellen Wissenschaftsethik den Kern der Sache treffen, dann besteht das eigentliche Problem nicht darin, ob eine Ethik der Wissenschaft möglich ist oder nicht, sondern darin, daß ein auch in der Wissenschaft unabdingbares Ethos keinen selbstverständlichen Rückhalt mehr in einer allgemeinen Bürgerethik hat. Diese war bisher im wesentlichen als gegeben angesehen worden. Tatsächlich leben wir auch in ethischen Dingen nicht mehr in einer geschlossenen Welt. Die Dynamik der Veränderung, deren Motor in einer Leonardo-Welt Wissenschaft und Technik sind, erfaßt vielmehr auch den Menschen und seine Orientierungsstrukturen, zu denen die Ethik, auch als Bürgerethik, gehört. Diese Orientierungen sind schon lange nichts Natürliches mehr. Das heißt: Ein Wesen, das sich mit Hilfe von Wissenschaft und Technik seine Welt macht und die-

3 *Physikalische Blätter* 54 (1998), H. 5, 398.

se ständigen Veränderungen und Fortschritten unterwirft, kann nicht auf die Natürlichkeit seiner Orientierungen hoffen. Auch diese, zumal in Form ethischer Orientierungen, sind nicht einfach da, schon gar nicht als Teil einer natürlichen Ausstattung des Menschen. Sie werden vielmehr durch den Menschen ›gemacht‹, und sie verändern sich in dem Maße, in dem sich die Leonardo-Welt, d.h. die vom Menschen gemachte Welt, verändert. Oder anders ausgedrückt: In dem Maße, in dem sich durch Wissenschaft und Technik die Handlungsmöglichkeiten des Menschen erweitern, werden auch seine Orientierungsformen, darunter seine ethischen Orientierungsformen, in Entwicklungen gezogen. Wertewandel ist nur ein anderer Ausdruck für diesen Umstand.

Dabei wird der Mensch niemals in eine Situation geraten, in der die Wissenschaft schließlich alles erklärt und gleichzeitig auch noch selbst diejenigen Orientierungen schafft, nach denen der Mensch leben soll und leben kann. Und dies ist weniger eine Enttäuschung, denn eine Hoffnung. Sie besagt, daß sich der Mensch, ohne seine Modernität zu verlieren, seiner eigenen Verwissenschaftlichung entziehen kann, und damit auch einer Aneignung durch seine eigene, durch die von ihm gemachte Welt. Dies ist denn auch die eigentliche Herausforderung des modernen Menschen durch seine Welt und seine Zukunft. Die Weise aber, diese Herausforderung zu bestehen, hat dann in der Tat wieder etwas mit Ethik zu tun. Mit Ethik nicht nur als einer Instanz, die die Verhältnisse der Menschen untereinander regelt und, wenn es gut geht, wissenschaftlichen und technologischen Entwicklungen Grenzen und Maß verschafft, sondern mit Ethik nicht zuletzt als einem Medium, in dem der Mensch und die Leonardo-Welt wieder zu einer Einheit finden. Eben dazu bedarf es – im Anschluß an das zuvor Gesagte und einer wirklichen, sehr konkreten Einsicht der Philosophie entsprechend – nicht der theoretischen, sondern der praktischen Vernunft. Auch Vernunft dabei nicht als etwas aufgefaßt, das schon ›da ist‹, das schon fertig ist, als philosophisches System oder gesellschaftliche Wirklichkeit. Vernunft vielmehr als permanente Aufklärung und als der erklärte Wille, wieder in einer menschlichen Welt zu leben.

Zu dieser Welt werden auch in Zukunft Wissenschaft und Technik gehören. Sie sich ohne diese vorzustellen, wäre naiv

II. Grenzen und Entgrenzungen

I. Die transdisziplinäre Zukunft der Forschung

Vorbemerkung

Als ich 1986 auf einem Symposion über Ideologie und Praxis der Interdisziplinarität am Bielefelder Zentrum für Interdisziplinäre Forschung (ZiF) und 1987 auf einem Symposion über das disziplinäre System der Wissenschaft und die Aufgabe der Wissenschaftspolitik an der Universität Konstanz über Transdisziplinarität als ein neues, durch die Wissenschaftsentwicklung selbst nahegelegtes Forschungsprinzip sprach,[1] blieb das gegenüber der üblichen Interdisziplinaritätsrhetorik ohne Wirkung. Hier schien nur ein neuer Terminus für eine alte Sache vorzuliegen, die eben durch das, was man damals und später immer wieder, als auch Ringvorlesungen und ein Studium Generale wieder an Bedeutung im universitären Alltag gewannen, mit Interdisziplinarität und der Notwendigkeit, Disziplinarität in dieser Weise durch ein Gespräch zwischen den Disziplinen zu ergänzen, bezeichnete.

Das ist heute anders geworden. Auf einmal ist Transdisziplinarität in aller Munde, nicht nur dort, wo Wissenschaftstheorie und Hochschuldidaktik ihre – manchmal recht wissenschaftsfernen – Kreise über den Disziplinen ziehen, sondern auch in der wissenschaftlichen Forschungspraxis. Manchmal sieht es schon so aus, als ob sich ein neues Forschungsparadigma ankündigte, eine methodische Orientierung nämlich, die aus den Fächern und Disziplinen herausführt. Was hat es mit dieser Entwicklung auf sich? Was ist neu, und was tritt möglicherweise nur in einem anderen terminologischen Gewande auf? Diesen Fragen will ich im Folgenden nachgehen, wobei

1 »Die Stunde der Interdisziplinarität?«, in: J. Kocka (Ed.), *Interdisziplinarität. Praxis – Herausforderung – Ideologie*, Frankfurt/Main 1987, 152-158; »Wohin geht die Wissenschaft? Über Disziplinarität, Transdisziplinarität und das Wissen in einer Leibniz-Welt«, *Konstanzer Blätter für Hochschulfragen* 26 (1989) H. 1-2 (98-99), 97-115; ferner in: J. Mittelstraß, *Der Flug der Eule. Von der Vernunft der Wissenschaft und der Aufgabe der Philosophie*, Frankfurt/Main 1989, 60-88.

ich erneut auf einige ältere Überlegungen zurückgreife, so auf einen Vortrag zum Verhältnis von Philosophie und Naturwissenschaft, den ich im März 1999 auf der Frühjahrstagung Festkörperphysik der Deutschen Physikalischen Gesellschaft in Münster gehalten habe.[2] Zunächst zu den Begriffen der Disziplinarität und der Interdisziplinarität.

1. Disziplinarität, Interdisziplinarität und die neue Unübersichtlichkeit der wissenschaftlichen Dinge

Unser Wissenschaftssystem ist auf langen institutionellen Wegen auf eine beängstigende Weise unübersichtlich geworden.[3] Das gilt nicht nur im Blick auf das sich immer stärker beschleunigende Wachstum des Wissens auf allen fachlichen und disziplinären Feldern, dem heute niemand, nicht einmal im engeren Rahmen seines Faches, mehr folgen kann, sondern auch im Blick auf die organisatorischen und institutionellen Formen der Wissenschaft. Eine Partikularisierung, ja Atomisierung der Disziplinen und Fächer greift um sich und reicht mittlerweile bis in die Bezeichnungen der Lehrstuhlbereiche hinunter; die Fähigkeit, noch in Disziplinaritäten, d.h. in größeren wissenschaftlichen Einheiten, zu denken, nimmt erschreckend ab. Kein Wunder, daß daher so viel von *Interdisziplinarität* gesprochen wird. Wer allein auf einer fachlichen oder disziplinären, meist winzigen Insel sitzt, den ergreift die Sehnsucht nach seinem insularen Nachbarn, wobei es in der Regel wieder gleich ist, wer der fachliche oder disziplinäre Nachbar ist. Grenzen der Fächer und Grenzen der Disziplinen, wenn man sie so überhaupt noch wahrnimmt, drohen mehr und mehr nicht nur zu institutionellen Grenzen, sondern auch zu *Er-*

2 *Zwischen Naturwissenschaft und Philosophie. Versuch einer Neuvermessung des wissenschaftlichen Geistes*, Konstanz 2000 (Konstanzer Universitätsreden 205).

3 Vgl. zum folgenden J. Mittelstraß, »Interdisziplinarität oder Transdisziplinarität?«, in: L. Hieber (Ed.), *Utopie Wissenschaft. Ein Symposium an der Universität Hannover über die Chancen des Wissenschaftsbetriebs der Zukunft (21./22. November 1991)*, München/Wien 1993, 17-31; ferner in: J. Mittelstraß, *Die Häuser des Wissens. Wissenschaftstheoretische Studien*, Frankfurt/Main 1998, 29-48.

kenntnisgrenzen zu werden. Entsprechend verbindet sich mit dem Begriff der Interdisziplinarität aber auch eine Reparaturvorstellung, die auf Umwegen, und sei es auch nur auf Zeit, zu einer neuen, Forschung und Lehre förderlichen Ordnung führen soll.

Interdisziplinarität ist daher auch weder etwas Normales noch etwas wirklich Neues, noch die wissenschaftliche Ordnung schlechthin. Sie korrigiert, wenn sie denn wirklich einmal gelingt, Fehlentwicklungen innerhalb der fachlichen und disziplinären Ordnung und macht dabei zugleich deutlich, daß etwas, wie es scheint unwiderruflich, verlorengegangen ist, nämlich ein Denken in größeren disziplinären Einheiten. Aus Partikularitäten soll wieder ein Ganzes entstehen, zumindest ein größerer Teil desselben, und damit etwas, das vor der ›Entdeckung‹ der Interdisziplinarität in der Geschichte der europäischen Wissenschaftsinstitutionen der wissenschaftliche und der gebildete Normalfall war. Doch nicht dieser ›institutionelle‹ Gesichtspunkt, die Wiederherstellung wirklicher Disziplinaritäten, soll hier im Vordergrund stehen, sondern die Rolle fach- und disziplinenübergreifender Strukturen und Strategien in der Forschung (mittelbar allerdings auch in der Lehre).

Hier ist es zunächst einmal zweckmäßig, sich deutlich zu machen, daß Fächer und Disziplinen nichts Naturgegebenes, sondern etwas durch die Wissenschaftsgeschichte Gewordenes und ihre Grenzen in erster Linie nicht theoretische Grenzen, sondern *historische* Grenzen sind. Auch machen ihre wissenschaftshistorische Identität bestimmte Forschungsgegenstände, Theorien, Methoden, Forschungszwecke aus, die sich häufig nicht zu fachlichen und disziplinären Definitionen ergänzen, sondern interdisziplinär interferieren. Dies kommt nicht nur darin zum Ausdruck, daß sich Disziplinen in ihrer Arbeit von methodischen und theoretischen Vorstellungen leiten lassen, die sie selbst allein disziplinär nicht hervorbringen können, sondern auch darin, daß sich die Probleme, deren Lösung die Wissenschaften dienen, häufig nicht einfach in einen disziplinären Rahmen einfügen. So waren z.B. in der Geschichte des Problems der theoretischen Beschreibung der Wärme die disziplinären Zuständigkeiten keineswegs immer die gleichen. Zunächst gilt Wärme als innere Bewegung der

Materie und damit als Gegenstand der Physik. Mit der von Boerhaave Anfang des 18. Jahrhunderts formulierten und später von Lavoisier ausgearbeiteten Wärmestofftheorie wird Wärme, da sie eben als Stoff aufgefaßt wurde, zum Gegenstand der Chemie. Schließlich wechselt mit der kinetischen Wärmetheorie die Wärme erneut die Disziplin und wird wieder zu einem physikalischen Gegenstand. Das bedeutet: Nicht die Gegenstände (allein) definieren die Disziplin, sondern die Art und Weise, wie wir theoretisch mit ihnen umgehen. Für die Forschung ist das klar, für die Lehre häufig nicht.

Dabei läßt sich dieses wissenschaftshistorische Beispiel auch so verallgemeinern, daß sich bestimmte Probleme dem Zugriff einer einzigen Disziplin entziehen. Und dies sind oft keineswegs marginale, sondern zentrale Probleme, wie etwa die Beispiele Umwelt, Energie und Gesundheit zeigen. Es gibt eine Asymmetrie von Problementwicklungen und disziplinären (oder Fach-)Entwicklungen, und diese vergrößert sich noch dadurch, daß die disziplinären und Fachentwicklungen durch wachsende Spezialisierung bestimmt werden. Ökologische Probleme etwa sind komplexe Probleme, sie lassen sich nur durch das Zusammenwirken vieler fachlicher und disziplinärer Kompetenzen lösen. Das gleiche gilt von Energie und Gesundheit. Das aber bedeutet, daß es unter dem Stichwort Interdisziplinarität auch nicht um ein bloßes modisches Ritual geht, sondern um Zwänge, die sich durch die Problementwicklung selbst stellen. Wenn uns die Probleme nicht den Gefallen tun, sich selbst disziplinär oder gar fachlich zu definieren, dann bedarf es eben besonderer Anstrengungen, die in der Regel aus den Fächern oder Disziplinen herausführen. Mit anderen Worten: Ganz gleich, in welchem Sinne hier Interdisziplinarität verstanden wird, als Interdisziplinarität, die größere disziplinäre Orientierungen wiederherstellt, oder als tatsächliche Erweiterung des Erkenntnisinteresses innerhalb von Fächern und Disziplinen und über Fächer und Disziplinen hinweg, eines sollte klar sein: Interdisziplinarität im recht verstandenen Sinne geht nicht zwischen den Fächern oder den Disziplinen hin und her oder schwebt, dem absoluten Geist nahe, über den Fächern und den Disziplinen. Sie hebt vielmehr fachliche und disziplinäre Engführungen, wo diese der Problementwicklung und einem entsprechenden Forschungshandeln im Wege stehen, wieder auf; sie ist in Wahrheit Transdisziplinarität.

2. Transdisziplinarität

Während wissenschaftliche Zusammenarbeit allgemein die Bereitschaft zur Kooperation in der Wissenschaft und Interdisziplinarität in der Regel in diesem Sinne eine konkrete Zusammenarbeit auf Zeit bedeutet, ist mit *Transdisziplinarität* gemeint, daß Kooperation zu einer andauernden, die fachlichen und disziplinären Orientierungen selbst verändernden wissenschaftssystematischen Ordnung führt.[4] Dabei stellt sich Transdisziplinarität sowohl als eine Forschungs- und Arbeitsform der Wissenschaft dar, wo es darum geht, außerwissenschaftliche Probleme, z.B. die schon genannten Umwelt-, Energie- und Gesundheitsprobleme, zu lösen, als auch als ein innerwissenschaftliches, die Ordnung des wissenschaftlichen Wissens und der wissenschaftlichen Forschung selbst betreffendes Prinzip. In beiden Fällen ist Transdisziplinarität ein Forschungs- und Wissenschaftsprinzip, das dort wirksam wird, wo eine allein fachliche oder disziplinäre Definition von Problemlagen und Problemlösungen nicht möglich ist bzw. über derartige Definitionen hinausgeführt wird.

Gemeint ist damit weder ein neuer (wissenschaftlicher und/oder philosophischer) Holismus noch ein Überschreiten des Wissenschaftssystems. Mit Transdisziplinarität als neuem Holismus wäre die Vorstellung gemeint, es ginge hier um ein wissenschaftliches Prinzip bzw. um eine wissenschaftliche Orientierung, in der sich Probleme ganzheitlich lösen ließen. Tatsächlich soll Transdisziplinarität Probleme lösen, die isolierte Bemühungen nicht lösen können, doch ist damit nicht der Anspruch verbunden, diese Probleme auch vollständig und ein für allemal zu lösen. Wie weit ein Instrument trägt – und als ein Forschungs- und Wissenschaftsprinzip ist Transdisziplinarität durchaus instrumentell zu verstehen –, weiß ein

4 Die folgende Explikation des Begriffs der Transdisziplinarität orientiert sich an einer früheren kurzen Darstellung: J. Mittelstraß, »Ein Prinzip faßt Fuß«, in: *GAIA. Ecological Perspectives in Science, Humanities, and Economics* 7 (1998), Heft 1, 1-2 (Editorial).

Instrument nicht selbst und wissen auch diejenigen nicht von vornherein, die es konstruieren oder verwenden. Die Behauptung, Transdisziplinarität bedeute ein Überschreiten des Wissenschaftssystems, sei also eigentlich ein *transwissenschaftliches* Prinzip, würde wiederum bedeuten, daß Transdisziplinarität selbst grenzenlos würde bzw. sich in wissenschaftlich nicht mehr bestimmbare Beliebigkeiten auflöste. Oder anders ausgedrückt: Transdisziplinarität ist – und bleibt zweckmäßigerweise – ein wissenschaftstheoretischer Begriff, der bestimmte Formen wissenschaftlicher Kooperation und Problembewältigung beschreibt, nicht solche jenseits wissenschaftlicher Grenzen. Denn welchen Sinn sollte es auch haben, als Organisationsprinzip von Wissenschaft transwissenschaftliche Verhältnisse, also solche, die außerhalb der Reichweite und der Zuständigkeiten von Wissenschaft liegen, ins Auge zu fassen?

Im übrigen treten reine Formen von Transdisziplinarität ebensowenig auf wie reine Formen von Disziplinarität oder Fachlichkeit. Auch diese verstehen und realisieren sich meist im Kontext benachbarter wissenschaftlicher Formen, etwa mit soziologischen Komponenten in der Arbeit des Historikers oder chemischen Komponenten in der Arbeit des Biologen. Insofern sind denn auch Fachlichkeit, Disziplinarität und Transdisziplinarität forschungsleitende Prinzipien bzw. idealtypische Formen wissenschaftlicher Arbeit, Mischformen ihre Normalität. Wichtig ist allein, daß sich Wissenschaft und Forschung dessen bewußt sind und produktive Forschung nicht durch überholte (meist gewohnheitsmäßig vorgenommene) Einschränkungen auf fachliche und disziplinäre Engführungen begrenzt wird. Eine derartige Begrenzung dient weder dem wissenschaftlichen Fortschritt noch einer Welt, die im Blick auf eigene Probleme Wissenschaft weniger bewundern als nutzen will.

Mit anderen Worten: Transdisziplinarität ist erstens ein integratives, aber kein holistisches Konzept. Sie löst Isolierungen auf einer höheren methodischen Ebene auf, aber sie baut nicht an einem ›ganzheitlichen‹ Deutungs- und Erklärungsmuster. Transdisziplinarität hebt zweitens innerhalb eines historischen Konstitutionszusammenhanges der Fächer und Disziplinen Engführungen auf, wo diese ihre historische Erinnerung verloren und ihre problemlösende Kraft über allzu großer Spezialisierung eingebüßt haben, aber sie führt nicht in einen neuen fachlichen oder disziplinären Zusammenhang. Deshalb kann sie auch die Fächer und Disziplinen nicht ersetzen. Und Transdisziplinarität ist drittens ein wissenschaftliches Arbeits- und Organisationsprinzip, das problemorientiert über Fächer und Disziplinen hinausgreift, aber kein transwissenschaftliches Prinzip. Die Optik der Transdisziplinarität ist eine wissenschaftliche Optik, und sie ist auf eine Welt gerichtet, die, selbst mehr und mehr ein Werk des wissenschaftlichen und des technischen Verstandes, ein wissenschaftliches und technisches Wesen hat. Schließlich ist Transdisziplinarität viertens in erster Linie ein *Forschungsprinzip*, kein oder allenfalls in zweiter Linie, wenn nämlich auch die Theorien transdisziplinären Forschungsprogrammen folgen, ein Theorieprinzip. Sie leitet Problemwahrnehmungen und Problemlösungen, aber sie verfestigt sich nicht in theoretischen Formen – weder in einem fachlichen oder disziplinären noch in einem holistischen Rahmen.

Was hier ziemlich abstrakt erscheint, hat seine konkreten Formen längst in der wissenschaftlichen Praxis gefunden und wird zunehmend auch in einem institutionellen Rahmen zu fördern versucht. Dies gilt z.B. für neue wissenschaftliche Zentren, die derzeit in den USA, in Berkeley, Chicago, Harvard, Princeton und Stanford, entstehen,[5] wobei viel Geld im Spiel ist. So sind für das in Harvard im Aufbau befindliche »Center for Imaging and Mesoscale Structures« allein für ein 4.500m² großes Gebäude 30 Millionen Dollar veranschlagt. Hier sollen Fragestellungen im Vordergrund stehen, bei denen es keinen Sinn mehr macht, sie einem bestimmten Fach oder einer bestimmten Disziplin zuzuordnen. Es geht um Strukturen einer bestimmten Größenordnung allgemein, nicht um disziplinäre Gegenstände. Dabei sind auch andere institutionelle Formen möglich, ohne daß diese in einem Gebäude zusammengefaßt werden, wie z.B. im Falle des »Center for Nanoscience (CeNS)« an der Universität München.

Derartige Zentren sind auch nicht mehr nach dem traditionellen Muster von Physik-, Chemie-, Biologie- und anderen

5 Vgl. L. Garwin, »US Universities Create Bridges between Physics and Biology«, *Nature* 397, 7. Januar 1999, 3.

Instituten oder Fakultäten organisiert, sondern unter einem transdisziplinären Blickwinkel, der in diesem Falle der tatsächlichen Wissenschaftsentwicklung folgt. Das gilt auch dort, wo Einzelprobleme, nicht weit ausgreifende Programme im Vordergrund stehen, wie z.B. im Falle des neuen »Bio-X«-Zentrums in Stanford[6] oder des »Center for Genomics and Proteomics« in Harvard.[7] Hier verwenden Biologen ausgereifte physikalische und chemische Methoden zur Aufklärung der Struktur von biologisch relevanten Makromolekülen und befassen sich Physiker wie der Nobelpreisträger Steven Chu, einer der Initiatoren des »Bio-X«-Programms, mit biologischen Gegenständen, die sich mit modernsten physikalischen Methoden manipulieren lassen.[8] Disziplinäre Kompetenzen bleiben also die wesentliche Voraussetzung für transdisziplinär definierte Aufgaben, aber sie allein reichen nicht mehr aus, um Forschungsaufgaben, die aus den klassischen Fächern und Disziplinen herauswachsen, erfolgreich zu bearbeiten. Das wird, auch neben den beispielhaft genannten Zentrenbildungen, in Zukunft zu neuen Organisationsformen führen, in denen die Grenzen zwischen den Fächern und Disziplinen blaß werden.

Dies gilt natürlich nicht nur von der Universitätsforschung, sondern von allen institutionellen Formen der Wissenschaft. Diese stellen in Deutschland derzeit ein außerordentlich differenziertes System dar, das von der Universitätsforschung, definiert über die Einheit von Forschung und Lehre, über die Max-Planck-Forschung, definiert über bahnbrechende Leistungsprofile in neuen Wissenschaftsentwicklungen, die Großforschung, definiert über große Forschungsgeräte und zeitlich begrenzte Forschungs- und Entwicklungsaufgaben (früher ganz offen deklariert als im nationalen Interesse), die Fraunhofer-Forschung, definiert über wirtschaftsnahe Anwendungsforschung, bis zur Industrieforschung, definiert über eine enge Verbindung von Forschung und Entwicklung, reicht.

Doch die Logik dieses Systems, um das uns andere Länder beneiden, weil es nicht nur von wissenschaftlicher Vernunft,

6 Vgl. L. Garwin, ebd.

7 Vgl. D. Malakoff, »Genomic, Nanotech Centers Open: $ 200 Million Push by Harvard«, *Science* 283, 29. Januar 1999, 610-611.

8 Vgl. L. Garwin, ebd.

sondern auch von außergewöhnlicher Effizienz zeugt, beginnt problematisch zu werden. Sie führt nämlich zu einer Verselbständigung von Teilsystemen, wo doch eigentlich – im Sinne der angeführten neuen Zentrenbildungen – Vernetzung auf niedrigem institutionellen Niveau die Parole sein sollte, nicht Ausbau von Systemselbständigkeiten auf hohem institutionellen Niveau. Für Deutschland bedeutet dies, daß institutionalisierte Forschungsverbünde auf Zeit an die Stelle sich immer stärker gegeneinander isolierender Wissenschaftsteilsysteme treten sollten. Die Begründung ist gerade aus der Sicht der Wissenschaft einfach: *Das Wissenschaftssystem muß sich bewegen, wenn sich die Forschung bewegt.* Im Augenblick laufen bei uns die Dinge eher umgekehrt: Nicht die Forschung sucht sich ihre Ordnung, sondern eine in Teilsystemen gegebene und immer fester werdende Ordnung sucht sich ihre Forschung. Hier wird eine Wissenschaftsordnung kontraproduktiv. Das aber kann nicht die Zukunft der Forschung und eines Wissenschaftssystems wie dasjenige Deutschlands sein. Wie man sieht, hat die zunehmende Transdisziplinarität der wissenschaftlichen Forschung weitreichende institutionelle Folgen oder sollte derartige Folgen haben.

3. Von der Einheit der Natur zur Einheit der Wissenschaft und zurück

Mit wissenschaftstheoretischen Augen betrachtet läßt eine ins Transdisziplinäre führende wissenschaftliche Entwicklung die Vorstellung einer *Einheit der Wissenschaft* wieder wach werden. Diese Vorstellung begleitete ursprünglich in Form von Entwürfen zu einer ›Universalwissenschaft‹ oder, methodologischer orientiert, zu einer ›mathesis universalis‹ die Entwicklung der neuzeitlichen Wissenschaft.[9] Sie löste die ältere Vorstellung einer *Einheit der Natur* ab, die im Naturbegriff der Aristotelischen Metaphysik, die zugleich eine ausgearbeitete

9 Vgl. J. Mittelstraß, »The Philosopher's Conception of Mathesis Universalis from Descartes to Leibniz«, *Annals of Science* 36 (1979), 593-610; V. Peckhaus, *Logik, Mathesis universalis und allgemeine Wissenschaft. Leibniz und die Wiederentdeckung der formalen Logik im 19. Jahrhundert*, Berlin 1997.

Physik war, ihren prägnanten Ausdruck gefunden hatte. Eben diese Vorstellung einer Einheit der Natur aber scheint nach den mißglückten philosophischen Versuchen zur Wiederbelebung einer ›Einheitswissenschaft‹ in den 30er Jahren unseres Jahrhunderts[10] wieder an philosophischem und naturwissenschaftlichem Boden zu gewinnen, zunächst als Konzept einer einheitlichen physikalischen Theorie – wenn es nur eine Natur gibt, dann müssen auch alle Naturgesetze Teil einer einheitlichen Theorie der Natur sein[11] –, dann in Form der angeführten zunehmend transdisziplinär orientierten naturwissenschaftlichen Forschung. Wenn die Natur nicht zwischen Physik, Chemie und Biologie unterscheidet, warum sollten dies auf eine auch noch unverrückbar disziplinäre Weise diejenigen Wissenschaften tun, die sie erforschen? Tatsächlich scheint hinter der transdisziplinären Orientierung moderner Forschungsprogramme die ursprüngliche Vorstellung einer Einheit der Natur – und daraus folgend übrigens auch einer Einheit der Technik – wieder an Wirklichkeit zu gewinnen. Doch nicht von dieser Vorstellung soll hier, scheinbar alle Vorurteile gegenüber der Philosophie bestätigend, die Rede sein, sondern davon, daß Transdisziplinarität tatsächlich nicht nur ein philosophischer Traum, sondern Teil, sogar wesentlicher Teil, der neueren wissenschaftlichen Forschung ist. Dazu drei kurze Beispiele.

3.1 Nanotechnologie

Die Idee, funktionale Strukturen einer Größenordnung zwischen 10^{-9} und 10^{-6} Metern, d.h. einzelne Atome, Moleküle und kleine Ansammlungen von Atomen, zu erforschen und im Labor zu konstruieren, geht auf einen visionären Vortrag zurück, den der Physiker und spätere Nobelpreisträger Richard P. Feynman 1959 auf einer Tagung der American Physical Society

10 Vgl. O. Neurath/R. Carnap/C. Morris (Eds.), *Foundations of the Unity of Science. Toward an International Encyclopedia of Unified Science, I-II*, Chicago/London 1969/1970. Teile dieser Bände waren bereits 1938 nach Gründung eines »Unity of Science Institute« in Den Haag erschienen.

11 Vgl. C. F. v. Weizsäcker, *Die Einheit der Natur. Studien*, München 1971.

(APS) am California Institute of Technology in Pasadena gehalten hatte.[12] In diesem Vortrag befaßte sich Feynman unter anderem mit der Speicherung und dem Lesen von Information auf sehr kleinem Raum – und nahm damit gedanklich eine Reihe von derzeit verwendeten lithographischen Methoden vorweg –, mit miniaturisierten Computern und mit kleinen ›künstlichen Chirurgen‹, die durch die Blutgefäße wandern, um dort oder im Herzen ihren Dienst zu tun. Inspiriert wurde Feynman, wie er selbst schreibt, von der Biologie, in der sich derart kleine und äußerst funktionale Strukturen tatsächlich finden. Warum sollte es also nicht möglich sein, sie künstlich herzustellen?

Nanotechnologen untersuchen in der Natur existierende (zumeist biologische) extrem kleine funktionale Strukturen, z.B. Membranen, Enzyme und andere zelluläre Bestandteile (›wet nanotechnology‹) und suchen diese Strukturen darüber hinaus, unter Zuhilfenahme z.B. von Halbleitern, im Experiment herzustellen (›dry nanotechnology‹) und ihre Eigenschaften auf dem Computer zu simulieren (›computational nanotechnology‹). Dabei arbeiten bei der Herstellung von Nanostrukturen Physiker und Chemiker Hand in Hand. Während Physiker hier in der Regel mit einer vorgegebenen Struktur beginnen, z.B. einer Oberfläche, die sie dann mit physikalischen Methoden bearbeiten (top-down-Ansatz), setzen Chemiker auf der Ebene der Atome und Moleküle an, um diese dann systematisch zusammenzusetzen (bottom-up-Ansatz). Alle Bereiche nanotechnologischer Forschung sind eng miteinander vernetzt; Fortschritte in einem Bereich ziehen in der Regel Fortschritte in anderen Bereichen nach sich.

Zu den bedeutendsten Fortschritten auf dem Gebiet der Nanotechnologie gehören die Synthese von Kohlenstoffringen (Fullerenen), die 1996 mit dem Nobelpreis für Chemie ausgezeichnet wurde, die Herstellung von mikroskopischen Schläuchen aus Kohlenstoffatomen[13] und die künstliche Aneinanderkettung einer sehr kleinen Zahl von Kohlenstoffato-

12 R. Feynman, »There's Plenty of Room at the Bottom«, *Engineering and Science* 23 (1960), 22-36.

13 Vgl. P. M. Ajayan/T. W. Ebbesen, »Nanometre-Size Tubes of Carbon«, *Reports on Progress in Physics* 60 (1997), 1025-1062.

men.[14] Dabei ist bemerkenswert, daß es gerade das biologisch wichtige Kohlenstoffatom ist, das hier als ›Rohstoff‹ Verwendung findet.

3.2 Quantenmechanischer Meßprozeß und Informationsbegriff

Es gibt Fragestellungen und Forschungsrichtungen, deren Resultate zwischen Physik und Philosophie bzw. Wissenschaftstheorie kaum eindeutig zuzuordnen sind. Dazu gehört auch der quantenmechanische Meßprozeß. Wie kommt es, daß Messungen an einem quantenmechanischen System selbst dann zu einem definitiven und eindeutigen Resultat führen, wenn der gemessene Zustand als Superposition aus Eigenzuständen der gemessenen Observablen präpariert wurde? Kollabiert etwa die Wellenfunktion beim Akt der Messung instantan in einen der in der Superposition enthaltenen Eigenzustände (wie es Anhänger der Kopenhagener Deutung behaupten)? Oder nehmen wir nach erfolgter Messung nur noch einen Teil der wirklichen Wellenfunktion wahr (wie es z.B. die Many-Worlds- und die Many-Minds-Interpretation nahelegen)? Oder handelt es sich beim Meßprozeß um einen auf einer extrem kleinen Zeitskala ablaufenden ›wirklichen‹ Prozeß, dessen genuin nicht-lineare stochastische Dynamik allerdings weit über die Grundannahmen der Quantenmechanik hinausgeht und diesen strenggenommen widerspricht?[15] Andere Fragen zielen auf die Vereinbarkeit der Quantenmechanik mit der Speziellen Relativitätstheorie[16] und der Rolle nicht-lokaler Wechselwirkungen in der Physik. Philosophen, mit subtilen Unterscheidungen und dem Umgang mit klärungsbedürftigen Begrifflichkeiten (in diesem Zusammenhang z.B. Nichtlokalität) vertraut, erweisen sich hier in der Rolle von Wissenschaftstheoretikern als nützliche Partner der Physik, nicht im-

14 Vgl. R. A. Broglia, »Wires of Seven Atoms – Feynman's Very, Very Small World«, *Contemporary Physics* 39 (1998), 371-376.

15 Vgl. G. C. Ghirardi/A. Rimini/T. Weber, »Unified Dynamics for Microscopic and Macroscopic Systems«, *Physical Review* D 34 (1986), 470-491.

16 Vgl. T. Maudlin, *Quantum Non-Locality and Relativity. Metaphysical Intimations of Modern Physics*, Oxford 1994 (Aristotelian Society Series 13).

mer – der Wille zur begrifflichen Klarheit zeigt sich nur allzu häufig als schwacher Wille –, aber gelegentlich. Und richtig ist natürlich auch, daß die Philosophie keine Probleme lösen wollen soll, die die Wissenschaft, hier die Physik, besser lösen kann.

Im übrigen erweist sich hier auch die Informatik als nützlich. Folgt man der Kopenhagener Deutung, so verliert ein Quantensystem Information, wenn an ihm eine Messung vorgenommen wird. Der Grund dafür ist, daß sich das System vor der Messung in einem Superpositionszustand befindet, während es nach der Messung qua Projektion einen Eigenzustand desjenigen Operators einnimmt, der der zu messenden Observablen zugeordnet ist. Die übrige Information des ursprünglichen Zustandes ist dabei verlorengegangen. Nach Einführung des Informationsbegriffs in die Quantenmechanik läßt sich die Informationstheorie zur weiteren Analyse des Meßprozesses heranziehen, womit zugleich eine Brücke zu möglichen technologischen Anwendungen geschlagen ist (Stichworte ›Quantenkryptographie‹ und ›Quantencomputer‹).[17] Das Forschungsprinzip der Transdisziplinarität betrifft, wie schon bemerkt, nicht nur das Zusammenwirken unterschiedlicher disziplinärer Kompetenzen, sondern erreicht auch die Technik.

3.3 Das Ich und sein Gehirn

Die Formulierung stammt von dem Neurophysiologen John Eccles und dem Wissenschaftstheoretiker Karl Popper; sie ist der Titel eines gemeinsamen Buches,[18] das viel Aufsehen erregt hat, und zeugt von einer Vorstellung, die von der ›dualistischen‹ Selbständigkeit von psychischen und physischen Zuständen bzw. Prozessen ausgeht und darüber hinaus die Selbständigkeit und Identität des Ich (oder Ichbewußtseins) gegenüber seinen physischen Repräsentationen behauptet.

17 Vgl. H. Weinfurter/A. Zeilinger, »Informationsübertragung und Informationsverarbeitung in der Quantenwelt«, *Physikalische Blätter* 52 (1996), Nr. 3, 219-224.

18 K. R. Popper/J. C. Eccles, *The Self and Its Brain. An Argument for Interactionism*, Berlin etc. 1977 (dt. *Das Ich und sein Gehirn*, München etc. 1977).

Dabei gehört nach dieser Vorstellung, die in René Descartes ihren philosophischen Ahnherren hat, das Gehirn dem Ich, nicht umgekehrt das Ich dem Gehirn. Das Ich ist der Programmierer des Computers Gehirn, der Steuermann, nicht der Gesteuerte. Eccles übersetzt dieses Bild in eine neurobiologische Sprache. Danach kontrolliert und interpretiert das Ich die Neuronenprozesse; es sucht aktiv nach Hirnereignissen, die in seinem Interessenbereich liegen, und integriert sie zu einer vereinheitlichten und bewußten Erfahrung. Es tastet ständig kollektive Interaktionen unzähliger Neuronen ab, die gegenüber einer Wechselwirkung mit der Welt der geistig-seelischen Zustände offen sind (›Liaison-Hirn‹). Die Einheit der bewußten Erfahrung, so Eccles› zentrale These, wird »durch den selbstbewußten Geist vermittelt (...) und nicht durch die neurale Maschinerie der Liaison-Zentren der Großhirnhemisphäre«.[19]

Gegen eine derartige Vorstellung, die ein wenig spekulativ anmutet und den Geist der Philosophie zu atmen scheint, stehen *monistische* Konzeptionen, darunter physikalistische Reduktionen wie der Behaviorismus und die Identitätstheorie. In diesem Rahmen werden alle Versuche, eine Steuerung mentaler Vorgänge von außen, d.h. nicht an Gehirnsubstanz gebunden, anzunehmen, als Rückfall in philosophische Naivitäten angesehen. Ergänzt werden derartige monistische Alternativen, zu denen auch der sogenannte Epiphänomenalismus gehört, der psychische Zustände und Prozesse als ›Begleiterscheinungen‹ physischer bzw. physiologischer Zustände und Prozesse deutet, die ihrerseits ein in sich geschlossenes, von psychischen Einwirkungen freies System bilden, durch informationstheoretische Ansätze, in deren Rahmen psychische und geistige Prozesse als komplexe Datentransformationen sowie Leib und Seele, Materie und Bewußtsein als unterschiedliche Strukturen von Informationszuständen aufgefaßt werden. Auch diese Ansätze sind ihrer Struktur nach monistisch und physikalisch-materialistisch. Das Gehirn erscheint als eine ›Rechenmaschine‹.

Dabei wird auch hier wie in den erwähnten monistischen Erklärungskonzeptionen deutlich, in welch intensiver Weise sich ursprünglich rein philosophische Ansätze mit Forschun-

19 A.a.O., 362 (dt. 436).

gen der Neurophysiologie und Neuropsychologie über empirische Zusammenhänge und wechselseitige Abhängigkeiten zwischen physischen und psychischen Zuständen und Prozessen verbinden. Die Zukunft der Philosophie scheint auch in Sachen Leib-Seele-Problem in der Wissenschaft, d.h. in der wissenschaftlichen Bearbeitung ihrer Intuitionen zu liegen. Nicht unwidersprochen, wie die dualistische Konzeption von Popper und Eccles lehrt, aber auch, weit weniger spekulativ, ein sogenannter *pragmatischer Dualismus*, in dessen Rahmen keine Gründe für einen tatsächlichen Unterschied zwischen physischen und psychischen Zuständen und Prozessen angeführt werden, sondern allein Gründe dafür, daß es besser ist, einen derartigen Unterschied nicht von vornherein auszuschließen und kognitive Begriffe als Erklärungskonstruktionen zu verstehen.[20] Anders ausgedrückt: Wenn alles, was wir über die Welt wissen, zumindest partiell eine Konstruktion des Gehirns ist, dann kann auch das, was die Biologie über das Gehirn weiß, nicht seinerseits von Konstruktionen unabhängig sein. Philosophische Reflexionen sind auch in diesem Falle wissenschaftlicher Forschung nicht äußerlich, sondern Teil eines auch in seinen engeren naturwissenschaftlichen Teilen transdisziplinär orientierten Forschungsprogramms.

4. Theorien als Deutungen

Die Naturwissenschaften verändern nicht nur ihre disziplinären Formen auf transdisziplinären Wegen, die in wissenschaftstheoretischen Dingen durchaus auch einmal philosophische Wege sein könnten, sie werden auch in dem Sinne gelegentlich recht philosophisch, als viele ihrer Theorien den Charakter von *Deutungen* besitzen, ein Zusammenhang, der von Hause aus etwas sehr Philosophisches, in einem weiteren Sinne sogar Geisteswissenschaftliches bezeichnet. Gemeint ist der Umstand, daß es oft mehrere Möglichkeiten gibt, eine

20 M. Carrier/J. Mittelstraß, *Geist, Gehirn, Verhalten. Das Leib-Seele-Problem und die Philosophie der Psychologie*, Berlin/New York 1989 (engl., überarbeitet und ergänzt, unter dem Titel: *Mind, Brain, Behavior. The Mind-Body Problem and the Philosophy of Psychology*, Berlin/New York 1991).

Theorie auszudrücken, und daß es in der Regel nicht allein wissenschaftliche Gesichtspunkte im engeren Sinne sind, die zur Auszeichnung einer dieser Möglichkeiten führen, ferner daß auch die mit einer Theorie verbundenen Deutungen oft nicht eindeutig sind.[21] Dies läßt sich wieder besonders prägnant an Beispielen aus der Physik verdeutlichen.

Es gibt zahlreiche Möglichkeiten, die Quantenmechanik zu interpretieren. So charakterisiert die schon erwähnte Kopenhagener Deutung die Quantenwelt als eine sehr merkwürdige Welt, in der sich die Teilchen nicht mehr auf Bahnen, wie in der klassischen Physik, bewegen. Außerdem ist hier das Kausalitätsprinzip verletzt; eine deterministische Beschreibung der Welt scheint aus prinzipiellen Gründen nicht möglich zu sein. Anders als in dieser ›Heisenberg-Welt‹ sieht es in einer Welt aus, die man im Blick auf die Bohmsche Theorie[22] die ›Bohm-Welt‹ nennen könnte. Abgesehen von einer zusätzlichen, in der klassischen Physik nicht auftretenden nicht-lokalen Kraft, auf die sich alle vom Standpunkt der klassischen Physik aus sonderbaren Beobachtungen letztendlich zurückführen lassen, unterscheidet sich diese Welt kaum von der vertrauten Welt Newtons. Beide Deutungen – in Form einer Heisenberg-Welt und einer Bohm-Welt – sind demnach konzeptionell völlig unterschiedliche, aber dennoch empirisch äquivalente Formulierungen ein und derselben Theorie. Deshalb läßt sich auch auf Grund von Beobachtungen allein keine Entscheidung für die eine oder die andere Variante der Quantenmechanik treffen.[23]

Das gleiche gilt für den Bereich der Gravitation. In der üblichen Formulierung der Allgemeinen Relativitätstheorie haben wir es mit einer gekrümmten Raum-Zeit-Struktur zu tun, die als solche genau diejenigen Wirkungen hervorbringt, die wir als Gravitation bezeichnen. Es ist aber auch möglich, die Theorie mathematisch derart umzuformulieren, daß eine funda-

21 Vgl. dazu ausführlicher J. Mittelstraß, »Das Absolute und das Relative. Thesen zur Perspektivität des Wissens und der Welt«, in: M. Astroh u.a. (Eds.), *Dialogisches Handeln. Eine Festschrift für Kuno Lorenz*, Heidelberg/Berlin/Oxford 1997, 77-89, hier 83-86.

22 D. Bohm, »A Suggested Interpretation of the Quantum Theory in Terms of ›Hidden‹ Variables, I-II«, *Physical Review* 85 (1952), 166-179, 180-193.

23 Vgl. J. T. Cushing, *Quantum Mechanics. Historical Contingency and the Copenhagen Hegemony*, Chicago/London 1994.

mentale universelle Gravitationskraft auftritt, die nunmehr auf dem Hintergrund einer flachen, d.h. Minkowskischen (oder speziell-relativistischen), Raum-Zeit wirkt. Eine solche, von Walter E. Thirring und Stanley Deser[24] aus anderen Gründen vorgeschlagene Formulierung der Einsteinschen Theorie führt zwar zu recht komplizierten Ausdrücken für die wirkenden Kräfte und mag deshalb etwa schon aus ästhetischen Gründen nicht akzeptabel sein, doch ist die Thirring-Deser-Theorie empirisch nicht von der Standardformulierung zu unterscheiden. Sie besitzt darüber hinaus den Vorzug, besser an das erfolgreiche Programm der Quantenfeldtheorien anzuschließen, das in seiner gängigen Form eine flache Raum-Zeit voraussetzt. Insofern läßt sich die Thirring-Deser-Theorie auch als ein erster Schritt in Richtung auf eine Quantentheorie der Gravitation ansehen (und war von ihren Begründern auch so gedacht). Dieses Ziel ist allerdings bisher nicht erreicht worden.

Die Beispiele lehren, daß wissenschaftliche Theorien oft in dem Sinne nicht eindeutig sind, daß der Empirie durch verschiedene theoretische Ansätze in gleicher Weise Rechnung getragen werden kann und sich auch ein und derselbe theoretische Ansatz unterschiedlich deuten läßt. Die Deutung der Quantenmechanik oder der Gravitation unterscheidet sich hier nicht wesentlich von einer Deutung der Kantschen Theorie von Raum und Zeit, die als eine sehr philosophische Theorie gilt.

Das wiederum bedeutet, daß eine gewisse *Perspektivität* des Wissens, d.h. die Abhängigkeit des Wissens von seinen theoretischen Formen, auch vor der Wissenschaft nicht haltmacht, ohne im übrigen deren Rationalität zu gefährden. Zum einen kann das Wissen unter unterschiedliche Darstellungsformen treten (unterschiedliche theoretische Ansätze, die dasselbe erklären), zum anderen läßt sich ein theoretischer Ansatz unter-

24 W. E. Thirring, »An Alternative Approach to the Theory of Gravitation«, *Annals of Physics* 16 (1961), 96-117; S. Deser, *Self-Interaction and Gauge Invariance, General Relativity and Gravitation 1* (1970), 9-18. Vgl. M. Carrier, *The Completeness of Scientific Theories. On the Derivation of Empirical Indicators within a Theoretical Framework: The Case of Physical Geometry*, Dordrecht/Boston/London 1994 (The University of Western Ontario Series in Philosophy of Science 53), 244ff.

schiedlich deuten. Die Welt, auf die wir uns mit unseren Theorien beziehen, ist insofern eine *Leibniz-Welt*: Das Wissen bezieht sich auf keine ›absolute‹ Welt, deren Wesen auch ohne unsere Theorien erkennbar wäre, und die Welt ist in keinem ›absoluten‹ Wissen vollständig erschlossen. Das sind zugegebenerweise sehr philosophische Bemerkungen, allerdings solche, die der Wissenschaft ins Auge sehen und ihr nicht den Rücken kehren.

5. Schlußbemerkung

Bedeutet das alles, daß wir vor einem fundamentalen Paradigmawechsel stehen, in dem sich nicht so sehr theoretische Konzeptionen – wie etwa im Übergang von der Aristotelischen zur Newtonschen Physik oder im Übergang von der Ptolemaischen zur Keplerschen Astronomie – verändern, sondern die Ordnung unseres wissenschaftlichen Wissens, damit auch unseres wissenschaftlichen Forschens und unserer wissenschaftlichen Ausbildung, zur Disposition steht? Soweit wird es nicht kommen, und zwar aus den bei der Explikation des Begriffs der Transdisziplinarität schon genannten Gründen. Es ändern sich ja nicht die wissenschaftlichen Rationalitätsstandards und mit diesen die Methoden und die Formen der Theoriebildung, sondern die Organisationsformen von Wissenschaft und wissenschaftlicher Forschung. Noch einmal: Transdisziplinarität ist ein *Forschungs- und Wissenschaftsprinzip*, das überall dort wirksam wird, wo eine allein fachliche oder disziplinäre Definition von Problemlagen und Problemlösungen nicht möglich ist bzw. über derartige Definitionen hinausgeführt wird, kein *Theorieprinzip*, das unsere Lehrbücher veränderte. Wie Fachlichkeit und Disziplinarität ist auch Transdisziplinarität ein forschungsleitendes Prinzip und eine wissenschaftliche Organisationsform, allerdings in der Weise, daß Transdisziplinarität fachliche und disziplinäre Engführungen aufhebt, die sich eher institutionellen Gewohnheiten als wissenschaftlichen Notwendigkeiten verdanken.

Daß diese Engführungen auch die Logik eines Wissenschaftssystems wie des deutschen bestimmen können, insofern sich ein Wissenschaftssystem in Teilsysteme zerlegt, die dann ihren eigenen institutionellen Logiken folgen, wurde ebenfalls schon gesagt. Wenn Forschung zunehmend transdisziplinäre Eigenschaften annimmt, dann sind auch Forschungsverbünde auf Zeit die richtige Organisationsform der Forschung, nicht sich gegeneinander isolierende Wissenschaftsteilsysteme. Auch hier noch einmal: Das Wissenschaftssystem muß sich bewegen, wenn sich die Forschung bewegt. Es sieht so aus, als ob dies das deutsche Forschungssystem – zwischen den Universitäten und den großen außeruniversitären Forschungseinrichtungen aufgespannt – erst noch lernen muß. Transdisziplinarität wäre hier so etwas wie der Stachel im Fleisch unserer wissenschaftlichen Ordnung.

2. Schwere wissenschaftliche Träume oder Von der theoretischen Einheit zur praktischen Transdisziplinarität

1. Philosophische Götterdämmerung

Wenn die Philosophen träumen, sprechen sie von der Einheit des Geistes und vom absoluten Geist. Der ist dann entweder das Bestimmungslose schlechthin oder das (philosophische) Denken selbst, das den Begriff des Absoluten (etwa in Fichtes ›absolutem Ich‹) erzeugt. In beiden Fällen ist die Einheit das Spekulative, der spekulative Gegenstand oder das spekulative Ich. Es träumen aber nicht nur die Philosophen, sondern auch die Wissenschaftstheoretiker und gelegentlich selbst die Wissenschaftler – wenn sie sich als (die besseren) Philosophen mißverstehen. Einer von diesen ist Edward O. Wilson, der in jüngerer Zeit am heftigsten und hörbarsten träumt. Wilson begann dabei im Kleinen, bei den Ameisen (The Insect Societies, 1971), ging weiter zum Prinzipiellen (Sociobiology. The New Synthesis, 1975) und schließlich zum ganz Großen: der Einheit des Wissens und der Wissenschaft.[1] Für einen Biologen, der zum Philosophen wird, ist scheinbar alles klar: der Weg von den Genen zum Gehirn, vom Gehirn zum Bewußtsein, vom Bewußtsein zur Welt und zur Kultur. So sind Gene und Kultur in einer ›genetisch-kulturellen Koevolution‹ miteinander verbunden.[2] Und weil dieser Weg auch der Weg des Geistes bzw.

1 E. O. Wilson, *Consilience. The Unity of Knowledge*, New York 1998 (dt. Die Einheit des Wissens, Berlin 1998). Die folgenden Zitate aus der deutschen Übersetzung.

2 A.a.O., 171 (»Kultur wird vom kollektiven Verstand erschaffen. Jeder einzelne Verstand ist seinerseits das Produkt des genetisch strukturierten menschlichen Gehirns. Gene und Kultur sind daher untrennbar miteinander verbunden. [...] Die Gene legen die epigenetischen Regeln fest, also die Nervenbahnen und die Regelmäßigkeiten der geistigen Entwicklung, durch die sich der individuelle Verstand selbst organisiert. Der Verstand erweitert sich von der Geburt bis zum Tod, indem er Bestandteile der für ihn zugänglichen Kultur absorbiert und eine Auswahl trifft, die wiederum von den epigenetischen Regeln, welche das individuelle Gehirn geerbt hat, gelenkt wird«).

des Verstandes ist, und der wissenschaftliche Weg der des Geistes bzw. des Verstandes in seiner Vollendung, zumindest seiner größten Leistungsfähigkeit, liegt die Einheit des Wissens und der Wissenschaft einfach am Wege. So einfach ist das. So einfach?

Gegen eine derartige Vorstellung einer biologischen Philosophie der Einheit spricht manches. Zum Beispiel, daß Wilson unversehens doch wieder nur die alten reduktionistischen Wege einschlägt – enge Wege, die schon einmal zum Physikalismus führten, breite Wege, die auch die Wege einer oberflächlichen Interdisziplinarität sind. Kein Wunder, daß hier z.B. die Einheit von Wissenschaft und Kunst überaus vage ausfällt, und die im Methodischen gesuchte ebenso. Da waren Leibniz und die Positivisten, von denen sich Wilson abzusetzen sucht, wie gleich dargestellt werden soll, klarer und stringenter. Das wird auch deutlich, wo Wilson gleich auch noch die Ethik mit an Bord seiner ambulanten Philosophie zu holen sucht. Gefragt, wie er die Brücke vom Sein zum Sollen, von den Tatsachen zu den Werten schlagen wolle, antwortet er mit einem verblüffend einfachen »ganz einfach«: »In irgendeiner auch wissenschaftlich diskutierbaren Weise muß ›Sollen‹ ja schließlich existieren. Gemessen an dem Wissen, das uns über die Spezies Mensch vorliegt, erscheint nur die Annahme sinnvoll zu sein, daß moralische Empfindungen von genetischen Prädispositionen genährt werden, also von Neigungen, bestimmte Szenarien anderen vorzuziehen.«[3] Das ist – trotz der Versicherung, daß es allein darum ginge, »höherstufige Prinzipien auf fundamentalere Grundsätze zurückzuführen und zu sehen, wie sie miteinander verschränkt sind«[4] – alles in allem doch wieder nur der Versuch, moralisches Verhalten evolutionstheoretisch zu erklären und die Biologie an die Stelle einer (normativ strukturierten) Ethik zu setzen. Hinter unseren ethischen Defiziten stünden nicht etwa Versäumnisse der Vernunft, sondern eine nicht zu Ende und mit dem Menschen nicht zu Rande gekommene natürliche Evolution.

Da hilft im übrigen auch nicht weiter, daß Wilson Sympathie

3 Die Biosoziologie (...). Ein Gespräch mit dem Soziobiologen Edward O. Wilson, DIE ZEIT, Nr. 36 (27.8.1998), 36. Vgl. Die Einheit des Wissens, 317ff.

4 DIE ZEIT, 36.

mit einem deistischen Humanismus bekundet, die Naturwissenschaften als »kühnste Metaphysik unseres Zeitalters«[5] bezeichnet und fast ein wenig bedauernd feststellt, daß sich der menschliche Geist so entwickelt hat, »daß er an Götter glaubt, nicht an Biologie«.[6] Auch dies ist eher ein biologischer als ein philosophischer Satz. An die Stelle der Suche nach einer ›Weltformel‹, die das Bewußtsein vieler Naturwissenschaftler unter Einheitsgesichtspunkten bestimmt, tritt ein neuer Mythos, nämlich ein evolutionstheoretischer Mythos. So bewiesen gerade die Fehlschläge der Philosophie (die ›mißlungenen Denkmodelle des Gehirns‹), »daß das Gehirn eine Maschine ist, die nur zu Überlebenszwecken konstruiert wurde und nicht, um sich selbst zu verstehen«.[7] Die Anpassungsfähigkeiten tausender von Generationen fanden diese »eher durch Mythen und Selbsttäuschungen, Stammesidentitäten und Rituale, als durch die Suche nach objektiver Wahrheit«.[8] Das soll nun, gestützt auf das neue Wissen der Biologie, anders werden. Philosophische Götterdämmerung ist angezeigt.

Was steckt hinter den Träumen einer Einheit des Wissens, nunmehr unter biologischen Vorzeichen, die nicht nur Wilson träumt? Auch Maturana,[9] Gierer[10] und andere gehen – teils auf biologischen, teils auf anderen Wegen – aufs Ganze, d.h. auf das Ganze des Wissens. Was macht die Faszination einer Einheitsvorstellung und den (offenbar immer dringlicher werdenden) Wunsch ihrer Realisierung aus?

Es ist wohl die Erfahrung immer weiter zunehmender Komplexität, die Zerlegung des (philosophischen und wissenschaftlichen) Bewußtseins in unzusammenhängende Partikularitäten, die Herrschaft des Spezialisten (und des Experten), die Wahrnehmung der Unfähigkeit, alltäglichen komplexen Problemen – Stichworte z.B.: Umwelt, Energie, Gesundheit – mit einer allein fachlichen oder disziplinären Optik noch begegnen zu können, der Verlust einer Orientierungsfunktion, die sich

5 *Die Einheit des Wissens*, 20.
6 A.a.O., 348.
7 A.a.O., 131.
8 Ebd.
9 H. R. Maturana, *Biologie der Realität*, Frankfurt/Main 1998.
10 A. Gierer, *Im Spiegel der Natur erkennen wir uns selbst. Wissenschaft und Menschenbild*, Reinbek b. Hamburg 1998.

früher mit Philosophie und Wissenschaft verband. Träumend wird noch einmal die Idee einer Einheit der Welt (der physischen wie der psychischen bzw. epistemischen) ins (philosophische und wissenschaftliche) Auge gefaßt, eine Einheit, die sich in der Einheit unseres Wissens wissenschaftlichen Ausdruck verschaffen soll. Unüberschaubare Strukturen, auseinanderlaufende Erfahrungen und Rationalitäten, die unendlichen Verzweigungen unseres Wissens sollen wieder zu geordneter Endlichkeit geführt werden. Mit anderen Worten: das Komplexe soll wieder einfach werden. Seinen philosophischen Ausdruck findet diese Idee der Einheit schon in Hegels Bemerkung, daß »die ganze Philosophie (...) nichts anderes als das Studium der Bestimmungen der Einheit« sei,[11] seinen wissenschaftlichen bzw. wissenschaftstheoretischen Ausdruck im Begriff eines Systems der Wissenschaft oder der Einheit der Wissenschaft.

Alle Realisierungsversuche gegenüber dieser Idee sind gescheitert. Nicht, weil es ihren Autoren an philosophischem Scharfsinn oder wissenschaftlicher Umsicht gefehlt hätte, sondern weil übersehen wird, daß sich in der Art und Weise, wie sich Wissenschaft (oder eine wissenschaftsnahe, gelegentlich auch noch recht spekulative Philosophie) selbst als Ausdruck einer theoretisch festgehaltenen Idee der Einheit unterschiedlicher Wissensformen darzustellen sucht, in erster Linie kein *theoretisches*, sondern ein *praktisches* Bedürfnis geltend macht. Gemeint ist hier, daß die Idee einer Einheit der Wissenschaft in erster Linie eine praktische, d.h. an der konkreten wissenschaftlichen Arbeit orientierte, Hoffnung ist, erst in zweiter Linie ein theoretisches Programm, das sich auf der Suche nach einem System des Wissens und der Wissenschaft immer weiter von der eigentlichen wissenschaftlichen Arbeit und ihren methodisch ausweisbaren Orientierungen entfernt. Das gilt nicht nur vom neuesten Versuch Wilsons, sondern auch schon von älteren Versuchen, an die zunächst erinnert werden soll.[12]

11 G. W. F. Hegel, *Vorlesungen über die Philosophie der Religion*, Sämtliche Werke (Jubiläumsausgabe), I-XXVI, ed. H. Glockner, Stuttgart 1927-1939, XV, 113.

12 Vgl. zum Folgenden die ausführlicheren Darstellungen in: J. Mittelstraß, »The Philosopher's Conception of Mathesis Universalis from Descartes to Leibniz«, *Annals of Science* 36 (1979), 593-610; M. Car-

2. Von der Mathesis universalis zur Einheitswissenschaft oder: Der Mythos der theoretischen Einheit

Der Traum von einer Einheit der Wissenschaft ist so alt wie die Wissenschaft selbst. In der griechischen Entdeckung der Möglichkeit von Wissenschaft und deren begonnener Realisierung wurde zwar über eine derartige Einheit – und damit auch über die faktisch zunächst gegebene Einheit von Philosophie und Wissenschaft – nicht ausdrücklich philosophiert, doch lag eine derartige Einheit als eine methodische Vorstellung der wissenschaftlichen Wissensbildung, im Sinne einer Einheit unterschiedlicher Wissensformen, zugrunde. In der Terminologie einer *scientia universalis* oder einer *mathesis universalis*, des Systems oder einer vollständigen, systematischen Enzyklopädie des menschlichen Wissens wurde sie später zum Gegenstand anspruchsvoller philosophischer Konzeptionen, auf eine selbst methodisch formulierte Weise im sogenannten Leibnizprogramm. Bei diesem Programm, nach seinem Begründer Leibniz benannt, handelt es sich um ein Wissenschaftssprachenprogramm, in dessen Rahmen eine allererst konstruierte, ›künstliche‹ Sprache die Rolle eines Formalismus zur Bildung und Darstellung allen Wissens spielen sollte. Der von Leibniz begonnene Aufbau dieser Sprache folgte konkret der Idee, die Relation der Wörter (Begriffe) dieser Sprache zu ihren Basisbegriffen in der gleichen Weise zu organisieren, wie sich die natürlichen Zahlen zu den Primzahlen verhalten (die eindeutige Rückführbarkeit aller Begriffe dieser Sprache auf gewisse Basisbegriffe sollte der eindeutigen Primzahlzerlegung nachgebildet sein).

Zustimmend verweist Leibniz hier auf Hobbes,[13] der bereits

rier/J. Mittelstraß, »Die Einheit der Wissenschaft«, in: *Akademie der Wissenschaften zu Berlin. Jahrbuch 1988*, Berlin/New York 1989, 93-118; wieder aufgenommen in: J. Mittelstraß, »Das Bedürfnis nach Einheit. Eine wissenschaftstheoretische Skizze«, in: *Jahrbuch zur Staats- und Verwaltungswissenschaft 5*, ed. Th. Ellwein u. a., Baden-Baden 1991, 13-27.

13 *Dissertatio de arte combinatoria* [1666], Sämtliche Schriften und Briefe, ed. Preußische Akademie der Wissenschaften (zu Berlin), Darmstadt (später Berlin) 1923ff., VI/1, 194.

sprachliche Operationen mit Verfahren rein formalen Rechnens in Verbindung gebracht hatte und die prägnante These vertrat, daß Vernunft, und damit auch Wissenschaft, nichts anderes als Rechnen sei.[14] Dabei geht es Leibniz in seiner Orientierung an mathematischen Verhältnissen vor allem um den Gesichtspunkt einer Entdeckung des Neuen, d.h. um Gesichtspunkte der Wissens*bildung*. So sucht er, wiederum in Anlehnung an die mathematischen Verfahren der Analysis und Synthesis, der analytischen Methode die von ihm gesuchte ars inveniendi und der synthetischen Methode die von ihm gesuchte ars iudicandi zuzuordnen, hebt aber auch den inventiven Charakter beider Methoden hervor.[15]

Nach Leibniz stellen die Elemente eines Kalküls ein ›Alphabet des Denkens‹[16] und damit die gesuchte Universalsprache (characteristica universalis) dar.[17] Die Grundzeichen dieser Sprache sollen in ihrer Zusammensetzung dem Aufbau der aus Elementarbegriffen zusammengesetzten Begriffe isomorph sein; die Sprache selbst gilt als ›charakteristisch‹, weil ihre Wörter aus endlich vielen Zeichen (Charakteren) nach bestimmten Kombinationsregeln hergestellt werden und jedes Zeichen den von ihm bezeichneten Begriff eindeutig, und zwar einschließlich dessen Beziehungen zu anderen Begriffen, ›charakterisiert‹.[18] In diesem Sinne treten in der Leibnizschen Ausarbeitung seiner Mathesis-universalis-Konzeption neben einen 1684 ausgearbeiteten Infinitesimalkalkül Logikkalküle als Anwendungen einer characteristica universalis. Dennoch bleibt auch das Leibnizprogramm in dem Sinne Programm,

14 Th. Hobbes, *Leviathan, or the Matter, Form, and Power of a Commonwealth Ecclesiastical and Civil I 5*, The English Works of Thomas Hobbes, I-XI, ed. W. Molesworth, London 1839-1845, III, 30.

15 G. W. Leibniz, *Opuscules et fragments inédits*, ed. L. Couturat, Paris 1903, 557.

16 *De organo sive arte magna cogitandi*, C. 430, vgl. 220, 435, ferner: Die philosophischen Schriften von G. W. Leibniz, I-VII, ed. C. I. Gerhardt, Berlin 1875-1890, VII, 185, 199.

17 Zur Definition der dieser Sprache zugrundeliegenden Zeichentheorie: *Die Leibniz-Handschriften der Königlichen Öffentlichen Bibliothek zu Hannover*, ed. E. Bodemann, Hannover 1889-1895, 80f.

18 Vgl. Chr. Thiel, »Leibnizsche Charakteristik«, in: J. Mittelstraß (Ed.), *Enzyklopädie Philosophie und Wissenschaftstheorie II*, Mannheim/Wien/Zürich 1984, in revidierter Fassung Stuttgart/Weimar 1995, 58of.

daß es eine Einheit der Wissenschaft allenfalls in ihren methodischen Konturen, nicht schon den Aufbau einer solchen Einheit erfaßt. Zwar schließen z.B. wahrscheinlichkeitstheoretische Überlegungen empirische Formen der Wissensbildung, insofern auch Gesichtspunkte einer Wissenschaftstheorie empirischer Wissenschaften, ein,[19] doch sind diese noch weit davon entfernt, den alten Traum einer Einheit des Wissens und der Wissenschaft und damit den Traum einer begrifflich gewordenen Einheit der Welt einzulösen.

Unübersehbar liegt die Leibnizsche Konzeption, nämlich der Versuch, eine fundamentale Reorganisation des Wissens mit dem Ziel der Einheit der wissenschaftlichen Wissensbildung unmittelbar von einer Reorganisation der Wissenschaftssprache abhängig zu machen, auch modernen wissenschaftstheoretischen Konzeptionen zur Darstellung einer Einheit der Wissenschaft zugrunde. Im Wiener Kreis und im Logischen Empirismus ist es die Sprache der *Physik*, die in reduktionistischer Weise die Universalsprache der Wissenschaft und damit auch ihre methodische Einheit darstellen soll. Dabei wird eine Einheit der (Wissenschafts-)Sprache im Logischen Empirismus zunächst auf der Basis der sogenannten *Verifikationstheorie* der Bedeutung zu gewinnen versucht. Im Rahmen dieser Theorie ist die Bedeutung eines Satzes identisch mit den Verfahren seiner Geltungsprüfung bzw. Geltungssicherung. Abgelöst wird die Verifikationstheorie der Bedeutung durch die sogenannte *Kontexttheorie* der Bedeutung, wobei beide Konzeptionen auf der Einführung sogenannter *theoretischer Begriffe* aufbauen. Damit sind Begriffe gemeint, die sich auf nicht oder nicht direkt beobachtbare Größen beziehen und durch die Postulate einer Theorie eingeführt werden. Ihre Leistung ist vor allem die Zusammenfassung und Vereinheitlichung experimenteller Gesetze. Begriffe wie der Begriff der elektromagnetischen Feldstärke oder der Begriff der quantenmechanischen Wellenfunktion, denen nur auf indirekte, theorievermittelte Weise empirische Merkmale zugeordnet wer-

19 Dazu J. Mittelstraß/P. Schroeder-Heister, »Zeichen, Kalkül, Wahrscheinlichkeit. Elemente einer Mathesis universalis bei Leibniz«, in: H. Stachowiak (Ed.), *Pragmatik. Handbuch pragmatischen Denkens I* (Pragmatisches Denken von den Ursprüngen bis zum 18. Jahrhundert), Hamburg 1986, 406ff.

den, sind in diesem Sinne legitime Erklärungskonstruktionen, weil sie die Erklärungskraft entsprechender Theorien steigern. Auch der Begriff des Motivs in der kognitiven Psychologie ist ein theoretischer, kein empirischer Begriff. Insofern macht aber auch die Konzeption theoretischer Begriffe deutlich, daß die Prinzipien der wissenschaftlichen Begriffsbildung über unterschiedliche Disziplinen hinweg die gleichen sind, und daß in diesem Sinne tatsächlich eine semantische Einheit der Wissenschaft besteht. Allerdings ist diese zu allgemein, um Wissenschaft im Sinne einer nicht nur prinzipiellen Einheit zu definieren; sie schließt nämlich, wie sich zeigen ließe, auch nicht-wissenschaftliche Verhältnisse ein.[20]

Dies ist im übrigen auch der Grund, warum im Logischen Empirismus die semantische These durch die These verschärft wurde, die Einheit der Wissenschaft sei in einer Einheit der wissenschaftlichen *Gesetze* gegeben. Demnach wären alle Sachverhalte nicht allein auf eine einheitliche Weise beschreibbar, sondern auch auf eine einheitliche, nämlich physikalische Weise erklärbar. Die Einheit der Wissenschaft wird zur physikalisch orientierten *Einheitswissenschaft*, die ihrerseits durch ein historisch-induktives Argument – die Wissenschaftsgeschichte ist durch erfolgreiche Reduktionen bestimmt; dies wird auch in Zukunft so sein –, durch ein logisches Argument – der Vereinheitlichung aller Disziplinen stehen keine logisch-begrifflichen Hindernisse entgegen – und durch ein heuristisches Argument – das Programm einer Vereinheitlichung aller Disziplinen fördert die Suche nach umfassenden Theorien – gekennzeichnet ist. Allerdings überzeugen diese Argumente nicht. So stellt die Geschichte der Wissenschaft keineswegs eine reduktionistische Fortschrittsgeschichte dar, das logische Argument sichert lediglich die Widerspruchsfreiheit der einheitswissenschaftlichen These, und heuristische Fruchtbarkeit impliziert noch keine sachliche Geltung (wie schon der Wissenschaftstheoretiker Duhem wußte).[21] Das bedeutet, daß sich die gesuchte Einheit der

20 Ein Beispiel dafür in M. Carrier/J. Mittelstraß, *Die Einheit der Wissenschaft*, a.a.O., 102f.

21 P. Duhem, *La théorie physique. Son objet – sa structure*, Paris ²1981, 41ff. (dt. Ziel und Struktur der physikalischen Theorien, ed. L. Schäfer, Hamburg 1978, 36f.).

Wissenschaft auch nicht auf die Einheit der Gesetze stützen läßt.

Ist damit der Einheitsidee ein für allemal der Boden entzogen? Die Antwort wird Ja lauten müssen, wenn man sie auf den hier dargestellten Wegen sucht – einschließlich des reduktionistischen Weges, den auch Wilson, diesmal in einer biologischen Perspektive, geht. Doch gibt es noch einen weiteren Weg, der nicht in die genannten Verlegenheiten führt, nämlich die Vorstellung, die Einheit der Wissenschaft könne in der Einheit der wissenschaftlichen *Methode* beruhen. Hier ist mit Methode, d.h. mit wissenschaftlicher Methode, ganz allgemein die Art und Weise bezeichnet, wie in der Wissenschaft Geltungsansprüche begründet werden. Wissenschaftliche Methoden werden dabei durch methodologische Kriterien bestimmt, zu denen z.B. das Postulat gehört, eine Theorie solle nicht allein diejenigen Phänomene erklären, zu deren Erklärung sie eingeführt wurde, sondern auch andere, zuvor als andersartig betrachtete Phänomene, ferner das (bereits von Leibniz formulierte) Postulat, eine Theorie solle neue und zuvor unerwartete Phänomene voraussagen. Dabei charakterisieren methodologische Kriterien nicht nur das Vorgehen in den Naturwissenschaften, sondern auch in den Sozial- und Geisteswissenschaften. Damit stellt aber der Begriff der wissenschaftlichen Methode im Unterschied zu den Begriffen der semantischen und der nomologischen Einheitlichkeit tatsächlich eine Einheit der Wissenschaft dar, nicht eine Einheit der (wissenschaftlichen) Sprache oder eine Einheit der Gesetze, sondern eine methodische Einheit.

Nun könnte auch diese Vorstellung in dem Sinne mißverstanden werden, daß es eine und nur eine Methode gibt, die – wie eine ausgezeichnete Sprache oder ausgezeichnete Gesetze, z.B. physikalische Gesetze – in der Wissenschaft universelle Anwendung findet und zugleich definiert, was Wissenschaft ist. Doch das ist hier nicht gemeint, wie schon der Hinweis auf methodologische Kriterien deutlich machen sollte. Vielmehr läßt sich die Vorstellung einer Einheit der Wissenschaft, die weder spekulativ noch reduktionistisch ist, im Begriff der Einheit der *wissenschaftlichen Rationalität* bzw. im Begriff der Einheit der wissenschaftlichen Rationalitätskriterien ausdrücken. Dieser Begriff verbindet die wissenschaftliche Wissensbildung oberhalb der Ebene der Fächer und Disziplinen, begründet allerdings noch nicht deren Differenzierung in einem selbst methodisch geklärten Sinne. Und er ist wohl auch zu allgemein, um im theoretischen Sinne die Erwartungen, die sich seit der Formulierung eines Leibnizprogramms mit dem Begriff der Einheit des Wissens und der Wissenschaft verbinden, zu erfüllen. Immerhin wird deutlich, daß es im Bereich der Wissenschaft durchaus eine Ordnung gibt, die der Zufälligkeit ihrer fachlichen und disziplinären Formen nicht unterliegt und diese kritisch zu beurteilen vermag.

3. Transdisziplinarität oder: Konturen einer praktischen Einheit

Der Hinweis auf eine mögliche Einheit des Wissens und der Wissenschaft im Methodischen könnte noch immer den Eindruck nahelegen, die gesuchte Einheit sei theoretisch zu haben, zwar nicht auf begrifflichen oder nomologischen Wegen, aber auf Methoden- und folglich strukturellen Wegen. Hier hilft der zu Beginn erfolgte Hinweis auf ein *praktisches* Bedürfnis, das sich hinter der Idee einer Einheit des Wissens und der Wissenschaft verbirgt bzw. mit dieser Idee verbunden werden kann, weiter. Es ist der Gesichtspunkt einer *praktisch-operationalen* Einheit. Dieser kommt darin zum Ausdruck, daß sich die Probleme, deren Lösung die Wissenschaften dienen, häufig nicht einfach in einen fachlichen oder disziplinären Rahmen einfügen, und dabei handelt es sich keineswegs allein um marginale, sondern häufig um zentrale Probleme, wie wiederum der Hinweis auf Umwelt, Energie und Gesundheit zeigen sollte.

Es gibt heute eine Asymmetrie von Problementwicklungen und disziplinären (oder Fach-)Entwicklungen, und diese vergrößert sich noch dadurch, daß die disziplinären und Fachentwicklungen durch wachsende Spezialisierung bestimmt werden. Da hilft auch keine gutwillige Interdisziplinarität weiter, nach dem Motto ›wenn jede Wissenschaft nur das Ihre tut und gut nachbarschaftliche Beziehungen mit anderen Wissenschaften pflegt, wird das Ganze schon gelingen‹. Erforderlich ist vielmehr – und das ist hier mit dem Schritt vom Theoretischen zum Praktischen gemeint – die Erweiterung der (oft auch nur im Rhetorischen steckenbleibenden) Interdisziplinarität zur *Transdisziplinarität.* Transdisziplinarität geht im Unterschied zur Interdisziplinarität im üblichen Sinne nicht einfach zwischen den Disziplinen und den Fächern hin und her und läßt dabei die disziplinären und fachlichen Dinge auch nicht einfach, wie sie sind. Vielmehr verändert Transdisziplinarität als ein neues Forschungs- und Wissenschaftsprinzip die disziplinären und fachlichen Dinge und hebt die historischen Grenzen der Disziplinen und Fächer auf, indem sie dort wirksam wird, wo eine allein fachliche oder disziplinäre Definition von Problemlagen nicht möglich ist bzw. über derartige Definitionen hinausgeführt wird.[22]

Gemeint ist hier – wie bereits unter dem Stichwort Transdisziplinarität weiter ausgeführt[23] – keine spekulative Einheit der Wissenschaft, die sich als ein neuer *Holismus* zu erkennen gäbe, d.h. eine Konzeption, die eine ganzheitliche Lösung von (wissenschaftlichen und/oder philosophischen) Problemen verspricht. Transdisziplinarität hat es vielmehr mit Problemen zu tun, die sich durch isolierte Bemühungen nicht lösen lassen, ohne daß zu ihrer Lösung Formen einer theoretischen Einheit herangezogen werden müßten. Auch gibt es keine reinen Formen von Transdisziplinarität, wie es auch keine reinen Formen von Disziplinarität oder Fachlichkeit gibt. Transdisziplinarität ist ein forschungsleitendes Prinzip, nicht mehr und nicht weniger. Es überwindet (1) bestehende Isolierungen in praktischen Problemzusammenhängen, hebt (2) fachliche und disziplinäre Engführungen auf und erweist sich darin (3) als ein Forschungsprinzip, nicht als ein Theorieprinzip. Es bestimmt neue Formen von Problemwahrnehmungen und Problemlösungen, legt sich nicht in theoretischen, holistischen Formen fest.

Damit drückt sich, wenn man denn doch den Begriff der Einheit in einem epistemischen Zusammenhang verwenden will, die Einheit der Wissenschaft einerseits in der Einheit der wissenschaftlichen Rationalität, andererseits in der Einheit transdisziplinärer Forschung, d.h. in einer methodischen und

22 Vgl. zum Folgenden J. Mittelstraß, »Ein Prinzip faßt Fuß«, *GAIA. Ecological Perspectives in Science, Humanities, and Economics* 7 (1998), Heft 1, 1-2 (Editorial).

23 Vgl. oben 93ff..

in einer praktisch-operationalen Einheit aus. Wer die Einheit der Wissenschaft reduktionistisch in der Einheit eines Lehrgebäudes sucht, wird sie (wie schon der Logische Empirismus) verfehlen. Sie ist allein als eine praktische Forschungsform begreifbar, d.h. als Einheit der wissenschaftlichen Praxis. Die aber ist kein philosophischer oder wissenschaftlicher Traum, wie ihn auch Wilson noch einmal zu träumen sucht, sondern nüchterne wissenschaftliche Wirklichkeit, wenn denn Wissenschaft nicht bloß ein Spiel, das der wissenschaftliche Verstand mit sich selbst spielt, sondern die nicht müde werdende Bemühung um die Lösung wissenschaftsinterner wie wissenschaftsexterner Probleme ist. Die Wirklichkeit läßt sich nicht in Träume fassen, auch nicht die wissenschaftliche.

3. Gibt es Grenzen des Wissens?

1. Vorbemerkungen

Wer von uns kennt nicht die ernüchternde Erfahrung, nur wenige Dinge (wirklich) zu wissen und viele Dinge nicht zu wissen? Wer wird sich nicht schmerzlich immer wieder, im privaten wie im beruflichen Alltag, seiner intellektuellen Grenzen bewußt, d.h. dessen, was er oder sie alles nicht weiß und wohl auch nie (mehr) wissen wird? Köpfe, so scheint es, haben nur eine endliche Aufnahmekapazität, und schließlich ist das Leben kurz und allein schon deshalb für irgendwelche Träume von einem grenzenlosen Wissen ungeeignet – ganz abgesehen davon, daß man sich auch erfreulichere Tätigkeiten vorstellen kann als die, sich Tag für Tag aufs neue mit Wissen vollzustopfen. Zwar hat schon der alte Aristoteles gesagt, daß alle Menschen von Natur aus nach Wissen streben, doch dürfte er dabei wohl kaum den Bücherwurm oder den lebensfremden Gelehrten im Auge gehabt haben. Neugierde, in der sich auch nach Aristoteles das menschliche Streben nach Wissen in erster Linie artikuliert, ist mehr als wissenschaftliche Neugierde; sie macht sich auch im alltäglichen Leben, auf Reisen, gegenüber allem Ungewohnten, fremden Erfahrungen, vor geschlossenen Türen und vor Schlüssellöchern geltend.

Was also hat es mit jenem merkwürdigen Gefühl auf sich, an *Grenzen* des Wissens zu stoßen, die offenbar nicht, wie etwa politische oder geographische Grenzen, einfach zu überwinden sind. Ist das gelegentliche individuelle Mißvergnügen, zu wenig zu wissen, am Ende doch Ausdruck eines generellen menschlichen Unvermögens, des Unvermögens nämlich, alles zu wissen, d.h. alles, was ist, in wissenschaftlicher oder auch nicht-wissenschaftlicher Form begreifen zu können?

Wer so denkt, ist schon ein halber Philosoph. Tatsächlich ist es von Anfang an eine der Lieblingsbeschäftigungen der Philosophie, nicht nur nach den Entstehungsbedingungen des Wissens (wie kommt Wissen zustande, was setzt es voraus?) und dem Wesen des Wissens (wie unterscheidet sich Wissen z.B. von Meinung?) zu fragen, sondern auch nach den Grenzen des Wissens. Damit waren meist *Erkenntnisgrenzen* in dem Sinne gemeint, daß die Kapazität und die Organisationsform des menschlichen Verstandes einfach nicht ausreichen, um alle Fragen zu beantworten, die sich stellen lassen, und alles zu erforschen, was sich in irgendeiner Weise als erforschbar denken läßt. Man stellt sich hier den menschlichen Verstand wie eine Lampe (oder einen Scheinwerfer) vor – wohin sein Licht reicht, reicht auch das Wissen, wohin sein Licht nicht reicht, da bleibt es dunkel. Das Wissen begrenzt sich gewissermaßen selbst, weil der Verstand von nur begrenzter Reichweite ist. Und wo er (ohne Licht) nur herumtappt, ist er blind, erkennt er nicht, muß er das Feld anderen – Mystikern, Esoterikern, Traumtänzern, allesamt vermeintlich mit übermenschlichen Fähigkeiten ausgestattet – überlassen. Die haben übrigens auch gegenwärtig wieder Konjunktur. Ein Verstand, der an seine Grenzen stößt, sehnt sich eben nach einfacheren, jedenfalls nach intellektuell weniger anstrengenden Zugängen ins unendliche Wissen – und je kleiner der Verstand ist, um so mehr.

Doch nicht von derartigen Grenzen will ich hier reden, auch nicht von den Grenzen des spekulativen oder spekulierenden Wissens, sondern von Grenzen, die sich wirklich oder auch nur vermeintlich vor unserem *wissenschaftlichen* Verstand auftun (schließen – würde hier wohl besser passen). Tatsächlich sind Grenzen des Wissens nicht nur ein Thema für den Alltagsverstand oder die Philosophie, sondern auch für die Wissenschaft selbst, jedenfalls – nunmehr als Reflexion über Grenzen der Wissenschaft – dort, wo Wissenschaft philosophisch zu werden beginnt, d.h. sich selbst mit philosophischen Augen betrachtet. Das passiert zwar selten, aber gelegentlich eben doch.

Mein kleiner Vortrag hat im übrigen fünf Teile. Ich erwähne das, damit Sie jeweils abzuschätzen vermögen, wie weit Sie von dem möglicherweise ersehnten Ende dieses Vortrags noch entfernt sind. Den ersten Teil haben Sie schon mitbekommen – er bestand in eben diesen Vorbemerkungen. Also:

2. Vollendete Wissenschaft?

Was ich bisher (einleitend) über Grenzen des Wissens gesagt habe, klang möglicherweise reichlich negativ, zumindest bedauernd, als ginge es darum, sich ins Unvermeidliche zu fügen. Tatsächlich, wo von Grenzen des Wissens die Rede ist, wird der Mensch in der Regel klein, erfährt er auch seine eigenen Grenzen, werden die Grenzen zwischen dem Menschlichen, der menschlichen Befindlichkeit, und dem Göttlichen neu gezogen. Schon in der mittelalterlichen Philosophie waren die Grenzen des Wissens immer Grenzen zwischen dem Wissen suchenden Menschen und einem allwissenden Gott. Wo der Philosoph aufhörte, z.B. mit der Unterscheidung zwischen dem Natürlichen und dem Übernatürlichen, begann der Theologe, und wo der nicht mehr weiterwußte, z.B. mit dem Versprechen einer postmortalen, seligen Schau Gottes, tummelten sich Mystiker, Verzückte, Magier und Elfen. Auch Faust kam da bekanntlich nicht viel weiter (und dies nicht nur wegen Gretchen).

Gegen diese von vielen negativen Erfahrungen bzw. von zu weit reichenden Träumereien bestimmten Vorstellungen von Grenzen des Wissens steht in einem nunmehr recht positiv erscheinenden Sinne eine ganz andere Vorstellung, nämlich die von einer *Vollendung*, zumindest Vollendbarkeit, des Wissens. Grenzen des Wissens – das könnte eben auch bedeuten, daß das Wissen dort stehenbleibt, wo es *alles weiß*, wo die Welt dem menschlichen Verstand alles zu erkennen gegeben hat, was es zu erkennen gibt, wo alle Winkel ausgeleuchtet, alle Rätsel gelöst, alle Probleme geknackt, alle gordischen Knoten durchschlagen und alle unmöglich erscheinenden Dinge mit Eiern des Kolumbus versehen sind. Grenzen verlören hier ihren Schrecken oder ihre Enttäuschung; sie zeugten nicht vom Scheitern des menschlichen Verstandes, sondern eher schon von seinem Triumph.

Tatsächlich ist die Wissenschaftsgeschichte voller Erwartungen, Prophezeiungen und Versicherungen, die in diese Richtung gehen. Ich will einige Beispiele nennen. 1754 schreibt Denis Diderot, scharfsinniger Schriftsteller, Philosoph und (mit dem Mathematiker d'Alembert) Herausgeber der großen französischen Enzyklopädie (1751-1780): Ich möchte »fast versichern, daß man in Europa vor Ablauf eines Jahrhunderts nicht drei große Mathematiker zählen wird. Diese Wissenschaft wird plötzlich dort stehenbleiben, wo die Bernoulli, Euler, Maupertuis, Clairaut, Fontaine, d'Alembert und Lagrange sie verlassen haben. Sie werden die Säulen des Herkules errichtet haben. Man wird nicht darüber hinausgehen. Ihre Werke werden in den kommenden Jahrhunderten fortbestehen wie jene ägyptischen Pyramiden, deren hieroglyphenbedeckte Steinmassen bei uns eine erschreckende Idee von der Macht und den Hilfsmitteln der Menschen hervorrufen, die sie erbaut haben.«[1] Mathematik und (auch dafür stehen die genannten Namen) Physik wären vollendet; Wissenschaft könnte, wie die Pyramiden, zum großartigen Ausstellungsstück, bereist von Wissenschaftstouristen ohne eigene wissenschaftliche Zukunft, werden.

Ganz ähnlich äußert sich in den 70er Jahren unseres Jahrhunderts ein einflußreicher amerikanischer Physiker: »Es ist möglich, von der Grundlagenphysik zu denken, daß sie einmal vollendet sein wird. Es gibt nur ein Universum zu erforschen, und die Physik kann, anders als die Mathematik, nicht durch rein geistige Erfindungen ins Unendliche fortgesponnen werden. Die logische Beziehung der Physik zur Chemie und den anderen Wissenschaften ist dergestalt, daß die Physik das erste abgeschlossene Kapitel sein wird. (...) In dem Bereich, den man früher als organisierte Komplexität charakterisierte, mögen einige ungelöste Probleme verbleiben; aber diese werden in die Verantwortlichkeit der Biophysiker und Astrophysiker übergehen. Die elementare Physik wird abgeschlossen sein wie gegenwärtig die euklidische Geometrie.«[2] Das klingt auch aus dem Munde des Nobelpreisträgers Steven Weinberg – im Juli 1999 in einem »Spiegel«-Gespräch – nicht anders: »Mein Glaube an eine endgültige Theorie beruht (...) darauf, daß unser Bild der Natur immer einfacher geworden ist. (...) Sicher, die Mathematik ist komplizierter, schwieriger, abstrakter gewor-

1 D. Diderot, »De l'interpretation de la nature (1754)«, in: D. Diderot, Œuvres complètes, I-XX, ed. J. Assèzat/M. Tourneux, Paris 1875-1877, II, 11 (dt. in: D. Diderot, Philosophische Schriften, I-II, Berlin 1961, Frankfurt/Main 1967, I, 421).

2 A. Bromley u.a., *Physics in Perspective I*, Washington D.C. 1972 (National Academy of Science), 80.

den. Dafür sind die physikalischen Prinzipien eleganter, natürlicher, und vor allem sind es weniger geworden. (...) Und Fortschritt in Richtung auf Einfachheit muß irgendwann zu einem Ende kommen.«[3]

Auch in diesen Stellungnahmen wird deutlich, daß ein Ende der Wissenschaft nicht nur Ausdruck von Unvermögen, und in diesem Sinne von gegebenen oder dem menschlichen Verstand aufgezwungenen Grenzen, sondern auch Ausdruck der Leistungsfähigkeit des menschlichen Verstandes, ja seines Triumphes über die Natur, sein kann. Grenzen des Wissens wären erfüllte Grenzen; jenseits dieser Grenzen läge nichts mehr, was wissenschaftlich von Belang wäre oder der Wissenschaft neue Aufgaben stellen könnte. Amerika wird nur einmal entdeckt (auch wenn es andere geben mochte, die sich ebenfalls als Entdecker wähnten), und für die Natur gilt, so möchte man meinen, dasselbe. Wo sie einmal entdeckt ist, wo ihre Gesetze erkannt und in Lehrbüchern niedergelegt sind, wo alles im Sinne Weinbergs einfach geworden ist, gibt es nichts mehr zu entdecken, kommt das Wissen zum Stehen. Es kann auch nicht mehr enttäuscht, durch besseres Wissen ersetzt werden. Es ist für den menschlichen Verstand kein Thema mehr.

Wie geläufig eine derartige Vorstellung auch sonst ist, hat neuerdings ein früherer Redakteur des »Scientific American«, einer bedeutenden wissenschaftlichen Zeitschrift, unterstrichen, dessen Buch »The End of Science«, in der deutschen Übersetzung ein wenig vorsichtiger mit »An den Grenzen des Wissens« wiedergegeben, Furore machte.[4] Nach Horgan, so der Name des Autors, ist das Ende der Wissenschaft in dem Sinne nahe, daß ihr Erfolg ihr eigenes Ende ist. Demnach wären alle großen Entdeckungen gemacht, alle großen Theorien geschrieben, alle wissenschaftlichen Fragen beantwortet; übrig blieben nur noch Aufräumungsarbeiten, ein wissenschaftliches Reinemachen, das Rechnen hinter dem Komma,

3 »›Die Welt ist kalt und unpersönlich‹. Physik-Nobelpreisträger Steven Weinberg über den Traum von der Weltformel«, Der Spiegel Nr. 30, 26.7.1999, 192.

4 J. Horgan, *The End of Science. Facing the Limits of Knowledge in the Twilight of the Scientific Age,* Reading Mass. etc. 1996 (dt. An den Grenzen des Wissens. Siegeszug und Dilemma der Naturwissenschaften, München 1997).

didaktische Kunststückchen an etwas, das sich nicht mehr verändern ließe. Wissenschaft, mit anderen Worten, wäre vollendet, der menschliche Verstand müßte sich nach neuen Aufgaben, jenseits der Wissenschaft, umsehen. Eine seltsame Vorstellung.

3. Die Wissenskugel

Gegen das Bild einer vollendeten Wissenschaft, deren Grenzen beeindruckende Herrschaftsgrenzen wären, läßt sich ein anderes Bild setzen. Es ist das Bild einer Wissenschaft, die vielleicht nicht die Phantasie der Wissenschaftsphilosophen, die sich mal in die unendliche Irrtumsanfälligkeit der Wissenschaft, mal in Visionen ihrer Vervollkommnung verlieben, dafür aber die Wirklichkeit der Wissenschaft für sich hat. Diese allen Wissenschaftlern vertraute Wirklichkeit besagt, daß mit jedem gelösten wissenschaftlichen Problem neue Probleme entstehen, mit jeder beantworteten Frage neue Fragen, mit jeder gewonnenen Einsicht neue Unwissenheiten. Auch daß diese Unwissenheiten nicht Teil eines Rechnens hinter dem Komma sind, ist eine im wissenschaftlichen Alltag sehr gewohnte Erfahrung. Schließlich haben wir es hier mit Fragen der Art zu tun: Wie entwickelt sich aus einer einzigen Zelle ein ganzer Organismus? Wie sind Galaxien, wie ist unser Universum entstanden? Was passiert in schwarzen Löchern? Was ist (zwischen Philosophie und Hirnforschung) das Bewußtsein? Fragen über Fragen, und alle bei weitem noch nicht beantwortet. Das kann man, im Anschluß an eine schon bei dem Philosophen und Mathematiker Blaise Pascal auftretende Metapher, auch in einem Bild formulieren: Das (wissenschaftliche) Wissen ist eine Kugel, die im All des Nichtwissens schwimmt und beständig größer wird. Mit ihrem Wachsen vergrößert sich ihre Oberfläche und mit dieser vermehren sich auch die Berührungspunkte mit dem Nichtwissen.
Dieses Bild, das die Vorstellung einer Begrenzung des Wissens nicht kennt, läßt zwei Deutungen zu, deren eine man als eine pessimistische und deren andere man als eine optimistische Deutung bezeichnen könnte. Die *pessimistische* Deutung besagt (und hier ist eine kleine schulmathematische Erinnerung

nützlich, aber tröstlicherweise auch nicht unbedingt vonnöten): Wenn es der *Radius* der Kugel ist, der das Wissen repräsentiert, dann wächst bei Vergrößerung der Kugel die Oberfläche schneller als der Radius, nämlich mit der 2. Potenz. Also wächst das Nichtwissen schneller als das Wissen, oder anders formuliert: Die (wissenschaftliche) Forschung produziert ein schnelleres Wachstum des Nichtwissens als des Wissens. Ein verblüffendes, aber durchaus – jedenfalls auf die hier verwendete elementare Mathematik bezogen – korrektes Resultat. In der *optimistischen* Deutung wäre es dann nicht der Radius, sondern der *Volumen* der Kugel, das das Wissen repräsentiert. Wenn die Kugel wächst, dann wächst ihr Volumen schneller als ihre Oberfläche, nämlich mit der 3. Potenz des Radius. In diesem Falle produziert die (wissenschaftliche) Forschung zwar ebenfalls immer mehr Nichtwissen, aber das Wissen wüchse trotzdem schneller als das Nichtwissen.

Für welche Deutung unserer Wissenskugel man sich auch entscheidet, eines ist jedenfalls in diesem Bild und wohl auch in der Erfahrung des Wissenschaftlers, der nicht gleich mit den großen Rahmentheorien seiner Disziplin oder dem Grand Design alles Wissens befaßt ist, klar: Das wachsende Wissen macht die Welt des noch nicht Gewußten, des noch nicht Erforschten nicht etwa kleiner, sondern sogar grösser. Die Forschungsaufgaben wachsen mit dem (wachsenden) Wissen; dem Nichtwissen sind keine Grenzen gesetzt. Es ist vielmehr die ständige Berührung, die Nachbarschaft mit dem Nichtwissen, gelegentlich auch – nicht nur in den Köpfen der philosophischer gesonnenen Wissenschaftler – die Witterung des Undenkbaren oder Unvorstellbaren oder des doch dafür Gehaltenen, die die Wissenschaft in Bann hält, ihren langen Atem ausmacht auch dort, wo sich das schon Gewußte als Wissen kurz vor seiner absoluten Vollendung darzustellen sucht oder sich diese Vollendung als das mit den verfügbaren Mitteln nicht Erreichbare oder als das aus erkenntnistheoretischen Gründen dem Wissen prinzipiell Entzogene zu erweisen scheint. Hier wären Grenzen also wirklich aufgelöst bzw. stellte sich das (wissenschaftliche) Wissen als seinem Wesen nach grenzenlos dar. Weder gäbe es Grenzen, gegen die der wissenschaftliche Verstand anrennt und an denen er sich seinen Kopf blutig stößt, noch Grenzen, die die Konturen von etwas Vollendetem bilden. Lautet die Antwort auf die Frage, ob es Grenzen des (wissenschaftlichen) Wissens gibt, also: Nein? Dazu noch einmal:

4. Grenzen der Wissenschaft

Wer die Frage nach den Grenzen des (wissenschaftlichen) Wissens verneint, zieht nicht nur den vehementen Widerspruch der Vertreter der Endlichkeitsthese – das Reich des (wissenschaftlich) Wißbaren ist endlich, also ist auch das Wissen selbst endlich – auf sich, sondern hat in gewisser Weise auch den Alltagsverstand und den philosophischen Verstand gegen sich. Für den Alltagsverstand ist die Existenz von Grenzen etwas ganz Normales – alles Glück hat ein Ende, alles Können wird durch Nicht-Können begrenzt, neben den erfüllten Wünschen wohnen die unerfüllten. Für den philosophischen Verstand, vor allem dort, wo dieser sich noch immer mit dem theologischen Verstand verbunden sieht, ist die Existenz von Grenzen etwas höchst Plausibles und zudem Reizvolles – wo keine Grenzen sind, gibt es auch keine Reflexion, kein tiefes Nachdenken über Grenzen, und in dieser Reflexion, in diesem Nachdenken war der philosophische Verstand immer schon groß.

Das sieht auch der Wissenschaftshistoriker so, der zunächst einmal Wissenschaft mit wissenschaftlichem Fortschritt verbindet. So heißt es in einem 1932 erschienenen Buch über die Idee des Fortschritts: »Die Wissenschaft ist drei- oder vierhundert Jahre lang ununterbrochen vorangeschritten; jede neue Entdeckung hat zu neuen Fragestellungen und neuen Lösungsmethoden geführt, sowie neue Explorationsfelder eröffnet. Bis dato waren die Männer der Wissenschaft noch nicht zum Einhalten gezwungen« (Sie sehen, Frauen in der Wissenschaft waren offenbar selbst zu Beginn der 30er Jahre in unserem Jahrhundert noch nicht entdeckt), »sie haben immer neue Mittel und Wege gefunden, weiter voranzuschreiten. Aber: wer versichert uns, daß sie nicht eines Tages an unüberwindbare Barrieren stoßen werden? Die Erfahrung aus vierhundert Jahren, in denen die Umrisse der Natur erfolgreich ertastet worden sind, können kaum für Rückschlüsse auf die Aussicht von Handlungen bürgen, die sich über vierhundert oder viertausend Jahre erstrecken. Wie können wir sicher sein, ob der Fortschritt nicht eines Tages bei einem toten Punkt anlangt, nicht weil sich das Wissen erschöpft hat, sondern weil unsere Untersuchungsressourcen erschöpft sind – weil z.B. die wissenschaftlichen Instrumente die Grenzen der Perfektion erreicht haben, jenseits derer es nachweislich unmöglich ist, weitere Verbesserungen vorzunehmen, oder weil wir es (wie im Falle der Astronomie) mit Kräften zu tun haben, von denen wir – im Gegensatz zur Gravitation – keine irdische Erfahrung besitzen?«[5] Hier treten Grenzen in einem negativen Sinne, nämlich als unerwünschte Begrenzungen des (wissenschaftlichen) Wissens auf.

Die moderne Wissenschaftsphilosophie diskutiert diese Fragen, meist bezogen auf die Naturwissenschaften, in Form zweier Thesen:[6] 1. Die *These von der vollständigen oder asymptotischen Ausschöpfung der Natur*. Sie entspräche der Endlichkeitsthese, wenn hier Endlichkeit als Vollendung verstanden ist. Nach dieser These wäre die Geschichte der wissenschaftlichen Entdeckungen entweder absolut endlich oder ginge irgendwann einmal in eine asymptotische Annäherung an das, was man überhaupt wissen kann, über. Die Stelle von Innovationen nähmen, wie bei Horgan, unserem visionären Wissenschaftsredakteur, erwähnt, kleinere Ausarbeitungen und Präzisierungen ein. Wissenschaft hätte also irgendwann keine Zukunft mehr, weil – noch einmal – alles entdeckt wäre, was es zu entdecken gibt, und alles erklärt wäre, wozu es wissenschaftlicher Erklärungen bedarf, und auch die Aufräumungsarbeiten, das Rechnen hinter dem Komma, das Einordnen weiterer, nichts wesentlich Neues mehr besagender Fälle, allmählich zum Abschluß kämen. 2. Die *These von der vollständigen oder asymptotischen Ausschöpfung der Informationskapazitäten*. Diese These ist die von unserem Wissenschaftshistoriker vertretene. Demnach wären wissenschaftli-

5 J. Bury, *The Idea of Progress. An Inquiry into Its Origin and Growth*, New York 1932, 1955, 3f. (Übers. von mir, J. M.).

6 Vgl. N. Rescher, *Scientific Progress. A Philosophical Essay on the Economics of Research in Natural Science*, Oxford 1978, 6ff. (dt. *Wissenschaftlicher Fortschritt. Eine Studie über die Ökonomie der Forschung*, Berlin/New York 1982, 7ff.).

che Informationsmöglichkeiten entweder wieder absolut endlich oder gingen irgendwann in eine asymptotische Annäherung an absolute Informationsgrenzen über. Auch hier wären es dann im wesentlichen Ausarbeitungen und Präzisierungen, die an die Stelle von Innovationen träten. Wissenschaft hätte ihre eigenen Forschungs- und Artikulationsmöglichkeiten ausgeschöpft, zwischen ihr und einer möglicherweise nicht ausgeschöpften Natur stünde eine unüberwindliche ›Informationsbarriere‹. Über diese Barriere hülfe nur noch Science Fiction hinweg – mit Star Trek und U.S.S. Enterprise ins wissenschaftliche Wunderland.

Die Frage »Hat der (wissenschaftliche) Fortschritt noch eine Zukunft?« ist demnach nur vermeintlich paradox. Sie ist allerdings in den Grenzen der beiden angeführten Thesen tatsächlich auch unbeantwortbar. Das macht, ohne daß hier noch einmal das Bild von der Wissenskugel bemüht werden müßte, allein schon ein Hinweis auf die Verbindung unseres Forschungstuns mit *Zwecken* deutlich. Wenn Forschung nämlich nicht allein durch den jeweils erreichten Forschungsstand, sondern auch durch die mit ihr verbundenen (internen und externen, d.h. wissenschaftsimmanenten und gesellschaftlichen) Zwecke bestimmt ist, dann schlösse die Vorstellung von einem Ende des (wissenschaftlichen) Fortschritts nicht nur die Behauptung »Wir wissen alles (was wir wissen können)«, sondern auch die Behauptung »Wir kennen alle Zwecke (die wir haben können)« ein. Deren Zahl aber ist wirklich unbegrenzt bzw. unbegrenzbar. Um die Frage »Hat der (wissenschaftliche) Fortschritt noch eine Zukunft?« beantworten zu können, müßten wir also in gewisser Weise schon wissen, was wir jetzt nicht wissen – was nur der Fortschritt oder sein Ausbleiben zeigen könnten. Dies betrifft auch die Frage, ob unsere Wissenskugel ins Endliche oder ins Unendliche rollt.

Eines können wir gleichwohl wissen: unsere *Ressourcen* sind endlich. Sie reichen schon lange nicht mehr aus, um der Wissenschaft zu geben, was diese angesichts ihres Wachstums und ihres Ideenreichtums braucht. Dabei spricht vieles dafür, daß je höher der erreichte Forschungsstand ist, desto mehr Mittel eingesetzt werden müssen, um einen gleichwertigen Fortschritt zu erzielen (in der Wissenschaftstheorie als ›Plancksches Prinzip des wachsenden Aufwands‹ bezeichnet).[7] Mit ein paar Talern konnte man in der Vergangenheit noch die Welt bewegen, auch die wissenschaftliche; heute gehört dazu schon ein kräftiger Prozentsatz unseres Bruttosozialprodukts (in Mark oder Euro). Man denke dabei nur an den Bau und den Betrieb großer Beschleuniger in der Physik, die Unsummen verschlingen, nur um einen weiteren Baustein des Universums dingfest zu machen oder um weitere Stellen hinter dem Komma von als bedeutsam erachteten Meßgrößen oder Naturkonstanten experimentell zu überprüfen. So hat die Entdeckung des Top-Quarks, des dem Standardmodell der Teilchenphysik nach letzten Quarks, eine Gruppe von 450 Wissenschaftlern aus 35 Instituten ca. 20 Jahre beschäftigt und zig Milliarden verschlungen. Die Frage nach dem Grenznutzen darf auch in der Wissenschaft gestellt werden.[8] Allerdings hängen eine derartige Aussage und eine derartige Beurteilung in nicht ganz unproblematischer Weise von einer *qualitativen* und einer *quantitativen* Bewertung der (wissenschaftlichen) Innovation ab. Schließlich macht es auch in der Wissenschaft nicht die Masse, sondern die Qualität. Auf jeden Fall aber gilt, daß sich der Fortschritt selbst begrenzt, wenn seine Kosten schneller wachsen als seine Erträge.

Andere Grenzen kommen hinzu, z.B. *ethische* Grenzen. Diese werden, bezogen auf den wissenschaftlichen Fortschritt, heute vor allem im Bereich der Reproduktionsmedizin und der Gentechnik deutlich. Die Frage ist, ob wir auch *dürfen*, was wir, durch den wissenschaftlichen Fortschritt vorangetrieben, *können*, z.B. den Eingriff in die Keimbahn des Menschen oder das Klonen von Menschen. Dabei liegen ethische Grenzen des wissenschaftlichen (und technologischen) Fortschritts allgemein dort, wo dieser, statt die Lebensbedingungen des Menschen zu verbessern, sich gegen den Menschen richtet, ihn bedroht und verformt. Eine Bedrohung oder Verformung des

7 N. Rescher, a.a.O., 79-94 (dt. 85-101).

8 Vgl. dazu und zu einer Unterscheidung zwischen positiven kognitiven Grenzen (das Wissen ist vollendet) und negativen kognitiven Grenzen (das Wissen stößt an unüberwindbare Grenzen) H. Tetens, »Kommt die Grundlagenforschung an ein Ende? Wissenschaftstheoretische Überlegungen zu den Grenzen der Wissenschaft«, in: J. Mittelstraß (Ed.), *Die Zukunft des Wissens. XVIII. Deutscher Kongress für Philosophie. Konstanz, 4.-8. Oktober 1999. Vorträge und Kolloquien*, Berlin 2000, 132-145.

Menschen ist dort gegeben, wo der Mensch nur noch als Mittel, nicht als Person gesehen wird, wo mit der deutschen Verfassung gesprochen die Unantastbarkeit der Würde des Menschen nicht mehr gewährleistet ist. Der Physiker Max Born, dem wir grundlegende Arbeiten zur Quantentheorie verdanken, erinnert sich: »Als ich jung war, konnte man noch ein reiner Wissenschaftler sein, ohne sich um die Anwendungen, die Technik, viel zu kümmern. Heute ist das nicht mehr möglich. Denn die Naturforschung ist mit dem sozialen und politischen Leben unentwirrbar verstrickt. (...) Jeder Naturforscher (ist) heute ein Glied des technischen und industriellen Systems, in dem er lebt. Damit hat er auch einen Teil der Verantwortung zu tragen für den vernünftigen Gebrauch seiner Ergebnisse.«[9] Skeptischer in diesem Zusammenhang Albert Einstein 1948: »Die Tragik des modernen Menschen liegt (...) darin: er hat für sich selber Daseinsbedingungen geschaffen, denen er aufgrund seiner phylogenetischen Entwicklung nicht gewachsen ist«;[10] gemeint ist, daß die Antriebe des Stammhirns stärker sind als die Kontrolle durch das Großhirn.

Anders als im Falle der (meist recht philosophischen) Frage nach Erkenntnisgrenzen ist die Frage nach den Grenzen des (wissenschaftlichen) Wissens im Einzelfall konkret und dann auch im Sinne tatsächlicher Grenzen beantwortbar. Im Falle ökonomischer Grenzen handelt es sich um *faktische* Grenzen (das Geld reicht nicht), im Falle ethischer Grenzen um *normative* Grenzen (das Sollen bzw. Dürfen begrenzt das Können). Daß auch Fragen nach den ökonomischen und ethischen Grenzen dabei nicht immer leicht zu beantworten sind, liegt daran, daß im Falle der ökonomischen Grenzen Prioritätsentscheidungen getroffen werden müssen, im Falle ethischer Grenzen sich weltanschauliche Dinge in die wissenschaftlichen und ethischen Dinge mischen. Der Mensch ist eben kein perfektes Wesen, nicht nur in erkenntnistheoretischer, sondern auch in ökonomischer und ethischer Hinsicht.

Ein aktuelles Beispiel zur Frage ethischer Grenzen mag dies verdeutlichen, nämlich die Debatte um eine neue Fortpflanzungsmöglichkeit, das Klonen, insbesondere um die mögliche

9 M. Born, *Physik und Politik*, Göttingen 1960, 45.

10 A. Einstein, *Über den Frieden. Weltordnung oder Weltuntergang?*, ed. O. Nathan/H. Norden, Bern 1974, 494.

Erzeugung menschlicher Klone. Diese Debatte begann mit dem spektakulären Auftreten von Dolly, d.h. der von schottischen Tierzüchtern zum ersten Mal erfolgreich betriebenen Herstellung eines Säugetiers mit dem identischen Erbgut eines anderen, erwachsenen Tieres, und setzte deshalb so schockartig ein und wird seitdem auch deshalb so hektisch geführt, weil hier mit neuen gentechnischen Möglichkeiten auf einmal das, was ein für allemal den menschlichen Einwirkungsmöglichkeiten entzogen schien, nämlich die ›künstliche‹ Erzeugung eines Menschen, disponibel zu werden beginnt. Hier scheinen Grenzen zu fallen, die die Natur selbst gezogen hat. Was ist gemeint, und ist diese Vorstellung richtig?

Die Erzeugung von Klonen ist die Erzeugung von Lebewesen mit gleichen Erbinformationen entweder durch Zellkernaustausch oder durch Teilung von Embryonen im frühen Entwicklungsstadium. Klon sein bedeutet also, daß der Genotyp zweier (oder mehrerer) Individuen, also das Erbgut, identisch ist, was im übrigen nicht besagt, daß auch der Phänotyp, das sind die vom Genotyp beeinflußten äußeren Merkmale, identisch sein muß. Nicht alle Merkmale eines Organismus sind allein durch Genwirkung bestimmt; auch die Entwicklungsbedingungen eines Organismus, darunter im menschlichen Falle kulturelle und soziale Bedingungen, spielen eine wichtige Rolle. Bei eineiigen (monozygoten) Zwillingen ist dies seit langem zu studieren. Heute leben viele Millionen Menschen, die als (monozygote) Zwillinge genetisch identische Geschwister haben. Dieser Hinweis macht im übrigen deutlich, daß Klonbildung durchaus ein natürlicher Vorgang ist; sie stellt einen in der Natur, z.B. bei Bakterien und Mikroorganismen (Hefen, Pilzen, aber auch mehrzelligen Tieren), vorkommenden Vermehrungsmechanismus dar. Neu ist allein, daß dieser Mechanismus, den wir auch bei höheren Pflanzen beobachten können (z.B. sind alle Kartoffeln eines Ackers Klone) ›künstlich‹, d.h. in Form eines Klonierungsverfahrens, auch auf höhere Säugetiere angewendet werden kann, und von ethischer Relevanz ist die Frage, ob ein derartiges Verfahren auf den Menschen angewendet werden darf.

In der Regel wird – insbesondere wenn von theologischer oder philosophischer Seite argumentiert wird – das Klonen von Menschen als ein schwerer Verstoß gegen die Menschenwürde aufgefaßt, insofern hier die *natürliche Individualität* des Menschen aufgehoben werde. Dabei wird vor allem auf das Selbstzwecksein des Menschen hingewiesen, das vor jeder Instrumentalisierung, als die nun das Klonen von Menschen angesehen wird, geschützt werden müsse. Das sind schwere Geschütze, gegen die kein argumentatives Kraut mehr gewachsen zu sein scheint.

Nun bleibt zunächst einmal festzustellen, daß gegen das Klonen von Menschen nicht die Übereinstimmung des Genoms des einen mit dem Genom des anderen spricht – auch Zwillinge sind schließlich Personen und als solche Träger von Menschenwürde –, auch nicht das Klonierungsverfahren selbst – schließlich gibt es in diesem Verfahren noch gar keine Person, gegen deren Würde verstoßen werden könnte –, sondern allein »die Tatsache, daß ein Mensch als Mittel zu einem Zweck hergestellt wird, der nicht er selbst ist, und daß ihm zu diesem Zweck die genetische Gleichheit mit einem anderen Menschen auferlegt wird«.[11] Dies wäre z.B. beim Klonen aus Gründen von Organ- und Gewebespenden, d.h. der Anlage individueller Organbanken, der Fall. Hier würde »die genetische Identität um eines Zweckes willen manipuliert, dem der hergestellte Mensch dienen soll. Er soll der sein, dem sein Genom gleicht, oder existieren, um durch seine genetische Gleichheit einem anderen zu dienen.«[12] Doch diese Vorstellung – der Klon als Ersatzteillager für den Klonierten – ist ohnehin absurd, weil der Klon, ebenso wie der natürliche Zwilling, selbstverständlich ein Individuum ist mit allen Rechten, die wir mit einem Individuum verbinden. Daß hier der eine (der Klon) wie der andere (der Klonierte) ist, ist schließlich ein Umstand, den wir bei monozygoten Zwillingen seit langem gewohnt sind, ohne daß jemand auf den Gedanken gekommen wäre, der eine sei (nur) für den anderen da. Auch Zwillinge sind Personen wie jeder Nicht-Zwilling und darin von allen Gesetzen, die sich aufgeklärte Gesellschaften geben, geschützte Individualitäten.

Im übrigen gibt es auch Argumente, die für das Klonen bzw. für die Bereitstellung einer derartigen Fortpflanzungsmöglich-

11 A. Eser u.a., *Klonierung beim Menschen. Biologische Grundlagen und ethisch-rechtliche Bewertung. Stellungnahme für den Rat für Forschung, Technologie und Innovation*, Bonn 1997, 11.

12 Ebd.

keit sprechen. Was nämlich wäre, wenn das Klonierungsverfahren bei der Behandlung von Unfruchtbarkeit und zur Vermeidung schwerer genetischer Krankheiten eingesetzt würde? Selbst der Wunsch nach einem Kind, das einem gerade verlorenen ähnlich ist,[13] könnte ein (zugelassener) Grund für eine Anwendung des Klonierungsverfahrens sein. In diesen Fällen würde weder gegen das Prinzip der Unverletzlichkeit der Würde des Menschen noch gegen die damit zusammenhängende Bestimmung des Menschen als Selbstzweck verstoßen. Dagegen spricht auch nicht die in diesem Zusammenhang gern zitierte Zweckeformel des Kategorischen Imperativs bei Kant: »Handle so, daß du die Menschheit sowohl in deiner Person, als in der Person eines jeden andern jederzeit zugleich als Zweck, niemals bloß als Mittel brauchst.«[14] Schließlich heißt es hier, daß eine Person nicht *bloß* als Mittel, sondern immer *auch* als Zweck behandelt werden müsse. Von einem völligen Ausblenden des Mittelaspekts ist hier nicht die Rede. Hieße es: nie und unter keinen Umständen als Mittel, wäre z.B. jede menschliche Fortpflanzung moralisch verwerflich, weil sie stets, und auch der Akt, der zu ihr führt, nicht nur durch die zukünftige Person als Zweck bestimmt ist. Wer ein Kind zeugt, denkt nicht nur an das Glück des Kindes, sondern auch an sein eigenes Glück. Oder anders formuliert: Nur völlige Weltfremdheit ließe behaupten, daß es bei der Erzeugung eines Menschen bisher allein um das Glück des Gezeugten ginge und nicht z.B. um das Glück der Eltern oder den Ausgleich des Verlusts eines anderen Kindes. Auch Thronfolger wurden früher aus anderen Zwecken als denen ihres eigenen Glücks gezeugt.[15]

Damit ist aber – gegen allzu gewaltig daherkommende Argumente aus dem Arsenal der Philosophie und der Theologie[16]

13 Vgl. Ph. Kitcher, *The Lives to Come. The Genetic Revolution and Human Possibilities*, New York 1997, 336.

14 I. Kant, *Grundlegung zur Metaphysik der Sitten [1785]*, in: I. Kant, Gesammelte Schriften, ed. Königlich-Preußische Akademie der Wissenschaften (zu Berlin), Berlin 1902ff., IV, 429.

15 Vgl. C. F. Gethmann, »Ethische Argumente gegen das Klonieren von Menschen«, Europäische Akademie zur Erforschung von Folgen wissenschaftlich-technischer Entwicklungen Bad Neuenahr-Ahrweiler GmbH. Akademie-Brief Nr. 9 (4/1998), 2.

16 Vgl. D. Birnbacher, »Die Fortpflanzung hat ihre Unschuld verloren«. Ein Gespräch, Information Philosophie 3 (August 1998), 114.

– klar, daß das Klonen nicht an sich verwerflich ist, sondern nur im Zusammenhang mit bestimmten menschlichen Zwecksetzungen.[17] Es bleibt allerdings die grundsätzliche Frage, wieviel Technik wir an die Stelle traditioneller und als natürlich empfundener Verhaltensweisen setzen wollen. Schließlich verändern sich mit der Technik des Klonens nicht nur künftige Generationen, sondern wir verändern uns auch selbst, zumindest in unserem Selbstverständnis. Mit anderen Worten: Wo Grenzen überschritten werden, die bisher wie bei der menschlichen Reproduktion durch die Natur selbst gesetzt schienen, muß eben sehr genau, ohne Rekurs auf individuelle Intuitionen oder ideologische Voreingenommenheiten, erörtert werden, wo derartige Grenzen in Zukunft liegen sollen. Auch Grenzen der Machbarkeit wären in diesem Sinne gemachte Grenzen, d.h. durch den Menschen gesetzte, ethische Grenzen. Schließlich ist der Mensch ein maßloses Wesen, das nur unter Maßen leben kann. Diese, und damit auch die richtigen Grenzen zu setzen, aber ist schwer, und das selbst dort, wo sie wie im Falle unseres Beispiels für viele, aus welchen Gründen auch immer, schon klar zu sein scheinen.

5. Produktive Unvollkommenheit

Wenn die hier vorgetragenen Überlegungen stimmen, vorsichtiger ausgedrückt: wenn sie nicht unplausibel erscheinen, dann ist die Frage »Gibt es Grenzen des Wissens?«, hier auch als die Frage »Gibt es Grenzen der Wissenschaft?« formuliert, tatsächlich beantwortbar, und zwar im ökonomischen und ethischen Sinne mit einem klaren, wenn auch im ethischen Fall nicht immer einfachen Ja, im erkenntnistheoretischen Sinne mit einem ebenso klaren Nein, allenfalls eingeschränkt durch den Hinweis, daß nur der wissenschaftliche Fortschritt selbst oder sein Ausbleiben zeigen können, ob dem wissenschaftlichen Verstand tatsächlich (äußere oder innere) Grenzen gesetzt sind.

Im übrigen erfindet sich das wissenschaftliche Denken ständig neu, es realisiert sich in seinen Werken und vernichtet sich mit seinen Werken. Phönix ist das Symbol der Wissenschaft,

17 C. F. Gethmann, ebd.

wie die Eule Symbol der Philosophie ist. Wissenschaft schafft sich selbst, wie sich Philosophie ständig selbst, und was sie gesehen hat, anblickt. Wissenschaft lebt von der Sterblichkeit des Wissens, Philosophie von der Unsterblichkeit, besser: von der Unendlichkeit der Reflexion, die sich daher auch ständig selbst begegnet, während Wissenschaft vergißt und entdeckt. Nur der Begriff des Werkes oder der Begriff der Konstruktion hält beide, Philosophie und Wissenschaft, zusammen. Denn auch die philosophische Reflexion baut, konstruiert, entwirft neue Welten, um sie alsbald wieder mit ihren altgewordenen Erfahrungen zu füllen.

Wem diese Sätze zu spekulativ, zu philosophisch klingen, dem läßt sich auch die bescheidenere, aber inhaltlich äquivalente Formulierung anbieten, wonach das wissenschaftliche Wissen stets als unvollkommen bzw. unvollständig und inkorrekt gelten muß, nicht im Sinne eines Defekts – eine derartige Vorstellung würde ja gerade erreichbare Vollkommenheit bzw. Vollständigkeit voraussetzen –, sondern im Sinne einer prinzipiellen Offenheit des wissenschaftlichen Wissens. Damit liegt, geradezu paradox formuliert, eben in der Begrenztheit des Wissens, d.h. in seiner Unvollständigkeit und Korrigierbarkeit, seine Unbegrenztheit, im Sinne eines unabschließbaren Fortschritts des Wissens, beschlossen. Und hier sei nun doch noch einmal an unsere Wissenskugel erinnert. Sie schwimmt im All des Nichtwissens und wird beständig größer, womit sich auch ihre Berührungspunkte mit dem Nichtwissen vermehren. Oder noch anders formuliert: Grenzen der Wissenschaft sind entweder *Irrtumsgrenzen* – der wissenschaftliche Verstand verrennt sich in seinen eigenen Unzulänglichkeiten – oder *ökonomische* Grenzen – der wissenschaftliche Fortschritt wird unbezahlbar –, oder *ethische* Grenzen, die, wie gesagt, immer dann gegeben sind, genauer: als Grenzen gesetzt werden müssen, wenn sich der wissenschaftliche Fortschritt gegen den Menschen selbst richtet. In jedem Falle ist jedes Maß der Wissenschaft, auch dasjenige, das ihrem Fortschreiten (im Ökonomischen wie im Ethischen) Grenzen setzt, ein *praktisches*, kein *theoretisches* Maß. Irrtümer erweisen sich als normal, Ressourcen als endlich, (ethische) Normen als zwingend, ohne daß dies mit unüberwindbaren Eigenschaften des Erkennbaren oder des erkennenden Verstandes zusammenhinge.

Das aber heißt, die Wissenschaft hat sehr wohl praktische, aber keine theoretischen Grenzen. Und das macht ineins das Menschliche und das Göttliche an der Wissenschaft aus.

4. Kreativität und Konstruktion

Vorbemerkung

Die Zeiten, in denen gute Philosophen auch gute Konstrukteure waren, wie etwa zu Zeiten Leonardo da Vincis, sind längst vorbei. Der kontemplierende und der konstruierende Verstand haben sich auseinanderentwickelt – auch in der Universität. Deshalb darf von einem Vertreter der Zunft der Philosophen auch nicht erwartet werden, daß er kompetenterweise etwas zu dem beitragen könnte, was den ingenieurwissenschaftlichen Sachverstand unter den Stichworten Kreativität und Konstruktion bewegt. Die Lage ist wirklich schwierig – auf beiden Seiten, der der Kreativität und der der Konstruktion. Denn: der Begriff der Kreativität scheint klar, ist es aber nicht; der Begriff der Konstruktion ist klar, aber von dem der *technischen* Konstruktion versteht der Philosoph nichts.

Da hilft auch die übliche Vorstellung von Philosophie, nämlich zum Tiefsinn verpflichtet zu sein, nicht weiter. Ich werde mich deshalb auf einige allgemeine Überlegungen beschränken und mich, entgegen der Gewohnheit von Philosophen, bemühen, mich verständlich auszudrücken. Meine Stichworte sind Leonardo und eben Kreativität und Konstruktion.

1. Leonardo und seine Welt

In einem Bewerbungsschreiben aus dem Jahre 1482 stellt Leonardo da Vinci seine ehrgeizigen Konstruktionspläne vor und seine selbstbewußte Kreativität gut sichtbar unter das Licht: »Ich habe Pläne für sehr leichte, aber (...) starke Brücken, die sich ganz leicht befördern lassen und mit denen man den Feind verfolgen und manchmal fliehen kann, und solche für andere, feste Brücken, die weder durch Feuer noch im Kampf zerstört und leicht und bequem abgebrochen und errichtet werden können, und auch Pläne, um die des Feindes zu verbrennen und zu zerstören. (...) Ich kann bei der Belagerung eines Platzes das Wasser aus den Gräben ableiten und zahlreiche Brücken, Rammböcke, Sturmleitern und andere zu einem solchen Unternehmen gehörende Geräte machen. (...) Ferner habe ich Pläne für Bombarden, die sich sehr bequem und leicht befördern lassen, mit denen man kleine Steine schleudern kann, fast so, als ob es hagele, und deren Rauch dem Feind gewaltigen Schrecken einjagt, natürlich sehr zu seinem Schaden und seiner Verwirrung. (...) Ferner habe ich Pläne für Stollen und gewundene Geheimgänge, die ohne jedes Geräusch angelegt werden, so daß man bis zu einem bestimmten Ort gelangen kann, auch wenn man unter den Gräben oder irgendeinem Fluß durchdringen muß. (...) Ferner werde ich sichere und unangreifbare gedeckte Wagen bauen, die mit ihren Geschützen durch die Reihen des Feindes fahren und jeden noch so großen Haufen von Bewaffneten zersprengen werden. (...) Sollte es auf dem Meer zum Kampf kommen, so habe ich Pläne für viele Geräte, die für den Angriff und die Verteidigung besonders geeignet sind, und solche für Schiffe, die selbst der Beschießung mit den allergrößten Bombarden widerstehen werden, und solche für Pulver und Rauch. (...) In Friedenszeiten kann ich mich wohl mit jedem andern in der Baukunst messen, sei's bei der Errichtung öffentlicher und privater Gebäude oder bei der Leitung des Wassers von einem Ort zu einem andern. Ferner werde ich bei der Bearbeitung von Marmor, Erz und Ton sowie in der Malerei wohl etwas leisten, was sich vor jedem andern, wer immer es auch sei, sehen lassen kann.«[1]

Leonardo ist Ingenieur und Künstler zugleich, ferner – nur bleibt das hier unter der Dominanz des Militärischen unerwähnt – Wissenschaftler und Philosoph auf der Höhe und mit dem Wissen seiner Zeit. Im Mittelpunkt seines Werkes stehen Probleme der technischen Konstruktion, insbesondere im Bereich des Werkzeug- und Maschinenbaus, und, wie durch sein Bewerbungsschreiben hinreichend belegt, der Militärtechnik. Untersuchungen über das Phänomen der Reibung und deren technische Verminderung stehen neben ballistischen Themen. Diese verbinden zugleich Gesichtspunkte der technischen

1 Entwurf eines Schreibens Leonardo da Vincis an Ludovico Sforza (1482), *Codex Atlanticus*, fol. 391r-c (dt. in: Leonardo da Vinci, *Tagebücher und Aufzeichnungen*, übers./ed. Th. Lücke, Leipzig, München 1940, 1952, 889-891). Zum Folgenden vgl. J. Mittelstraß, »Leonardo und die Leonardo-Welt. Der universale Mensch als Weltbaumeister«, *Freiburger Universitätsblätter* 36 (1997), H. 138, 51-65.

Konstruktion mit physikalischen Problemen. Nach Leonardos Vorstellungen, die sich allerdings kaum von den Vorstellungen seiner Zeit unterscheiden, ist die Physik auf den Grundbegriffen Bewegung, Kraft, Gewicht und Stoß aufgebaut. Statische Arbeiten erweisen ihn als Kenner der Archimedischen Schriften und der Schriften aus der Schule des Jordanus von Nemore; dynamische Erwägungen bleiben in den Grenzen der Physik des Aristoteles und Alberts von Sachsen. Allerdings treten bei Leonardo bereits Feststellungen auf, die das 3. Newtonsche Gesetz über die Gleichheit von actio und reactio formulieren.[2] Neben Definitionsbemühungen um den Begriff der physikalischen Kraft[3] stehen definitorische Anschlüsse an die sogenannte Impetustheorie in ihrer klassischen Form bei Buridan und Albert von Sachsen,[4] die mit dem Begriff des Impetus die späteren physikalischen Begriffe der Trägheit und der Bewegungsgröße vorbildet. In der Statik gilt das Interesse Leonardos vor allem der theoretischen und experimentellen Schwerpunktbestimmung (z.B. eines Tetraeders und eines Kreissektors); technisch interessant ist unter anderem eine Anordnung zur experimentellen Kontrolle des Prinzips der schiefen Ebene. Mechanistische Erklärungen bestimmen Leonardos Bemühungen auch in anatomischen Zusammenhängen (Knochen als Hebel, Muskeln als zugehörige und auf sie wirkende Kraftlinien), desgleichen in physiologischen Zusammenhängen (in Abhängigkeit von Galen). Kosmologische Konzeptionen, in traditioneller (alchemistischer) Weise beherrscht durch die Analogie von Makrokosmos und Mikrokosmos, sollen das, was überwiegend fragmentarisch, skizzenhaft, unabgeschlossen bleibt, systematisch zusammenfassen.

Auch wenn dies nicht gelingt, mit Leonardo schlägt eine neue Zeit die Augen auf. Homo faber tritt entwerfend und konstruierend an die Stelle eines Schöpfergottes, d.h., unter handwerklichen Gesichtspunkten, eines Gottes nunmehr im Ruhestand. Das Resultat seines Schaffens ist – wenn auch weit später – die moderne Welt, d.h. eine Welt, deren Werden und

2 *Codex Atlanticus*, fol. 381v-a (Il codice atlantico di Leonardo da Vinci nella Biblioteca Ambrosiana di Milano, I-II, ed. G. Piumati, Mailand 1894/1904).
3 Vgl. *Codex Atlanticus*, fol. 253r-c.
4 Vgl. *Codex Atlanticus*, fol. 161v-a.

Wesen in einem schöpferischen Handeln, das im erkenntnistheoretischen und technischen Sinne ein konstruierendes Herstellen ist, beruht. Es ist eine *Leonardo-Welt.* Diese Welt ist das Werk eines konstruierenden Verstandes und Ausdruck eines unaufhaltsamen technologischen Wandels, der längst alle Lebensbereiche ergriffen hat. Wohin wir in unserer Welt auch gehen, der entwerfende, der konstruierende, der bauende Verstand waren immer schon da. Dabei kannte Leonardo die Welt, die er schuf, selbst noch nicht. Und er konnte sie auch nicht kennen, da es zur wirklichen Installierung einer Leonardo-Welt noch Leistungen vor allem des naturwissenschaftlichen Verstandes bedurfte, die jenseits der Konzeptionen und wohl auch jenseits der methodischen Leistungsfähigkeiten Leonardos lagen. Erst im nachhinein gibt sich die moderne Welt als eine Leonardo-Welt zu erkennen. Allerdings hat Paul Valéry recht, wenn er in seinen Leonardo-Essays sagt, daß diesem Mann das Wissen allein nicht mehr genügte, daß ihm das Können bzw. das Machen wichtig sei und daß er zwischen dem Verstehen und dem Machen nicht mehr unterschied.[5] Eben diese Beobachtung rechtfertigt die Feststellung, daß Leonardo den Herzschlag der modernen Welt, der ein technischer Herzschlag ist, erkannte, ja diese Welt in gewisser Weise erfunden hat. Indem er sich entwerfend, konstruierend über seine Welt erhob, erschuf er (in Konturen) eine Welt, deren Wesen selbst die Konstruktion ist. Können Konstruktion und Kreativität enger als auf diese Weise miteinander verbunden sein?

2. Das Kreuz mit der Kreativität

War Leonardo ein kreativer Mann? Zweifellos, schließlich kann man die moderne Welt nicht ständig neu erfinden. Aber was genauer ist Kreativität, wenn man dabei nicht gleich – in kosmologischen oder philosophischen Dimensionen – an Weltbaumeister denkt? Wer eine einfache Antwort auf diese Frage erwartet, wird enttäuscht; statt Klarheit erwartet ihn Unklarheit. Je länger man über den Begriff der Kreativität nachdenkt oder die entsprechenden Resultate wissenschaftlichen

5 P. Valéry, *Léonard et les philosophes (1929)*, Œuvres I, ed. J. Hytier, Paris 1957, 1252.

Nachdenkens betrachtet, desto unklarer erscheint dieser Begriff.

Unklare Begriffe haben es häufig an sich, besonders beliebt und entsprechend häufig verwendet zu sein. Das gilt auch im Falle des Kreativitätsbegriffs. Eben weil dieser nicht klar ist, läßt er sich offenbar ohne Gefahr, sprachlicher Unklarheit oder begrifflicher Schlamperei verdächtigt zu werden, nahezu überall verwenden. Wir sprechen vom kreativen Künstler und seinen Werken ebenso wie von der kreativen Hausfrau, z.B. bei der Bewältigung unangekündigter Besuche, dem kreativen Modedesigner, sofern dieser die ewige Wiederkehr alles Modischen geschickt zu kaschieren vermag, dem kreativen Koch, wenn auf den Teller kommt, was noch auf keinem Teller war, oder eben auch dem kreativen Konstrukteur, wenn diesem etwas gelingt, das noch niemandem gelungen oder von niemandem erwartet war.

Dabei gehört Kreativität, mehr noch, zu den Zauberworten unserer Zeit – wie Innovation, Flexibilität, Dynamik und anderen. Kreativ zu sein, ist fast schon Pflicht. Und der Pflichtenkanon ist lang, er schließt, wie gesagt, auch ein, innovativ, flexibel, dynamisch und was sonst noch zu sein. Der Münchner Psychologe Weinert hat das, was gemeinhin mit kreativ gemeint ist, vor einigen Jahren einmal auf eine prägnante Weise in drei Punkten zusammengefaßt: »Kreativ ist alles Ungewöhnliche, aus dem Rahmen Fallende, Bizarre, Originelle und Phantastische; kreativ ist alles, was Spaß macht, was uns verwandelt, ekstatisch stimmt und Gefühle der Selbstverwirklichung auslöst; kreativ ist alles, was nicht auf solidem Wissen gründet, die Regeln der Logik links liegen läßt, Normen überwindet, Konventionen sprengt und angeblich aus der rechten Hirnhälfte stammt.«[6]

Das dürfte in der Tat ziemlich genau den üblichen Vorstellungen von Kreativität entsprechen und sich unter anderem wohl deshalb so fest im allgemeinen Bewußtsein verankert haben, weil auch die Wissenschaft, hier in Form der sogenannten Kreativitätsforschung, nicht so recht weiß, auf ihre, nämlich begrifflich präzise Weise mit diesem Ausdruck umzugehen. Unverblümt wird festgestellt, daß die »Vielfalt der Kreativi-

6 F. E. Weinert, *Wissenschaftliche Kreativität: Mythen, Fakten und Perspektiven*, Paderborn 1993 (Paderborner Universitätsreden), 3.

tätsforschung und Kreativitätspädagogik (...) auf der Unklarheit und Mehrdeutigkeit des Begriffs Kreativität, unterschiedlichen Vorannahmen über kreatives Verhalten, verschiedenartigen Forschungsstrategien, Divergenzen in Bezugssystemen und Kommunikationsformen und letztlich auch Zielsetzungen« beruht.[7] Im Lehrbuchzusammenhang wird darauf verwiesen, daß der Begriff der Kreativität »eine allgemein akzeptierte inhaltliche Präzisierung vermissen« läßt.[8]

Eigentümlicherweise folgt aus diesem Befund keine Problematisierung des Begriffs – etwa mit der Empfehlung, ihn ganz fallen zu lassen –, sondern eine halbherzige Relativierung derart, daß Kreativität das ist, was ungefähr den Erwartungen an Kreativität entsprechen könnte.[9] So gelten unter dem allgemeinen Gesichtspunkt von Problemlösungen Anforderungen an einen kreativen Prozeß als ›heuristische Hilfskonstruktionen‹, »deren Anzahl je nach Forschungsintention erheblich differieren kann«.[10] Zugleich wird immer wieder auf ein ziemlich in die Jahre gekommenes Erklärungsmodell kreativen Schaffens, nämlich Poincarés vor fast 100 Jahren (1908) zur Erklärung des Prozesses mathematischen Findens und Erfindens formuliertes Vier-Phasen-Modell,[11] verwiesen. Danach bilden die aufeinanderfolgenden Phasen der Präparation (Problemwahrnehmung und Informationsaufbereitung), der Inkubation (unbewußte ›Verdauung‹ der Problemlage), der Illumination (Problemlösung in Form eines plötzlichen Einfalls) und der Verifikation (Prüfung und Umsetzung) den kreativen Prozeß.[12]

Gegen dieses psychoanalytische Modell, das im Grunde jeden x-beliebigen Prozeß einer Aufgabenbewältigung be-

7 G. Mühle, »Kreativität, Kreativitätsforschung«, in: H. Häcker u.a. (Eds.), *Dorsch Psychologisches Wörterbuch*, Bern etc. [13]1998, 486.

8 W. Meißner, »Kreativität«, in: R. Asanger/G. Wenninger (Eds.), *Handwörterbuch Psychologie. Studienausgabe*, Weinheim 1999, 366.

8 Vgl. W. Meißner, a.a.O., 367.

10 W. Meißner, ebd. Vgl. S. Preiser, *Kreativitätsforschung*, Darmstadt 1976.

11 H. Poincaré, *Science et Méthode (1908)*, Paris 1920, 43ff. (dt. *Wissenschaft und Methode*, Leipzig/Berlin 1910 [Wissenschaft und Hypothese 17], 35ff.).

12 Vgl. W. Meißner, a.a.O., 367f.; E. A. Hany, »Kreativität: Zufall, Mut und Strategie?«, www.mpipf-muenchen.mpg.de/~hany/eh-krea.htm

schreibt, sind viele Einwände geltend gemacht[13] und viele alternative Erklärungsmodelle – von der Kunst, strukturelle Ähnlichkeiten zu entdecken,[14] bis zur Analogie zu Computerprogrammen (Kreativität als Algorithmus)[15] – entwickelt worden. Auch diese Modelle dokumentieren eher die Vagheit unserer Vorstellungen von Kreativität als deren Präzisierung. Immerhin vermeiden sie Poincarés Erfindung eines sublimen (unbewußten) Ich, das streckenweise die Arbeit für das bewußte Ich tut.[16] Es ist wohl eher die Gewohnheit, die uns in Problemlösungsprozessen führt, und der Zufall, der uns belehrt.

Die Kreativitätsforschung begann in den 50er Jahren in Anlehnung an die Intelligenzforschung und teilt deren Probleme. Denn auch Intelligenz erweist sich immer wieder als ein Phänomen, das sich dem definierenden Eifer der Wissenschaft entzieht. Um das Besondere dessen, was nunmehr als Kreativität bezeichnet wird, hervorzuheben, wird unter anderem zwischen einem *konvergenten* und einem *divergenten* Denken unterschieden.[17] Während konvergentes Denken als die Fähigkeit bezeichnet wird, Lösungen für wohldefinierte Probleme zu finden – Beispiele sind mathematische Aufgaben, Intelligenztests und die beliebten Logeleien –, sind es im Falle eines divergenten Denkens offene Probleme, d.h. solche, in denen die Lösungswege nicht festliegen und es oft sogar darum geht, das zu lösende Problem erst einmal genauer zu bestimmen.[18] Kreativität tritt hier als Eigenschaft einer Person auf, die sich darin ausdrückt, mit bestimmten Problemlagen produktiv um-

13 Vgl. R. Weisberg, *Creativity. Genius and Other Myths*, New York 1986, 15ff. (dt. *Kreativität und Begabung. Was wir mit Mozart, Einstein und Picasso gemeinsam haben*, Heidelberg 1989, 33ff.).

14 A. Koestler, *The Act of Creation*, New York 1964.

15 H. Simon, »Identifying Basic Abilities Underlying Intelligent Performance of Complex Tasks«, in: L. Resnick (Ed.), *The Nature of Intelligence*, Hillsdale N.Y. 1976, 65-98. Vgl. E. A. Hany, a.a.O.

16 H. Poincaré, a.a.O., 55ff. (dt. 45ff.).

17 Vgl. J. P. Guilford, *The Nature of Human Intelligence*, New York etc. 1967; E. P. Torrance, *Guiding Creative Talent*, Englewood Cliffs N.J. 1962; ders., »The Nature of Creativity as Manifest in Its Testing«, in: R. J. Sternberg (Ed.), *The Nature of Creativity. Contemporary Psychological Perspectives*, Cambridge etc. 1988, 43-75.

18 Vgl. F. E. Weinert, a.a.O., 10ff.; E. A. Hany, a.a.O.

gehen zu können. Sie betrifft das Gehen neuer Wege ebenso wie das Auffinden neuer Lösungen, wobei das Neue das Ungewohnte, manchmal auch das bislang für unmöglich Gehaltene, eine neue Sicht der Welt oder einen neuen Umgang mit der Welt betrifft. In diesem Sinne gilt Kreativität »als das Potential einer Person, Ideen und Werke hervorzubringen, die von ihr selbst und von anderen als neu, ungewöhnlich und problemrelevant angesehen werden. Besonders kreativ sind Personen, die durch ihre Ideen ganze Kultur- oder Wissenschaftszweige verändern«.[19]

Zweifellos ist eine derartige Definition noch immer überaus allgemein; auch läßt sie sehr unterschiedliche Formen von Kreativität zu, z.B. eine praktische Kreativität, die den Tüftler auszeichnet, eine künstlerische Kreativität, die sich in der Vielfalt künstlerischer Formen in einer Person – man denke an Mozart oder Picasso – ausdrückt, oder eine theoretische (oder wissenschaftliche) Kreativität, die man gemeinhin mit bahnbrechenden theoretischen Leistungen – man denke an Aristoteles, an Newton oder Einstein – verbindet und seit neuerer Zeit mit Nobelpreisen auszuzeichnen pflegt. Schließlich bezeichnen wir als kreativ, wo viele Kreativitäten im genannten Sinne zusammenkommen, wie in Leonardo, dem Künstler, Wissenschaftler und Ingenieur, oder Leibniz, dem Mathematiker, Physiker, Techniker, Juristen und Philosophen. Bei einer derartigen Bedeutungsvielfalt bleibt Skepsis geboten. So auch Weinerts (vorläufiges) Fazit: Der Begriff der Kreativität »entzieht sich einer wissenschaftlich brauchbaren Definition und erlaubt lediglich metaphorische Umschreibungen, wobei es ein weites Feld geistreicher Spekulation bleibt, ob man vom göttlichen Funken, von der mystischen Kraft, einer geistigen Fähigkeit, einer unbewußten Mechanik oder einem evolutiven Generator zur Erzeugung neuartiger Schöpfungen redet.«[20]

Damit dürfte auch klar sein, daß Kreativität durch kein irgendwie geartetes System formaler Fähigkeiten gegeben ist.[21] Sie stellt in diesem Sinne auch keine besondere Art des Denkens oder Könnens dar, sondern ein besonders ausgezeichnetes Niveau des Denkens und Könnens. Allerdings muß als

19 E. A. Hany, a.a.O.
20 F. E. Weinert, a.a.O., 7.
21 R. W. Weisberg, a.a.O., 70ff. (dt. 99ff.); vgl. F. E. Weinert, a.a.O., 16.

nach wie vor ungeklärt gelten, welche Rolle beherrschtes Wissen und Können hier tatsächlich spielen. Weinerts Frage (gegenüber Weisberg), auf Kreativität in der Wissenschaft bezogen, und seine Antwort sind berechtigt: »Ist wirklich jeder, der über eine exzellente Wissensbasis verfügt, zu kreativem Denken auf dem gleichen hohen Niveau fähig? Was unterscheidet zum Beispiel den Autor eines sehr guten Lehrbuches von einem kreativen Forscher? Nur das Wissen? Gewiß nicht! (...) Um kreative Ideen und Problemlösungen auf inhaltlich anspruchsvollen Gebieten hervorzubringen, bedarf es offenbar des Zusammenwirkens von intelligent nutzbarem Fachwissen und überdurchschnittlichen divergenten Denkfähigkeiten.«[22]

Doch auch dieses Zusammenwirken erklärt nicht alles. Zu intelligentem Wissen und einem wissensbasierten Denken müssen besondere Persönlichkeitsmerkmale treten, die sich (nach Weinert) in folgenden Motivationen ausdrücken lassen: »Hohe Neugier-, Lern- und Erkenntnismotivation, nicht selten verbunden mit einer zeitweilig spielerisch-explorativen Problembehandlung; hohes Anspruchsniveau gegenüber eigenen Zielen und Leistungen; Mut zur Originalität; Toleranz gegenüber Widersprüchlichkeit, Mehrdeutigkeit und Ungewißheit; Bereitschaft zu kognitiven Konflikten; Nonkonformismus in der Urteilsbildung; produktive Verarbeitung von Mißerfolgen; Zähigkeit in der Verfolgung eigener Ziele bei gleichzeitiger Abwehr alternativer Versuchungen.«[23] Ein ›Wille zur kreativen Leistung‹[24] ist ebenso wichtig, wie es Fähigkeiten und Wissen sind. Das wiederum bedeutet auch, daß Intelligenz allein Kreativität nicht erklärt (viele hochintelligente Menschen haben wenig Kreatives vorzuweisen). Und auch mit dem Verdacht, daß Kreativität durch psychische Unregelmäßigkeiten erkauft sein könnte, sollte man sehr vorsichtig umgehen.[25] Empirische Studien[26] deuten eher auf psychische

22 F. E. Weinert, a.a.O., 17.

23 A.a.O., 18.

24 G. Binnig, *Aus dem Nichts. Über die Kreativität von Natur und Mensch*, München/Zürich 1989, 62f.

25 W. Lange-Eichbaum, *The Problem of Genius*, New York 1932; H. Eysenck, »Creativity and Personality. Suggestions for a Theory«, *Psychological Inquiry* 4 (1993), 147-178.

26 A. M. Ludwig, »Creative Achievement and Psychopathology. Compa-

Normalität oder Unauffälligkeit; allenfalls der gekonnte Umgang mit einander widerstrebenden Eigenschaften könnte bemerkenswert sein.[27] Csikszentmihalyi ordnet hier nach Gegensätzen, die er bei empirischen Studien mit kreativen Personen festgestellt haben will: 1. Viel körperliche Energie und Durchhaltevermögen, aber auch Ruhebedürfnis und manchmal Krankheitsphasen. 2. Hochintelligent, aber manchmal sehr naiv. 3. Verspielt, aber auch diszipliniert. 4. Phantasiereich, aber auch realistisch. 5. Extrovertiert und gleichzeitig introvertiert. 6. Bescheiden und stolz. 7. Maskulin und feminin. 8. Konservativ und rebellisch. 9. Leidenschaftlich und objektiv der eigenen Arbeit gegenüber. 10. Sensibel und leidend, aber auch genußfähig.[28]

Diese seltsame Liste wirkt sehr nach der Regel gestrickt: Wer kreativ ist, wird von allem etwas – am besten Vieles – haben. Sie ließe sich ja auch beliebig erweitern, wenn man kreative Leute oder solche, die man dafür hält, tüchtig befragt. Sie könnte allerdings auch von außerordentlicher Offenheit als Persönlichkeitsprofil zeugen, und Offenheit für Vieles, darunter auch Disparates und Unerwartetes, ist schließlich ein – wenn auch wiederum höchst allgemeines – Merkmal von Kreativität. Im übrigen hilft auch Kreativität, wie immer man sie versteht, über die üblichen Mühseligkeiten, die sich mit dem Lernen verbinden, nicht hinweg. Man muß viel wissen, um den nächsten (vielleicht kreativen) Wissensschritt zu tun; man muß viel können, um im Musischen wie im Technischen Großes (und vielleicht Kreatives) zu vollbringen. Die große Leistung, die wir so gern mit dem Begriff der Kreativität belegen, setzt in der Regel erworbene Qualität auf hohem Niveau voraus. Sie fällt nicht vom Himmel, und sie ist auch kein Geschenk der Götter, eher die Frucht mühsamer und intensiver Lernprozesse, langer Wege und anspruchsvoll erworbener Erfahrungen und Fertigkeiten. Daß sie auch dann nicht erwartet eintrifft,

risons Among Professions«, *American Journal of Psychotherapy* 46 (1992), 330-354; ders., *The Price of Greatness. Resolving the Creativity and Madness Controversy*, New York 1995.

27 M. Csikszentmihalyi, *Creativity. Flow and the Psychology of Discovery and Invention*, New York 1996 (dt. *Kreativität. Wie Sie das Unmögliche schaffen und Ihre Grenzen überwinden*, Stuttgart 1997).

28 M. Csikszentmihalyi, a.a.O., 55ff. (dt. 86ff.). Zusammenfassung nach E. A. Hany, a.a.O.

vielmehr häufig trotz aller Anstrengungen ausbleibt, ist eben das, was Kreativität von erwartbarer Qualität unterscheidet. ›Kreativität‹ also doch eine Bezeichnung für das Unerwerbbare, weil Angeborene oder von den Göttern Verliehene?

Hier drängt sich sogleich ein Vergleich mit dem Begriff der *Genialität* auf. Tatsächlich hat die Geistesgeschichte vor die Kreativität die Genialität gesetzt, tut sich allerdings mit deren genauerer Bestimmung ebenso schwer wie mit der der Kreativität. Nach Luhmann füllt das Genie die Lücke zwischen Gott als dem völlig einzigartigen Creator und dem ganz und gar nicht einzigartigen Menschen, wobei es sich auf drei Dimensionen kennzeichnen läßt: »In der Zeitdimension tritt es mit *neuen* Gedanken oder Werken auf. In der Sachdimension ist es *bedeutend*. In der Sozialdimension kommt es *überraschend*. Das Zusammenfallen dieser drei Merkmale gilt als unerklärbar, gleichwohl aber als Tatsache der Natur.«[29] Doch das Genie erweist sich nur als eine Art Übergangsphänomen in der Karriere des Kreativitätsbegriffs; es wird alsbald, nachdem die theologischen Konnotationen blaß geworden waren, durch eine geradezu inflationäre Verwendung der Kreativitätsvokabel eingeholt. Luhmann spöttisch: »Kreativität scheint nichts anderes zu sein als demokratisch deformierte Genialität. Die Dreiheit neu/bedeutend/überraschend bleibt erhalten, aber die Ansprüche werden abgesenkt. Wer immer Talent hat und sich Mühe gibt, kann es zu Kreativität bringen. Man braucht langen Atem – und natürlich Planstellen. Mit diesem Übergang ins Kleinformatige, gar nicht mehr so Seltene und Exklusive wird aber die Frage nach der Erkennbarkeit erst recht akut. Wenn es Kreativität sogar schon unter Professoren (und wer wird dann nicht gleich meinen: auch unter Studenten) geben kann: woran läßt sie sich dann erkennen?«[30] Luhmann hat denn auch gleich – gegen die mit dem Genialitäts- oder Geniebegriff verbundene Begrifflichkeit von neu, bedeutend und überraschend – eine systemtheoretische Erklärungsalternative. Danach handelt es sich beim Kreativen »um die Fähigkeit zum Ausnutzen von Gelegenheiten; oder in anderer Formulierung: um die Verwendung von Zufällen zum Aufbau von

29 N. Luhmann, »Vom Zufall verwöhnt. Eine Rede über Kreativität«, Frankfurter Allgemeine Zeitung (FAZ), 10. Juni 1987, Nr. 182, 33.
30 Ebd.

Strukturen. Diese Fähigkeit wird in hochkomplexen, nicht mehr zentral koordinierbaren (›heterarchischen‹) Systemen wie Gehirnen oder Gesellschaften mit steigender Komplexität immer wichtiger. Vielleicht erklärt schon dies ein wenig die semantische Umstellung von Genialität auf Kreativität in einer Gesellschaft, der alles zentrale Planen mißglückt und die dann ihre Hoffnungen anders plazieren muß.«[31] Sie plaziert sie, nach Luhmann, am besten in der Generierung von Zufällen. Kreativität wäre »der Effekt von Grenzen oder von Diskontinuitäten. Es kommt auf die Differenz von Zufall und Struktur an.«[32]

Wahrscheinlich kommt es tatsächlich, innerhalb wie außerhalb eines systemtheoretischen Kontextes, bei Genialität und Kreativität auf Zufall und besondere Umstände (›Strukturen‹) an – vorausgesetzt, es kommen auch noch ein paar förderliche Persönlichkeitsmerkmale und, je nach Betätigungsfeld, erhebliches Wissen oder epistemische Kompetenz und Können oder poietische Kompetenz zusammen. Unabhängig davon ist Kreativität eine ›soziale Konstruktion‹, wie die Soziologen sagen, oder ein theoretischer Begriff, wie die Wissenschaftstheoretiker sagen. Gemeint ist zum einen, daß Kreativität ist, was man (gesellschaftlich) dafür hält, zum anderen, daß der Begriff der Kreativität seine Bedeutung erst durch die Einbettung in eine theoretische (hier im wesentlichen psychologische) Struktur, nicht in Form einer beobachtbaren Größe erhält. Seine eigentümliche Unklarheit ist weniger ein theoretisches Defizit (das ließe sich beheben), sondern ein praktisches Defizit (die Empirie macht nicht mit).

3. Der konstruierende Verstand

Die Freiheit nutzend, die ein unklarer Begriff in der (gesellschaftlichen) Praxis und ein theoretischer Begriff in der Theorie besitzt, und mit einer leichten Vorliebe für die Verbindung der Vorstellungen von Kreativität und Intellektualität, ließe sich sagen, daß Kreativität Phantasie, d.h. den (oft spielerischen) Umgang mit unterschiedlichen Gestaltungsdimensionen, systematisches Denken, d.h. den selbständigen Umgang

31 Ebd.
32 Ebd.

mit Problemkonstellationen und Problemlösungen, analytischen Scharfsinn, d.h. das Begreifen einer Problemlage in ihren wichtigsten Merkmalen, Urteilskraft, d.h. ein selbständiges und sicheres Beurteilungsvermögen, und konstruktive Kraft, d.h. ein Vermögen zur Transformation einer Idee in die Gestaltung, voraussetzt.[33] Damit verbinden sich aber auch die Begriffe der Kreativität und der Konstruktion miteinander. Kreativität ist in gewissem Sinne immer *konstruktiv*, selbst dort, wo sie, wie in manchen Fällen künstlerischer Kreativität, in das Regellose, Chaotische, Dekonstruktive verliebt sein sollte.

Kein Wunder darum auch, daß in der Geistes- und Wissenschaftsgeschichte das Kreative stets mit dem Konstruktiven verbunden wurde. So ist nach Platon Gott (in Gestalt eines gewaltigen Demiurgen) ein konstruierender Gott, nach Aristoteles eine handelnde Natur (natura naturans) das Paradigma jeglicher Poiesis, d.h. jeglichen herstellenden Tuns.[34] Poiesis ist hier nichts anderes als Nachahmung einer selbst poietische Züge tragenden Natur. Mehr noch. Weil sich nach Platon die Welt, folglich auch die Natur, dem schöpferischen Handeln eines konstruierenden Gottes verdankt, erweist sich – in der Verknüpfung Aristotelischer und Platonischer Konzeptionen – die Natur selbst als konstruktiv ins Werk gesetzte Natur. Das gilt auch für das Denken. Nach Nikolaus von Kues ist das Denken ein poietisches Vermögen (virtus fingendi), dessen Paradigma die Kunst der Töpfer, der Bildhauer, der Schmiede und der Weber ist.[35] Der Platonische Gott wird zum Urbild eines konstruierenden Verstandes und zum Renaissancebaumeister: »Der sichtbare Globus«, so heißt es im »Globusspiel« des Cusaners, »ist das Bild des unsichtbaren Globus, der im Geist des Werkmeisters (in mente artificis) war.«[36]

33 F. E. Weinert (a.a.O., 10f.) führt in diesem Zusammenhang als kognitive Voraussetzungen kreativen Denkens an: Sensibilität gegenüber Problemen, Flüssigkeit des Denkens, Flexibilität des Denkens, Originalität des Denkens.

34 Zum Folgenden vgl. J. Mittelstraß, »Das Wirken der Natur. Materialien zur Geschichte des Naturbegriffs«, in: F. Rapp (Ed.), *Naturverständnis und Naturbeherrschung. Philosophiegeschichtliche Entwicklung und gegenwärtiger Kontext*, München 1981, 36-69.

35 »De ludo globi I 44«, in: Nikolaus von Kues, *Werke* (Neuausgabe des Straßburger Drucks von 1488), I-II, ed. P. Wilpert, Berlin 1967, II, 591.

36 Ebd.

Wenn Denken und Konstruieren enger zusammenrücken, dann ist auch nicht weiter überraschend, wenn früh nach einer Methode des Entdeckens und des Erfindens gesucht wurde. In Form einer *ars inveniendi* sollte sie den Verstand auf dem Wege zum Wissen ebenso untrüglich leiten wie eine Methode der Beurteilung, eine *ars iudicandi*, auf dem Wege der Begründung des Bekannten. Am Anfang des zweiten Weges steht Aristoteles mit der Begründung der Logik (im weiteren, alles Begriffliche und Beurteilende einschließenden Sinne), am Anfang des ersten – nachdem eine ars inveniendi ursprünglich in einer Kunst der Argumentation (ars bene disserendi) gesucht wurde – Leibnizens Konzeption einer inventiven Logik (logica inventiva), die dem Gedanken folgt, mit Hilfe von Kalkülen und einfachen Entscheidungsverfahren wissenschaftlich Neues herzuleiten.[37]

Dabei ist die Herkunft eines derartigen Gedankens zunächst wenig vertrauenerweckend. Er geht auf den in kabbalistischen und alchemistischen Traditionen stehenden Raimundus Lullus zurück, der in einer Kunstsprache das Kreative mit dem Konstruktiven zu verbinden suchte. Hier werden in einem mechanischen Verfahren, das auf einem gegeneinander verstellbaren System konzentrisch angeordneter kreisförmiger Scheiben beruht, unterschiedliche Kombinationen von Zeichen, die als Begriffssymbole an den Scheibenrändern aufgetragen sind, ermittelt. Die Auswahl der Symbole erfolgt weitgehend willkürlich, wobei sich Lull zunächst einmal an das theologische Vokabular hielt. So zählt eine erste von sieben Basisfiguren[38] die Eigenschaften Gottes auf und erlaubt z.B. die Aussagen, daß Gottes Güte groß und seine Größe gut sei – ein für Theologen nicht sonderlich überraschendes, damit auch wenig kreatives Ergebnis. Dennoch faszinierte an diesem Verfahren seine mechanische Einfachheit und sein offenkundig hohes Maß an Kontrollierbarkeit. Im übrigen war es die Frucht von missionarischen Bemühungen, d.h., das Verfahren sollte die Verständigung mit fremdsprachigen Heiden erleichtern. Die Verstän-

37 Vgl. dazu und zum Folgenden J. Mittelstraß, *Neuzeit und Aufklärung. Studien zur Entstehung der neuzeitlichen Wissenschaft und Philosophie*, Berlin/New York 1970, 425ff.

38 Für Details vgl. M. Gardner, *Logic Machines and Diagrams*, New York 1958, 1ff.

digung selbst mißlang, Lull wurde erschlagen, wenn auch aus Gründen, die nicht unmittelbar mit seinen Konstruktionen zusammenhingen.

Leibnizens Bemühungen um eine ebenso kreative wie konstruktive ars inveniendi setzen wesentlich nüchterner an, bleiben allerdings ebenfalls ohne das gewünschte Ergebnis. Immerhin klären sich zunehmend die Zusammenhänge zwischen konstruieren, entdecken und erfinden. Konstruktionen verweisen auf einen konstruierenden Verstand, dessen Wesen selbst ein konstruierendes oder konstruktives Wesen ist. Das gilt vor allem in einem weiteren erkenntnistheoretischen Rahmen, den als erster Kant begrifflich erfaßt und geklärt hat. Nach Kant sieht die Vernunft nur das ein, »was sie selbst nach ihrem Entwurfe hervorbringt«.[39] Dies bedeutet, daß alle Erkenntnis ein konstruktives Element einschließt. Konstruktionen, d.h. (in Kants Terminologie) das, was die Vernunft ›nach ihrem Entwurfe‹ hervorbringt, sind nichts Zusätzliches, das an ein gegebenes Wissen, an eine gegebene Erkenntnis anschließt, sondern bereits Teil jeglichen Wissens. Auch die Wirklichkeit, bevor wir sie mit unseren Konstruktionen, z.B. denjenigen des Ingenieurs, erweitern, ist bereits eine (in Teilen) konstruierte Wirklichkeit, konstruiert über unsere Unterscheidungen, d.h. über Begriffe, und über unsere Theorien, in die wir aufnehmen, was wir von der Welt bereits wissen, und in die wir unsere Vorstellungen über einen geordneten Aufbau der Welt und unseres Wissens stecken.[40] Mit anderen Worten: das Konstruieren ist der Vernunft bzw. dem Verstand nichts Fremdes, sondern Teil ihres bzw. seines Wesens, eines konstruktiven Wesens.

Das ist im wesentlichen auch in der modernen Philosophie der Zusammenhang zwischen Verstand und Realität, Denken und Konstruieren. Der Begriff der *Konstruktivität* nimmt die Stelle ein, die die Philosophie zuvor mit ihren Spekulationen

39 I. Kant, *Kritik der reinen Vernunft* B XIII. Vgl. J. Mittelstraß, »Über ›transzendental‹«, in: E. Schaper/W. Vossenkuhl (Eds.), *Bedingungen der Möglichkeit. ›Transcendental Arguments‹ und transzendentales Denken*, Stuttgart 1984 (Deutscher Idealismus IX), 158-182.

40 Dazu J. Mittelstraß, »Wohin geht die Wissenschaft? Über Disziplinarität, Transdisziplinarität und das Wissen in einer Leibniz-Welt«, in: ders., *Der Flug der Eule. Von der Vernunft der Wissenschaft und der Aufgabe der Philosophie*, Frankfurt/Main 1989, 85ff.

über das Verhältnis von Erkennen und Welt zu besetzen suchte. Theorien werden nicht länger als Abbildungen (von Welt oder Realität) aufgefaßt, sondern als Ausdruck einer konstruktiven Aneignung. Das gleiche gilt von einem konstruierenden Hinausgehen über die Welt des Gegebenen. In diesem Sinne werden denn auch im Rahmen des wissenschaftstheoretischen Konstruktivismus (im Anschluß an den Intuitionismus in der Mathematik) *Konstruktivitätskriterien* entworfen, die in der Theoriebildung sowohl die erforderliche Voraussetzungsfreiheit (im erkenntnistheoretischen Sinne) als auch einen Praxisbezug sicherstellen sollen. Demnach werden solche Konzeptionen oder Theorien als ›konstruktiv‹ bezeichnet, die (1) einem als gerechtfertigt ausgewiesenen Zweck dienen sollen und (2) nach Sprache und Methode entsprechend diesem Zweck konstruiert wurden.[41] Das bedeutet (auch außerhalb eines erkenntnis- oder wissenschaftstheoretischen Rahmens), daß für Konstruktionen bzw. für das Konstruieren nicht nur *methodische*, sondern auch *teleologische*, d.h. auf einen Zweck bezogene, Gesichtspunkte konstitutiv sind. Und es bedeutet ferner – um nun auch den mit dem Begriff der Kreativität gesponnenen Faden wieder aufzunehmen –, daß auch Kreativität, bezogen auf Konstruktionen bzw. auf das Konstruieren, unter methodischen und teleologischen Bedingungen gesehen werden muß. Dies ließe sich im übrigen auch so verstehen, daß Kreativität in einem besonderen Maße dann bzw. dort gegeben ist, wo nicht allein unter gegebenen Zwecken konstruiert wird, sondern mit dem Konstruieren zugleich neue Zwecke verbunden, d.h., genauer, Zwecke erfunden werden. Der kreative Konstrukteur wäre dann derjenige, der in seiner Arbeit nicht nur gegebenen Zwecken auf eine optimale Weise konstruktiv entspricht, sondern mit seinen Konstruktionen ineins neue Zwecke ›erfindet‹.

Stichwort Erfinden – sind Konstruktionen Entdeckungen oder Erfindungen? Oder sind Konstruktionen etwas Drittes, von Entdeckungen und Erfindungen Unabhängiges? Doch wäre dann der Konstrukteur kein Entdecker und kein Erfin-

41 Vgl. G. Haas, »konstruktiv/Konstruktivität«, in: J. Mittelstraß (Ed.), *Enzyklopädie Philosophie und Wissenschaftstheorie II*, Mannheim/Wien/Zürich 1984, in revidierter Fassung Stuttgart/Weimar 1995, 447-449.

der? Das klingt – auch außerhalb des zuvor erwähnten erkenntnis- und wissenschaftstheoretischen Kontextes – wenig plausibel, zumal wenn man sich klarmacht, daß das Paradigma des Erfindens die Technik ist und der Erfinder auch ein Entdecker ist, allerdings in der Weise, daß der Erfinder das, was der Entdecker entdeckt, selbst noch erfindet. Das war schon bei Daidalos, dem mythischen Ahnherrn aller Technik so. Daidalos war Schutzpatron der athenischen Handwerker. Er tötet aus Künstlerneid seinen Neffen Talos, der Säge, Töpferscheibe und Zirkel erfunden hatte, indem er ihn von der Akropolis herabstößt, und flieht nach Kreta. Dort stattet er Ariadne mit einem Wollknäuel aus, das Theseus aus dem Labyrinth (auch seine Erfindung) herausführen wird, und flieht erneut mit seinem Sohn Ikaros, diesmal auf dem Luftwege. König Minos hatte ihn zur Strafe dafür in das eigene Labyrinth gesperrt, daß er für seine Frau Pasiphae zur Befriedigung ihres unnatürlichen Verlangens nach einer Vereinigung mit Minotauros, dem Stier des Poseidon, eine hölzerne Kuh gebaut hatte, auf die der Stier zur Genugtuung der in ihr plazierten Pasiphae auch prompt hereingefallen war. Mit Federn, Fäden und Wachs stellt Daidalos künstliche Flügel für sich und seinen Sohn her. Der Vater übersteht die gewagte Luftfahrt, Ikaros, der der Sonne zu nahe kommt, stürzt in das nach ihm benannte Ikarische Meer.

Was Daidalos und sein unglücklicher Neffe entdecken – Säge, Töpferscheibe, Zirkel, Labyrinth, Begattungsapparatur, Flugzeug –, erfinden sie. Die Natur kennt keine Sägen, allenfalls Sägerochen und Sägehaie, und keine Flugzeuge zum Transport der Ungeflügelten, nur Vögel; und mit Töpferscheibe, Zirkel und Labyrinth ist es ebenso. Das gleiche gilt, gottlob, von Begattungsapparaturen. Die Natur regt, so könnte man sagen, in einigen Fällen zu Geräten an, aber sie produziert keine Sägen und keine Flugzeuge. Die kann man daher auch nicht entdecken; man muß sie (konstruierend) erfinden. Und eben das tut die Technik und tut als erster, wenn man den Griechen Glauben schenken will, Daidalos. Daß es im übrigen riskant ist, wenn sich der Mensch in der Technik eine neue Natur, seine Natur, macht, erfährt als erster wiederum Ikaros. Der Mensch ist kein Vogel, und wenn er fliegt, dann eben mit seinen Erfindungen und auf eigene Gefahr.

In homo faber, den wir schon in Leonardo erkannt haben,

verbinden sich denn auch das Entdecken, das Erfinden und das Konstruieren miteinander. Homo faber macht sich eine neue Natur, schafft sich neue Wirklichkeiten, nicht um der eigenen Wirklichkeit zu entkommen, sondern um diese zu erweitern, eben ›technisch‹ zu erweitern. Leonardo gehört zu den ersten, der dies in einem modernen, den Begriff des (technischen) Konstrukteurs realisierenden Sinne tut. Beispiele für seine technischen Konstruktionen sind – neben den oft und auch hier zu Beginn angeführten Kriegs-, Flug- und Tauchmaschinen – Kettengetriebe, Wasser- und Druckluftturbinen, Horizontal- und Vertikalbohrmaschinen, Drehbänke, Getriebe mit Geschwindigkeitsregulierung, Schwimmbagger, eine Kardanringaufhängung, ein mechanisches Spinnrad mit Garnaufwicklung und automatischem Garnverteiler, ein Walzwerk für konische Walzen und ein Schießpulvermotor. Dabei reicht Leonardos Phantasie weit über alles Realisierbare hinaus, und dies übrigens nicht nur in technischen, sondern auch in künstlerischen Dingen, so bei dem ursprünglichen Entwurf von Il Cavallo, dem Reiterdenkmal für Francesco Sforza, der gußtechnisch nicht realisierbar war, bei der Kanalisation des Arno und bei großen Werken wie dem Letzten Abendmahl, unter miserablen Bedingungen (einem feuchten Refektorium in »Santa Maria delle Grazie«) ausgeführt, und der unvollendeten, heute zerstörten Anghiari-Schlacht. Leonardo revidiert zwar den Entwurf von Il Cavallo, aber die schon gesammelte Bronze für den Guß wandert in den Kanonenbau; die siegreichen Franzosen verwenden das vielbewunderte Modell als Zielscheibe für Schießübungen. Zum Utopismus vieler Entwürfe Leonardos gesellt sich viel Künstlerpech.

Das Konstruieren – dies sollte der kleine Ausflug ins Mythische und in eine beginnende Leonardo-Welt zeigen – bewegt sich im Dreieck von Erkennen, Erfinden und Entwickeln. Das Erkennen (von Problemlagen, von Aufgabenstellungen, des zur Lösung relevanten Wissens etc.) gehört zu den Voraussetzungen gelingenden Konstruierens, das Erfinden zur Originalität einer Konstruktion und das Entwickeln – gelegentlich auch als alles Konstruieren umgreifender Begriff verwendet – zur Realisierung einer Konstruktion (in Form technischer Geräte). Das sieht auch der technische Sachverstand so, etwa in der am Maschinenbau orientierten Definition des Konstruierens als des Prozesses »von der Präzisierung der Aufgabenstellung über eine Konzeptfindung und mit einer Gestaltfestlegung im Rahmen eines Entwurfs bis hin zur Erarbeitung der endgültigen Fertigungs- und Montageunterlagen mit Gebrauchs- und Entsorgungsanweisungen für ein Produkt«.[42] Dabei wird auch hier auf viele subjektive Voraussetzungen und neben dem Erfordernis einer epistemischen und einer poietischen Kompetenz, von denen bereits die Rede war, auf das einer *heuristischen* Kompetenz verwiesen,[43] an anderer Stelle allgemein definiert als das Maß, »in welchem sich das Individuum die Bewältigung unbestimmter Situationen, eben echter Probleme, zutraut, also die Bewältigung solcher Situationen, für die es keine vollständige Kenntnis über die Möglichkeit der Überführung des Anfangs- in den Endzustand hat.«[44]

Gelungene Konstruktionen zeugen in diesem Sinne nicht nur von eingelöster epistemischer und poietischer Kompetenz (Wissen und Können haben einen wesentlichen weiteren Schritt getan), sondern auch von eingelöster heuristischer Kompetenz (das Konstruieren hat sich mit dem Entdecken und dem Erfinden verbunden). Und das wiederum ist das, was wir gemeinhin – bei fröhlicher Nutzung eines noch immer reichlich unklaren Begriffs – unter (erwiesener) Kreativität verstehen. Schließlich ist es auch einer Leonardo-Welt, als deren Wesen zu Beginn das Konstruktive – Konstruktion und Konstruieren – bezeichnet wurde, egal, mit welchen Begriffen wir sie und den sie hervorbringenden Verstand beschreiben. Maßgeblich ist allein, daß der Verstand und seine Welt ein kon-

42 G. Pahl u.a., »Psychologische und pädagogische Fragen beim methodischen Konstruieren: Ergebnisse des interdisziplinären Diskurses«, in: G. Pahl (Ed.), *Psychologische und pädagogische Fragen beim methodischen Konstruieren. Ergebnisse des Ladenburger Diskurses vom Mai 1992 bis Oktober 1993*, Köln 1994, 3.

43 R. von der Weth, »Wie entstehen individuelle Vorgehensstile beim Konstruieren? Die Rolle der heuristischen Kompetenz«, in: G. Pahl (Ed.), a.a.O. (vgl. Anm. 42), 75ff. (epistemische und poietische Kompetenz werden hier neben einer heuristischen Kompetenz als eine Kompetenzform aufgefaßt); D. Dörner, »Gedächtnis und Konstruieren«, in: G. Pahl (Ed.), a.a.O., 159.

44 D. Dörner, »Wie man viele Probleme zugleich löst – oder auch nicht!«, *Sprache & Kognition. Zeitschrift für Sprach- und Kognitionspsychologie und ihre Grenzgebiete* 1 (1982), 58.

struktives Wesen haben, und daß eben darin auch die Zukunft der modernen Welt liegt. In diesem Sinne könnte man auch sagen, daß das Konstruieren die eigentliche Nagelprobe aller Kreativität ist – jedenfalls derjenigen, die die moderne Welt um ihrer eigenen Zukunft willen braucht.

III. Universität im Zwielicht

1. Gibt es (noch) eine Idee der Universität?

Vorbemerkung

Es war einmal normal, von der Idee der Universität zu sprechen. Mit ihr verbanden sich ein hoher Wissenschaftsanspruch und ein hoher Bildungsanspruch. Meist bildete die Bildungskonzeption des Deutschen Idealismus den Hintergrund und eine Universitätskonzeption, die unmittelbar auf Humboldts Reformen zurückgriff. Karl Jaspers z.B. schreibt in den 20er Jahren des gerade vergangenen Jahrhunderts über die Idee der Universität, 1961 noch einmal, in einer Neubearbeitung ›für die gegenwärtige Situation entworfen‹.[1] Zuvor, 1956, hatte der Historiker Hermann Heimpel der deutschen Universität bestätigt, daß die ihr zugrundeliegende »Bildungsidee des deutschen Idealismus im Sinne Fichtes vielleicht erschüttert, aber nicht bestritten ist«.[2]

Diese Zeiten, so scheint es, sind längst vorbei. Von einer Idee der deutschen Universität spricht heute keiner mehr (und hätte auch wenig Grund dazu); auch werden die Diskussionen über die Universität, wiederum im Unterschied zu früheren Zeiten, mit einer erschreckenden Theorieabstinenz geführt. Wir reden über die Universitäten wie über Stadtwerke und Finanzämter. Und wo es um Reformen geht, lauten die Stichworte: Bachelor/Master, Englisch statt Deutsch, Studiengebühren, Globalhaushalte. Selbst Neugründungen wie die im Aufbau befindliche zweite Universität Bremens halten sich, wenn sie sich denn nicht ohnehin auf reine Managementschulen beschränken, asketisch ans Organisatorische. Von einer Idee keine Spur, und von einer auch theoretisch ausgewiesenen Konzeption, wie sie etwa in den 60er Jahren die Neugründungen Bielefeld und Konstanz aufwiesen, auch nicht.

Fällt der deutschen Universität und denen, die sie reformieren wollen, nichts mehr ein? Selbst der Wissenschaftsrat, der mit seinen Empfehlungen in den 60er Jahren einmal den An-

1 K. Jaspers, *Die Idee der Universität*, Berlin 1923, ²1946, Neubearbeitung Berlin/Göttingen/Heidelberg 1961.

2 H. Heimpel, *Probleme und Problematik der Hochschulreform*, Göttingen ²1962, 7.

stoß zu einem neuen Kapitel in der deutschen Universitätsgeschichte gab, beschränkt sich neuerdings auf Empfehlungen zur Anglikanisierung und Amerikanisierung des deutschen Studienwesens und zur stärkeren Anwendungsorientierung der Hochschulforschung.[3] Und wo dann doch gelegentlich einmal von einer Idee die Rede ist, muß der gute alte Humboldt für die Einfallslosigkeit moderner hochschulpolitischer Debatten herhalten. Man läßt ihm keine Ruhe, und so geistert er denn durch alle hochschulpolitischen Lager, als Symbol mal einer besseren Gegenwart, mal einer verlorenen Vergangenheit, wenn es um eine Idee der Universität geht.

Was ist das für eine Idee? Sie gibt sich in den gewohnten alten Formeln zu erkennen: ›Bildung durch Wissenschaft‹, ›Forschen in Einsamkeit und Freiheit‹, ›Einheit von Forschung und Lehre‹. Vor allem die letzte Formel wird in den Hochschuldebatten immer wieder blankgeputzt und immer wieder belächelt. Wie soll denn auch ein System, das quantitativ über alles für Forschung und Lehre erträgliche Maß hinausgewachsen ist, noch jene übersichtlichen Strukturen bieten können, in denen Lehre wirklich aus Forschung erfolgt – eben dies besagt die Einheitsformel – und damit auch das Lernen der Forschung nahebleibt? Moderne Totengesänge auf den Namen Humboldt gelten diesem Umstand, seine Beschwörung der wohl richtigen Wahrnehmung, daß mit der Humboldtschen Idee der Universität die Universität selbst, nämlich als wissenschaftliche Hochschule, in der nicht nur wissenschaftlich gelehrt, sondern auch wissenschaftlich geforscht wird, untergeht. Entweder – so lautet hier kurz und bündig die Botschaft – hat die Universität eine Idee, und diese ist ihre Humboldtsche oder idealistische Idee, oder es gibt keine Universität mehr.

Im Folgenden soll zunächst dieser Idee bzw. dem Humboldtschen Ideal der Universität und den Überlebenschancen, die Idee bzw. Ideal noch haben mögen, nachgegangen werden, dann einigen eher systematischen Überlegungen, die Bausteine für eine der modernen Entwicklung angemessenere Theorie

3 Vgl. Wissenschaftsrat, »Stellungnahme zum Verhältnis von Hochschulausbildung und Beschäftigungssystem«, in: Wissenschaftsrat, *Empfehlungen und Stellungnahmen 1999*, Köln 2000, 7-95; Wissenschaftsrat, *Thesen zur künftigen Entwicklung des Wissenschaftssystems in Deutschland*, Köln 2000.

der Universität liefern sollen. Dabei greife ich auf einige ältere Analysen zurück,[4] wähle die Thesenform und werde angesichts der auffälligen Blässe, die in Deutschland nicht nur die Universitätsentwicklung selbst, sondern auch den hochschulpolitischen Umgang mit dieser Entwicklung beschlichen hat, nicht vor kräftigen Urteilen zurückscheuen. Wer hinter den sicheren Linien dieser Entwicklung und des Umgangs mit ihr bleibt, wird selber blaß. Und das soll mir hier nicht passieren – und entspricht auch nicht meinem Naturell. Meine Stichworte, denen die Thesen folgen, lauten: idealistische Einheit von Forschung und Lehre, Mythos Humboldt, Wissenschaft als Lebensform, Unordnung des Wissens, Bildung durch Wissenschaft, Universalität.

1.

In der Universität, die die Humboldtsche Bildungsreform noch nicht aus dem Auge verloren hat, verbindet sich der traditionelle Bildungsauftrag von Universitäten mit der idealistischen Idee des autonomen Subjekts. Deshalb gibt es auch eine Theorie der Universität, die in den Formeln Einheit von Forschung und Lehre und Bildung durch Wissenschaft zum Ausdruck kommt.

Nach Johann Gottlieb Fichtes »Deducirtem Plan einer zu Berlin zu errichtenden höhern Lehranstalt« (1807) soll Wissenschaft in ihrer in den Akademien und Universitäten institutionalisierten Form, unter dem Gesichtspunkt einer »Erziehung der Nation (...) zu Klarheit und Geistesfreiheit«, »die Erneuerung aller menschlichen Verhältnisse vorbereiten und möglich machen«.[5] Friedrich Schleiermacher, der theologische Kollege Fichtes in Berlin, drückt dasselbe, nur schlichter, in der Bemerkung aus, »es solle unter den Menschen nicht nur Kenntnisse aller Art geben, sondern auch eine Wissenschaft«.[6]

4 J. Mittelstraß, »Forschung und Lehre – das Ideal Humboldts heute«, in: *Aus Politik und Zeitgeschichte. Beilage zur Wochenzeitung Das Parlament* B 15/98 (3. April 1998), 3-11.

5 J. G. Fichte, *Deducirter Plan einer zu Berlin zu errichtenden höhern Lehranstalt (1807)* § 67, in: E. Spranger (Ed.), *Über das Wesen der Universität*, Leipzig [2]1919, 104.

6 *Gelegentliche Gedanken über Universitäten im deutschen Sinn. Nebst*

Wilhelm v. Humboldt wiederum ruft den Staat auf, »seine Universitäten weder als Gymnasien noch als Specialschulen (zu) behandeln«,[7] und unterstellt dabei, »daß, wenn sie (die Universitäten) ihren Endzweck erreichen, sich auch seine (des Staates) Zwecke und zwar von einem viel höheren Gesichtspunkte aus erfüllen, von einem, von dem sich viel mehr zusammenfassen läßt und ganz andere Kräfte und Hebel angebracht werden können, als er in Bewegung zu setzen vermag«.[8] Nach Heimpel bedeutet dies: »Anwendung der Wissenschaft, Bildung des Menschen durch Wissenschaft; durch eine Wissenschaft, welche nicht als ausgebreitetes Dogma, sondern als Einheit von Forschung und Lehre besteht.«[9] Diese Einheit wiederum war der zentrale Gedanke der Humboldtschen Universitätsreform. Er wird von Schleiermacher wie folgt wiedergegeben: »daß sie (gemeint sind die Studenten) lernen, in jedem Denken sich der Grundgesetze der Wissenschaft bewußt zu werden, und eben dadurch das Vermögen selbst zu forschen zu erfinden und darzustellen, allmählich in sich herausarbeiten, dies ist das Geschäft der Universität«.[10]

Diesem Geschäft scheint die Universität heute nicht mehr nachzukommen, und wo sie dies dennoch zu tun glaubt, wird in Deutschland unverhohlen von der Lebenslüge der deutschen Universität gesprochen. Hat sich die ursprüngliche (idealistische) Wahrheit, damit auch der idealistische Anspruch einer Bildung durch Wissenschaft, zur Unwahrheit entwickelt? Tatsächlich deutet heute in der Wirklichkeit der deutschen Universitäten Vieles darauf hin. Der oft erschallende Ruf ›Humboldt ist tot!‹, der ebenso oft sein Echo in einem trotzigen ›Humboldt lebt!‹ findet, spiegelt diesen Befund wider. Und doch ist damit über die ursprüngliche Wahrheit einer idealistischen Theorie der Universität noch nicht endgültig entschieden. Denn, auf die Formel Einheit von Forschung und

einem Anhang über eine neu zu errichtende (1808), in: E. Spranger (Anm. 5), 109.

7 *Über die innere und äußere Organisation der höheren wissenschaftlichen Anstalten in Berlin* (1810), in: W. v. Humboldt, Gesammelte Schriften, Berlin 1903-1936, X, 255.

8 Ebd.

9 H. Heimpel, a.a.O., 7.

10 F. Schleiermacher (Anm. 6), 126.

Lehre und die Aufgaben eines Universitätslehrers bezogen: Wer die Forschung aus den Augen verliert, wer nicht weiß, wo die Forschungslinien seiner Disziplin liegen und in welcher Entwicklung er sich mit seinem eigenen Wissen befindet, der lehrt auch schlecht und bildet schlecht aus, jedenfalls unter Gesichtspunkten einer universitären Lehre und Ausbildung. Und wer nicht zu lehren vermag, in Ausbildungszusammenhängen nicht weiterzugeben vermag, was er forschend weiß, dessen Wissen bleibt ein Element des Ungewissen, weil es dem Grundsatz widerspricht: Wissen heißt lehren können. In diesem Sinne zeugt der Schatten, der heute auf den Universitäten liegt, noch immer von viel Licht – von Humboldts Licht.

2.

Humboldts Universitätsreform war ursprünglich als eine Reform nicht für, sondern gegen die Universitäten gedacht. Seine (und Fichtes) Visionen reichten weiter. Sie zielen auf eine gänzlich neue Institution – und einen neuen Menschen.

Wenn von der Humboldtschen Universitätsreform die Rede ist, dann in der Regel so, daß dabei unterstellt wird, daß es Humboldt um die Universitäten und nichts als die Universitäten und deren Zukunft ging. Tatsächlich hatte er mit der Berliner Universitätsgründung 1810 etwas ganz anderes im Auge. So entwickelt er seine Vorstellungen in einer Situation, die einerseits durch einen dramatischen Verfallsprozeß der Universitäten – zwischen 1792 und 1818 schließt die Hälfte aller deutschen Universitäten wegen nachgewiesener Bedeutungslosigkeit und Auszehrung (ihnen liefen die Studenten weg) –, andererseits durch den Aufstieg der ›nützlichen‹ Akademien oder ›Spezialschulen‹ geprägt ist.[11] Die Berliner Uni-

11 Vgl. H. Schelsky, *Einsamkeit und Freiheit. Idee und Gestalt der deutschen Universität und ihrer Reformen*, Düsseldorf ²1970, 41ff.; ferner G. Schubring, »Spezialmodell versus Universitätsmodell: Die Institutionalisierung von Forschung«, in: G. Schubring (Ed.), *›Einsamkeit und Freiheit‹ neu besichtigt. Universitätsreformen und Disziplinenbildung in Preußen als Modell für Wissenschaftspolitik im Europa des 19. Jahrhunderts*, Stuttgart 1991, 276-326. Die folgende Darstellung schließt unmittelbar an eine frühere Darstellung an: J. Mittelstraß, *Hochschulkultur. Die Anstrengung des Begriffs und die Lust des Studierens*, Oldenburg 1991 (Oldenburger Universitätsreden 49), 16ff.

versität sollte nicht nur gegen die ›nützlichen‹ Akademien, sondern auch gegen die Universitäten gegründet werden.

Humboldts Reform verstand sich damit in erster Linie nicht als eine Reform zugunsten der Universität, sondern als ein institutioneller Schritt, dem die Universitäten zum Opfer fallen sollten. Der Auswanderung der ›nützlichen‹ Forschung aus den Universitäten sollte eine Auswanderung der ›reinen‹ Forschung folgen. Entsprechende Pläne (etwa des preußischen Kabinettsrats und späteren Ministers Karl Friedrich Beyme) gehen von dem Gedanken »einer oder mehrerer, den herkömmlichen Universitäten übergeordneten Hochschulen« aus,[12] und eben dies ist auch die Konzeption Humboldts, die dieser in der Formel ›Forschung in Einsamkeit und Freiheit‹ zusammenfaßt. Selbst der Name Universität sollte vermieden werden. Fichte spricht noch 1807 von einer zu gründenden ›höheren Lehranstalt‹ oder ›Bildungsanstalt‹, nicht von einer neuen Universität, die die Misere der alten Universitäten beenden solle. Allerdings erkennt Humboldt sehr bald, daß die (politischen) Chancen der Durchsetzung einer neuen Bildungsanstalt größer sind, wenn man sie doch als Universität und nicht gegen die Universität gründen würde.

Mit der Humboldtschen Reform, die insofern eine Universitätsreform wider Willen ist, verbindet sich – und das ist vielleicht der markanteste Teil dieser Reform – der Aufstieg der Philosophischen Fakultät. Deren Theorie hatte schon Immanuel Kant in seiner Schrift über den Streit der Fakultäten (1798) formuliert, indem er die Philosophische Fakultät mit dem Begriff der Wahrheit, die sogenannten oberen Fakultäten wieder mit dem Begriff der Nützlichkeit verband.[13] Wahrheit und Nützlichkeit – die eine kritisch beäugt, die andere den Akademien zugewiesen – sollen *in* der Universität, nicht außerhalb, eine institutionelle Heimstatt finden. Damit wird aber die Philosophische Fakultät zur ›eigentlichen‹ Universität; die Unterscheidung zwischen Universität und ›Spezialschulen‹, als

12 M. Lenz, *Geschichte der Königlichen Friedrich-Wilhelms-Universität zu Berlin, Halle 1910-1918*, I, 66. Vgl. die entsprechende Darstellung bei H. Schelsky und G. Schubring (Anm. 11).

13 I. Kant, *Der Streit der Facultäten in drey Abschnitten (1798)*, in: I. Kant, *Werke in sechs Bänden*, ed. W. Weischedel, Frankfurt/Main-Darmstadt 1956-1964, VI, 290f.

die nun die anderen, die oberen Fakultäten gelten, verlagert sich in die Universität. Die vergißt alsbald, daß sie ein Humboldtscher Kompromiß ist, und feiert sich, mit Fichte, als institutionellen Inbegriff der Idee des Menschen überhaupt. Die Universität soll nicht nur der Wissenschaft, sondern im Sinne des Humboldtschen Programms einer Bildung durch Wissenschaft auch der sittlichen Vervollkommnung des Menschen dienen. Der Mythos Humboldt ist perfekt.

Tatsächlich hat niemand die der Humboldtschen Reform zugrundeliegende Idee radikaler ausgedrückt als Fichte. Nach Fichte soll der Gelehrte »der *sittlich beste* Mensch seines Zeitalters« sein[14] und Wissenschaft in ihrer in den Universitäten und Akademien institutionalisierten Form, unter dem Gesichtspunkt einer ›Erziehung der Nation zu Klarheit und Geistesfreiheit‹, »die Erneuerung aller menschlichen Verhältnisse vorbereiten und möglich machen«.[15] Die Universität im Sinne Fichtes wäre der institutionalisierte Fichte gewesen.

Der philosophische Zuschnitt der Konzeption Fichtes deutet auf eine erhebliche Realitätsferne hin. Und doch kommt in ihr, wie in den Vorstellungen Humboldts, nur der eigentliche theoretische Anspruch zum Ausdruck, der sich mit einer allgemeinen Reform des Bildungswesens verbinden sollte. Deren Träger wird von nun an, zunächst wider Willen, später ihre Vergangenheit in einem Humboldt-Mythos verklärend, die Universität. Hier waren eben nicht Bürokraten und Schulmänner am Werk, sondern Philosophen und Wissenschaftler, die Wissenschaft nicht nur als ein nützliches Wissen, sondern auch wieder als *Lebensform*, zugleich als Lebensform der Vernunft zu begreifen suchten. Kein Wunder aber auch, daß der idealistischen Theorie einer neuen Universität alsbald der Wind ins Gesicht schlägt (schon Fichtes philosophischer Kollege Karl Solger befindet, daß Fichte »für nichts einen Maßstab« habe).[16] Fichtes Gelehrten ist dasselbe Schicksal beschieden

14 J. G. Fichte, *Einige Vorlesungen über die Bestimmung des Gelehrten (1794)*, in: J. G. Fichte, *Ausgewählte Werke in sechs Bänden*, ed. F. Medicus, Leipzig 1910-1912, I, 261.

15 *Deducirter Plan einer zu Berlin zu errichtenden höhern Lehranstalt (1807)* § 67 (Anm. 5), 104.

16 Brief vom 22. März 1812 an F. v. Raumer, in: W. Weischedel (Ed.), *Idee und Wirklichkeit einer Universität. Dokumente zur Geschichte der Friedrich-Wilhelms-Universität zu Berlin*, Berlin 1960, 260.

wie Platons Philosophenkönigen. Eine Idee verabschiedet sich aus der Wirklichkeit der Universität. Zurück bleiben mißgelaunte Kollegen und triumphierende Bürokraten.

3.

Wissenschaft ist nicht nur eine besondere Form der Wissensbildung und Institution, z.B. Universität. Mit ihr verbinden sich auch eine Idee und, über deren Realisierung, eine Lebensform.

Wissenschaft als Lebensform. Auch wenn man dabei nicht an Fichte denkt, klingt ein derartiger Ausdruck in heutigen Ohren seltsam. Und doch ist in ihm etwas lebendig, das nicht nur historisch, sondern auch systematisch gesehen ein integraler Teil der Wissenschaft und ihrer Institutionalisierung in der Universität ist. Gemeint sind wiederum die schon dargelegten unterschiedlichen Bedeutungen von Wissenschaft.[17]

Danach bezieht sich der Begriff der Wissenschaft (1) auf eine besondere *Form der Wissensbildung*, in der es um Theorien, Methoden und bestimmte Rationalitätskriterien wie Reproduzierbarkeit von Ergebnissen und Nachprüfbarkeit wissenschaftlicher Ergebnisse und Verfahren geht, denen Theorien und Methoden unterliegen. Auf diese Form stützt sich der in der wissenschaftlichen Theorie und Praxis erhobene Anspruch auf Objektivität und Wahrheit. Wissenschaft ist ferner (2) eine *gesellschaftliche Veranstaltung* in institutionalisierter Form, z.B. in Form der Universitäten und außeruniversitären Forschungseinrichtungen. Mit Wissenschaft als Institution wird Wissenschaft Teil der institutionellen Verfassung einer Gesellschaft. Eine weitere Bedeutung von Wissenschaft erfaßt schließlich (3), bezogen auf den Status von Rationalitätskriterien, die wissenschaftliche Rationalität in ihrer *moralischen Form*. Gemeint ist, daß Wissenschaft nicht nur methodisch und theoretisch aufgeklärte Rationalität oder ein Mittel zur Differenzierung und Stabilisierung der gesellschaftlichen Organisation der Bedürfnisbefriedigung ist, sondern auch eine *Idee*, die das epistemische oder Vernunftwesen des Menschen betrifft, und damit eine *Lebensform*.

Der Begriff der Wissenschaft schließt also drei Bedeutungen

17 Vgl. oben 19ff.

desgleichen in einer Welt wachsender Probleme, die sich nicht mehr allein fachlich und disziplinär definieren, braucht, sind daher auch in erster Linie disziplinäre Grenzgänger, d. h. Wissenschaftler, die die Grenzbereiche ihrer Disziplin, die verborgene, auch für das wissenschaftliche Auge zunächst verborgene Welt zwischen den Disziplinen mehr lieben als die ausgetretenen Pfade, die *transdisziplinär* denken und forschen. Wer in der Wissenschaft nur die Wege der anderen geht, wird den Fortschritt verfehlen – und die mit ihm zu lösenden Probleme auch.

Heute ist in diesem Zusammenhang (nicht nur in Deutschland) viel von *Interdisziplinarität* die Rede. Doch Interdisziplinarität ist nicht genug. In interdisziplinären Forschungskontexten rücken die Disziplinen lediglich auf Zeit zusammen; sie bleiben, wie sie sind, zumal es auch keine interdisziplinären Kompetenzen gibt, die disziplinäre Kompetenzen ersetzen können. Anders im Falle der *Transdisziplinarität*[18]. Mit ihr bezeichne ich die Forschung, die sich aus ihren disziplinären Grenzen löst, die ihre Probleme disziplinunabhängig definiert und disziplinübergreifend löst. Das hat bedeutende Forschung im übrigen schon immer getan. Disziplinäre Zuordnungen kommen meistens zu spät, sie erklären die eigentliche Leistung nicht. War, so ließe sich z.B. fragen, Max Weber ein Historiker oder ein Soziologe, Gottlieb Frege ein Mathematiker oder ein Philosoph, Max Delbrück ein Biologe oder ein Physiker? Mit anderen Worten: Disziplinarität ist eine Voraussetzung für wissenschaftliche Leistungen, aber nicht schon das letzte institutionelle Wort. Dieses lautet in Forschungszusammenhängen Transdisziplinarität. Disziplinäre Kompetenzen müssen sich in einem im strengen Sinne nicht mehr disziplinär organisierten Forschungsfeld bewähren. Oder anders ausgedrückt: Wenn der Wissenschaftsstandort Universität, auch und gerade im Hinblick auf die Verbindung zwischen Forschung und Lehre, seine Bedeutung, nicht zuletzt gegenüber der in Deutschland weiter wachsenden außeruniversitären For-

18 Zu diesem Begriff und dem Gedanken einer Neuordnung der Disziplinaritäten vgl. J. Mittelstraß, »Wohin geht die Wissenschaft? Über Disziplinarität, Transdisziplinarität und Wissen in der Leibniz-Welt«, in: J. Mittelstraß, *Der Flug der Eule. Von der Vernunft der Wissenschaft und der Aufgabe der Philosophie*, Frankfurt/Main 1989, 72ff.

schung, bewahren will, dann muß er sich in seinen disziplinären und institutionellen Strukturen verändern, einfallsreicher werden, sich zugleich aber auch wieder auf systematische Notwendigkeiten besinnen. Dazu gehört, daß Forschung in Zukunft im wesentlichen transdisziplinär organisiert sein muß, und Lehre in mancher Hinsicht auch. Denn wer nicht transdisziplinär gelernt hat, kann auch nicht transdisziplinär forschen.

5.

In den Universitäten muß nicht nur die Idee der Einheit von Forschung und Lehre, verstanden als das Prinzip, Lehre aus Forschung zu entwickeln, sondern auch die Idee einer Bildung durch Wissenschaft wieder ihren angestammten Platz erhalten, Bleibt dieser Platz leer, erreicht das eigentliche Wesen der Wissenschaft die universitäre Ausbildung nicht und wird diese zum Breiten- statt zum Hochleistungssport.

Zur (traurigen) Wirklichkeit der modernen Universität gehört auch die weitgehende Entkoppelung von Wissenschaft und *Bildung*. Die Vermittlung einer wissenschaftlichen Lebensform mit den nicht-wissenschaftlichen Lebensformen der Gesellschaft, wie sie die Humboldtsche Formel ›Bildung durch Wissenschaft‹ zum Ausdruck bringt, gehört nicht mehr zu den wahrgenommenen Aufgaben der Universität. Ausbildung ist an ihre Stelle getreten und Spezialisierung um jeden Preis. In einer Welt, die ihre Bildungs- und Ausbildungsgewohnheiten vornehmlich an Märkten orientiert und in der im Wissenschaftler der Gelehrte zum traurigen Spezialisten abgemagert ist, hat eben die Vorstellung, daß Bildung sich an den Idealen einer durch Wissenschaft aufgeklärten Gesellschaft orientiert, kaum eine Chance mehr. Schon einmal assistierte dabei der Ersetzung eines Bildungsauftrags der Universitäten durch einen Ausbildungsauftrag ein gehöriger Schuß Pessimismus. Ein Chronist berichtet im Zusammenhang mit den Josephinischen Universitätsreformen Anfang der 80er Jahre des 18. Jahrhunderts: »wie die Kirchenlehre den Satz zum Angelpunkt hat, daß der Mensch von Natur nichts Gutes tut, so beruhte die österreichische Staatspädagogik auf der Anschauung, daß er von Natur nichts

lernen wolle, wenigstens nicht das Rechte. Der alte Aristoteles war anderer Ansicht.«[19]

Sollte uns womöglich eine neue Josephinische Reform ins Haus stehen oder sich schließlich doch bewahrheiten, was der preußische Justizminister und Minister für das Geistliche Departement unter Friedrich Wilhelm III., Julius von Massow, 1797 zu einem Vorschlag, die Universitäten durch Gymnasien und Akademien der Medizin, Jurisprudenz etc. zu ersetzen, erklärt hatte? »Die Ausführung dieser in thesi sehr richtigen Idee erfordert so viele Vorbereitungen zu einer solchen wichtigen Reform und möchte für itzt so manche erheblichen Schwierigkeiten in einem Staat, wo einmal Universitäten sind, finden, daß in den ersten fünfzig Jahren wir noch wol die anomalen Universitäten werden dulden müssen.«[20] Die ›anomalen‹ Universitäten – es scheint das Schicksal der Universitäten zu sein, zwischen ihrer Theorie, die ihrem Ursprung und ihrem Wesen nach mit Humboldt und Fichte eine idealistische, d.h. in der Philosophie des Deutschen Idealismus begründete, ist, und ihrer Inanspruchnahme als Lehranstalt im üblichen, durchschnittlichen Sinne hin- und hergezerrt zu werden. In diesem Zusammenhang plädiere ich denn auch dafür, daß sie ihrem (idealistischen) Wesen nahebleibt. Denn – noch einmal – entweder hat die Universität eine Theorie oder eine Idee, und diese ist idealistisch, oder es gibt keine Universität.

6.

Universitäre Forschung und Lehre gedeihen nur dort, wo für Universalität, Transdisziplinarität, Identität in Pluralität und Qualität gesorgt ist. Ist dies nicht der Fall, herrscht in der Universität das Paradigma Schule, nicht das Paradigma Universität.

19 F. Paulsen, *Geschichte des gelehrten Unterrichts auf den deutschen Schulen und Universitäten vom Ausgang des Mittelalters bis zur Gegenwart, I-II*, Leipzig ³1919-1921, II, 115f.

20 »Ideen zur Verbesserung des öffentlichen Schul- und Erziehungswesens mit besonderer Rücksicht auf die Provinz Pommern«, Annalen des preußischen Schul- und Kirchenwesens 1 (1800), 126f. Der Vorschlag stammt von H. Stephani, *Grundzüge der Staatserziehungswissenschaft*, Weißenfels 1797 (weiter ausgearbeitet, angeregt durch v. Massow, unter dem Titel: *System der öffentlichen Erziehung*, Berlin 1805).

Damit eine Universität, die nicht neben der Wissenschaftsentwicklung herträumt, sondern den Humboldtschen Prinzipien einer Einheit von Forschung und Lehre, d.h. dem Prinzip Lehre aus Forschung, und einer Bildung durch Wissenschaft auf eine moderne Weise wieder Geltung zu verschaffen sucht, ihren Aufgaben entspricht, muß sie neben dem schon Gesagten die folgenden Fragen beantworten bzw. auf deren institutionelle Beantwortung verweisen können: Wieviel *Universalität* muß sein, damit Universität stattfindet? Wieviel *Disziplinarität* muß sein, damit Transdisziplinarität eine Chance hat? Wieviel *Pluralität* muß sein, damit universitäre Identitätsbildung möglich ist? Wieviel *Qualität* muß sein, damit Exzellenz wirklich wird? Was ist gemeint? Ich gehe diese Fragen kurz durch und beantworte sie.[21]

1. *Wieviel Universalität muß sein, damit Universität stattfindet?* Wissenschaft ist trotz aller Spezialisierungstendenzen etwas, das nur auf einem Boden gedeiht, den viele bestellen. Die große Leistung setzt nicht nur ein spezialisiertes Wissen, sondern auch die enge Nachbarschaft mit anderem Wissen voraus. Die Hinweise auf Gottlob Frege, Max Weber und Max Delbrück haben dies deutlich gemacht. Spezifische Grenzen definieren hier die eigentliche Leistung nicht. Im Gegenteil, diese Grenzen müssen in der Regel überstiegen werden, um große Leistungen zu ermöglichen. Das gilt insbesondere von modernen Entwicklungen. Neue Einsichten bilden sich meist an den Rändern der Fächer und Disziplinen, im Übergang zu Nachbarfächern und Nachbardisziplinen, nicht in den Kernen, wo das Lehrbuchwissen sitzt. Also läßt sich auch Universalität, in ihren institutionellen Formen im Fachlichen und Disziplinären, nicht beliebig einschränken.

Das gilt zunächst in den jeweiligen Grenzen der Natur-, Geistes- und Sozialwissenschaften, zunehmend aber auch über diese Grenzen hinaus. Wo Universitäten in ihrem disziplinären Spektrum zu stark eingeschränkt werden und/oder für eine interuniversitäre Verknüpfung, d.h. eine enge Verbindung zu

21 Die folgenden Überlegungen sind ausführlicher dargestellt in: J. Mittelstraß, »Abschied von der vollständigen Universität«, *Universitas. Zeitschrift für interdisziplinäre Wissenschaft* 52 (1997), 205-215 (zuvor, gekürzt, *DUZ. Das Hochschulmagazin*, 52 [1996], Heft 23, 13-15).

komplementären anderen universitären Einrichtungen, nicht gesorgt wird, trocknet der akademische Boden aus, auf dem große wissenschaftliche Leistungen wachsen können. Oder anders, mit einem anderen Bild formuliert: Forschung und Lehre gedeihen nur bedingt in fachlichen oder disziplinären Treibhäusern; der Zugang zur (universitären) Außenwelt muß offen beiben, und zwar in beiden Richtungen: der eine muß, wenn er nach komplementärem Wissen sucht, herauskönnen, der andere mit derselben Absicht hinein. Das bedeutet, daß die Universität an ihrem Universalitätsanspruch festhalten muß. Und dies kann sie mit Aussicht auf Erfolg nur, wenn sie dieser Universalität auch institutionell Ausdruck verleiht. Wo Universalität beginnt und wo sie beliebig wird, ist dann wieder Sache einer begründeten, wissenschaftsförderlichen Profil- und Schwerpunktbildung, zu der durchaus auch disziplinäre Schwerpunkte, wenn sie in der erwähnten Weise im universalen Raum nicht ›kontaktlos‹ bleiben, gehören können.

2. *Wieviel Disziplinarität muß sein, damit Transdisziplinarität eine Chance hat*? Träger der institutionellen Einheit von Forschung und Lehre, über die sich die Universität gestern wie heute definiert, sind noch immer die Disziplinen, auch wenn die wissenschaftssystematische Erinnerung an das, was Disziplinen sind, was sie leisten und was sie von Fächerstrukturen unterscheidet, heute blaß geworden ist. Disziplinaritäten sind die systematischen Formen, in denen sich das wissenschaftliche Wissen, auch das fachliche Wissen, bildet, und das Medium, in dem sich das wissenschaftliche Lernen bewegt. Das gilt auch für die erwähnten Formen der Interdisziplinarität und der Transdisziplinarität.

Voraussetzung für Transdisziplinarität als wissenschaftliche Arbeits- und Erkenntnisform, die über Interdisziplinarität im beschriebenen Sinne hinausgeht, sind und bleiben die Disziplinaritäten. Wo keine unterschiedlichen disziplinären Arbeitsformen in Forschung und Lehre sind, dort kann es auch keine transdisziplinären Arbeitsformen geben, dort bleibt der Erkenntnisfortschritt, der sich zunehmend transdisziplinären Orientierungen verdankt, aus. Das aber bedeutet wiederum, daß Universität Multidisziplinarität, d.h. einen lebendigen Teil jener Universalität voraussetzt, die einmal die Universitätsent-

wicklung bestimmte. Wo diese Form von Universalität nicht vorliegt, muß sie hergestellt werden, im ›eigenen Haus‹ oder in Verbindung mit anderen Häusern der Wissenschaft. Und wieder ist es Sache des wissenschaftssystematischen Augenmaßes, wieviel Disziplinarität sein muß und wie wenig Disziplinarität sein kann.

3. *Wieviel Pluralität muß sein, damit universitäre Identitätsbildung möglich ist*? Disziplinäre Pluralität sichert nicht nur die wissenschaftsfördernde Transdisziplinarität, die heute immer häufiger in der Wissenschaft an der Wiege des Neuen steht, sondern verschafft der Universität auch ein Bewußtsein von sich selbst, nämlich wirklich Universität zu sein. Wo diese Pluralität nicht gegeben ist, bildet sich kein universitäres Bewußtsein, sondern ein Schulbewußtsein aus. Die Einheit von Forschung und Lehre, von der schon gesagt wurde, daß sie nach wie vor das Wesen der Universität ausmacht, definiert sich in diesem Falle über das, was ein eng definierter Teil der Wissenschaft weiß, damit aber auch über eine *geschlossene* Form der Forschung, nicht über eine *offene* Form, die sich heute transdisziplinär definiert. Das Paradigma Schule setzt sich an die Stelle des Paradigmas Universität. Die Universität als Lehranstalt schiebt sich vor die Universität als Forschungsanstalt; die Einheit von Forschung und Lehre verliert ihren Inhalt und erstarrt zur Rhetorik. Eben dies ist heute vielfach der Fall, nicht nur dort, wo das disziplinäre Spektrum zu klein ist oder keine Vernetzung mit anderen universitären Häusern der Wissenschaft stattfindet, sondern auch in Universitäten alter Art.

4. *Wieviel Qualität muß sein, damit Exzellenz wirklich wird*? Universitäten sind wissenschaftliche Hochschulen in dem Sinne, daß sich die universitäre Lehre aus der universitären Forschung entwickelt und mit dieser auch im Prozeß des Lehrens und Lernens verbunden bleibt. Löst sich das Lehren und Lernen vom Forschungsprozeß oder bleibt es nur noch als Erinnerung an vergangenes eigenes Lernen mit diesem verbunden, verliert auch die Bezeichnung ›wissenschaftlich‹ ihren Sinn, unterscheidet sich ein universitäres Lehren und Lernen nicht mehr von anderen, nicht-wissenschaftlichen Lehr- und Lernprozessen. Das bedeutet, daß sich auch die Qualität des Hoch-

schullehrers in erster Linie nach seinen wissenschaftlichen Leistungen, d.h. seinen Leistungen in der Forschung, bemißt. Hohe wissenschaftliche Leistung, wissenschaftliche Exzellenz, wiederum ist nur in einem Umfeld möglich, das dieser Leistung dienlich ist, d.h. in einem Umfeld, das wissenschaftliche Leistungen durch wissenschaftliche Leistungen provoziert und befördert. Mittelmäßige Verhältnisse schließen zwar große wissenschaftliche Leistungen, damit auch vereinzelte wissenschaftliche Exzellenz nicht aus, doch dürfte das eben die Ausnahme sein und sind mittelmäßige Verhältnisse eher auf wissenschaftliche Mittelmäßigkeit programmiert, getreu auch der alten universitären Weisheit, daß zweitklassige Leute drittklassige Leute berufen, also dafür sorgen, daß die Bäume nebenan nicht in den Himmel wachsen.

Mit anderen Worten: Es muß viel Qualität beisammen sein, um Exzellenz zu befördern. Qualität im Sinne des über Universalität, Transdisziplinarität und universitäre Identitätsbildung Gesagten nicht nur auf fachlichen oder disziplinären Inseln, die man selbst besiedelt, sondern in Form eines wissenschaftlichen Umfeldes, das durch Qualität und Exzellenz bestimmt ist. In diesem Sinne mögen sich dann auch Genialität und Exzellenz noch voneinander unterscheiden: Während Genialität, die im übrigen keineswegs so häufig ist, wie die wissenschaftlichen Subjekte selbst meinen, überall wachsen mag, auch auf wissenschaftlichen Ödflächen, gilt dieses von Exzellenz nicht. Wissenschaftliche Exzellenz wird durch Qualität und Exzellenz geweckt, sie erfindet sich nicht selbst – und wenn ja, dann wie im Geniefalle höchst selten.

7.

Je näher die Universität ihrem hier beschriebenen wissenschaftlichen Wesen bleibt, desto ferner muß sie – zumal in einer Welt sich ständig wandelnder Berufs- und Praxisprofile – der Einlösung unmittelbar berufs- und praxisbezogener Ansprüche stehen. Damit erfüllt sie zugleich über ihren Ausbildungsauftrag hinaus auch noch einen Bildungsauftrag, der über eine fach- und disziplinenspezifische Ausbildung im Sinne allgemeiner Kompetenzen hinausreicht.

Die Situation mag auf den ersten Blick paradox anmuten:

Die Universität als forschende und lehrende Institution kommt ihrem Ausbildungsauftrag gerade dadurch nach, daß sie sich auf ihr eigenes wissenschaftliches Wesen besinnt, nicht auf die wechselnden Ansprüche eines Berufssystems. Doch so ist es, weil die Universität in einem wünschenswerten differenzierten Hochschulsystem im anderen Falle ihr Wesen wechselte und in diesem System zur Fachhochschule würde. Zugleich wird auf diese Weise die leidige und immer wieder angemahnte Frage nach dem Unterschied zwischen Bildung und Ausbildung, auf das lehrende Tun der Universität bezogen, beantwortbar: Die Universität bildet, indem sie auf ihre Weise ausbildet. Und wir hätten eben auch eine Antwort und einen institutionellen Vorschlag auf die immer wieder gestellte Frage nach dem Verhältnis von Universität und Arbeitswelt. Sie lautet: Es gibt im Unterschied etwa zur Fachhochschulausbildung keine kurzgeschlossenen Wege zwischen der universitären Ausbildung im engeren, nämlich wissenschaftlichen Sinne und der Arbeitswelt.

Das liegt nicht an einem Gegensatz von Bildung und Ausbildung, sondern an der Forschungsorientierung einer wissenschaftlichen Ausbildung. Daß diese wiederum nicht ohne Nutzen, auch im Sinne des Übergangs von der Universität in die Arbeitswelt, ist, macht der Umstand deutlich, daß wir in einer Welt leben, die immer konsequenter zum Produkt des wissenschaftlichen und des technischen Verstandes wird. Mit anderen Worten: Die Dynamik der Wissenschaft und der Forschung spiegelt sich auch in der Dynamik unserer Lebens- und Arbeitswelt. Es ist eine wissenschaftsgestützte Lebens- und Arbeitswelt, und die Gesellschaft, die sie bevölkert, hoffentlich – gerade auch unter den derzeitigen Globalisierungsbedingungen – weniger eine Informations- denn eine *Wissensgesellschaft*. Deren Schule wiederum ist, jedenfalls im engeren, die Grundlagen einer Wissensgesellschaft betreffenden Sinne, die Universität. Darum aber auch trotz des genannten Paradoxes und trotz vielleicht enttäuschter Erwartungen hinsichtlich kurzgeschlossener Wege zwischen Universität und Lebens- bzw. Arbeitswelt: Keine schlechten Karten für eine wissenschaftliche, d.h. universitäre, Ausbildung und keine schlechten Karten für eine Welt, die mit allen ihren Problemen und hinsichtlich aller ihrer Entwicklungen auch in Zukunft auf die

Leistungsfähigkeit des wissenschaftlichen (und des technischen) Verstandes angewiesen bleibt.

Schlußbemerkung

Zugespitzt, und optimistisch, läßt sich sagen, daß die Universität einer Idee, die die ihre ist, gar nicht entkommen kann. Wenn nämlich Wissenschaft unter anderem auch eine Idee ist, die sich in einer Lebensform ausdrückt, die Universität noch immer den Mittelpunkt eines Wissenschaftssystems darstellt, zur historischen wie zur systematischen Wirklichkeit der Universität wiederum die Verbindung von Forschung und Lehre und Bildung durch Wissenschaft gehören, beides ihre Theorie ausmacht, dann hat auch die Universität eine Idee – wie in den vorausgegangenen sieben Thesen dargestellt. Allerdings schützt sie dies nicht vor den Anmutungen des Zeitgeistes, die offenbar in eine ganz andere Richtung – Ausbildung auf welchem Niveau auch immer und Anwendungsorientierung um jeden Preis – zielen. Gibt sie sich auf, aus Kleinmut oder Einfallslosigkeit, wird sie zu einer bloßen Hülle werden oder zu einer Institution wie jeder anderen, in denen der technische Sachverstand und die Büroordnung herrschen.

Hüten wir uns davor, daß die Rede von einer Idee der Universität als bloße Romantik und die Forderung nach einer Theorie der Universität als überflüssig abgetan wird. Wer sich nicht an Ideen orientiert, hat gar keine Orientierung. Und mit Theorien ist es häufig ebenso. Außerdem hat die Universität nicht zu viel, sondern zu wenig Theorie. Und sie wird erst dann ihre Seele wiederfinden, wenn sie in allen ihren Mitgliedern, Lehrenden wie Lernenden, Wissenschaft nicht nur als einen Job, sondern auch wieder als eine Lebensform, als eine wissenschaftliche Lebensform, begreift.

2. Krise und Zukunft der Geisteswissenschaften

Vorbemerkungen

Erlauben Sie mir zu Beginn zwei kurze Vorbemerkungen. Die erste betrifft die Begriffe Krise und Zukunft, die mir der Veranstalter dieses Symposions mit der Themenstellung zugespielt hat. Es sind einerseits Allerweltsbegriffe und andererseits solche, die in der öffentlichen und in der Selbstwahrnehmung der Geisteswissenschaften schicksalhaft werden könnten.

Krisen enden glücklich oder mit dem Tod, selten so, daß alles bleibt, wie es ist. In der Medizin stehen sie dort, wo sich die Wege in das Leben und aus dem Leben trennen, ähnlich, wenn auch weniger dramatisch, in der Ehe, wo Krisen allerdings häufiger sind und meist in die nächste führen, und in der Wissenschaft. Hier stehen Krisen häufig am Ende des Alten und am Anfang des Neuen. Die Wissenschaftstheorie hat sie als Übergang von der Normalität (normale Wissenschaft) in die Revolution (revolutionäre Wissenschaft) beschrieben. Bewegen sich die Geisteswissenschaften in Richtung Revolution, d.h. auf eine revolutionäre Erneuerung, zu?

Wer diese Frage bejaht, wird wohl ein rechter Optimist sein. Weit eher scheint die medizinische Metapher zuzutreffen: Die Geisteswissenschaften stecken in einer Krise, und der Ausgang aus dieser Krise wird entweder Wiedererstarkung an Leib und Seele, institutionellem oder seelischem Sein, oder anhaltendes Siechtum, wenn nicht gar der disziplinäre Tod sein. Viel Neues wird eben nicht zu erwarten sein, weder auf der Seite der Bewunderer, die mit der Gegenwart der Geisteswissenschaften noch immer zufrieden zu sein scheinen, noch auf der Seite der Erneuerer, die heute jedem Theoriehappen, der ihnen geboten wird, nachjagen. Denn das ist das Seltsame: Die derzeitige Krise der Geisteswissenschaften ist nicht so sehr ein Resultat der Kritik, sondern einer, meist jammervollen, wenn nicht gar jämmerlichen Selbstwahrnehmung. Die Naturwissenschaften fragen arglistig nach dem Unterschied zwischen Wissenschaft und Literatur und besetzen selbst die Wissenschaftsseite, die

Öffentlichkeit fragt nach Nutzen und mahnt Akzeptanzleistungen für alles, was sie gerade einmal für wichtig hält, an. Die Krise der Geisteswissenschaften greift theoretisch und praktisch weit aus, und wer sie wachhält, sind die Geisteswissenschaften selbst.

Nicht viel anders steht es mit Zukunft. Zukunft ist immer, aber sie kommt mal als Erfüllung, mal als Verweigerung daher. Das eine macht sie dem Märchen, das andere der Rückkehr aus dem Märchen nah. Zukunft ist daher auch nicht Gegensatz der Krise – was der mir zugedachte Titel (Krise und Zukunft der Geisteswissenschaften) nahelegen mag –, sondern nur deren andere Seite. Irgendwie wird es schließlich immer weitergehen – mit der Krise oder deren geglückter oder mißglückter Überwindung. Meine Vermutung ist daher auch, daß die Rede von Krise und Zukunft dem zur Ehe Gesagten näher steht als dem zur medizinischen oder wissenschaftstheoretischen Bedeutung von Krise Gesagten. Für die Geisteswissenschaften sind Krisen irgendwie normal, und eine unsichere Zukunft auch, d.h., auch die Beschwörung der Zukunft führt meist nur in neue Krisen. Und damit unmittelbar zur zweiten – weniger metaphorischen – Vorbemerkung.

Diskussionen über die Geisteswissenschaften, über ihren wissenschaftlichen Status, ihre Rolle und ihre Aufgaben in der modernen Welt, gehören in dem genannten Sinne von Krise und Zukunft zur Normalität der Geisteswissenschaften, und zwar zur inner- wie zur außerwissenschaftlichen Normalität, aber sie sind heute auf eine fatale Weise kurzatmig geworden. Ausgerechnet diejenigen Disziplinen, die unter anderem die kulturelle Erinnerung der modernen Gesellschaft wachhalten und den langen kulturellen Atem der modernen Welt bilden sollen, geraten in Form von Momentaufnahmen in das Visier ihrer gesellschaftlichen Gegner und ihrer mißgelaunten Freunde. Statt über ihr andauerndes Wesen, ihre bleibende Funktion und ihre wesentlichen Aufgaben auf dem Hintergrund der Entwicklung der modernen Welt und der modernen Gesellschaft historisch reflektiert und zugleich zukunftsorientiert, hier im Sinne von konstruktiv und sich in Entwürfen orientierend, nachzudenken, werden momentane Schwierigkeiten, die sich im Wissenschafts- und Gesellschaftssystem eingestellt haben, darunter insbesondere Schwierigkeiten einer systematischen Ordnung des Wissenschaftssystems und gesellschaftliche Defizite, ins Auge gefaßt und im Falle der Geisteswissenschaften mit einer Art wissenschaftlicher und institutioneller Gretchenfrage verbunden. Ihre Leistungsfähigkeit jetzt oder ihre vermutete Leistungsunfähigkeit schon immer sollen über ihr weiteres Schicksal entscheiden. Kein Wunder, daß ihre Gegner auf Veränderungen, meist für die Geisteswissenschaften negativer Art, drängen und ihre Freunde in apologetischer Haltung erstarren, gelegentlich auch mit Hast nach Patentlösungen suchen, die sich alsbald selbst wieder als Holzwege erweisen.

Dabei befinden sich die Geisteswissenschaften heute tatsächlich in einer nicht sehr beneidenswerten Situation. *Wissenschaftssystematisch* entziehen sie sich weitgehend dem ordnenden Willen einer allgemeinen Wissenschaftssystematik; sie sind weder über ihre Methoden noch über ihre Gegenstände und Theorien eindeutig zu bestimmen. *Wissenschaftspolitisch* stehen sie häufig zwischen dem definitorischen Hochmut ihrer Verächter, die sie als Diskussionswissenschaften oder auch als Inbegriff einer musealen Kultur bezeichnen, und der schwierigen Empfehlung ihrer Freunde, sich als Kompensations- oder Orientierungswissenschaften nützlich zu machen. Dazu und zu einer wieder mehr selbstbewußten Alternative im Selbst- und Situationsverständnis der Geisteswissenschaften im Folgenden zwei – zugestandenermaßen nicht mehr ganz taufrische[1] – Thesen.

1.

Nach üblicher inner- und außerwissenschaftlicher Vorstellung feiert der geisteswissenschaftliche Verstand, während der naturwissenschaftliche Verstand hart arbeitet. Außerdem scheint der geisteswissenschaftliche Verstand den Fortschritt, den die Naturwissenschaften befördern, selbst zu behindern. In diesem Zusammenhang verdichtet sich der Argwohn gegenüber den Geisteswissenschaften im Begriff des Fortschritts

1 Vgl. J. Mittelstraß, *Glanz und Elend der Geisteswissenschaften*, Oldenburg 1989; ders., »Die unheimlichen Geisteswissenschaften«, in: *Berlin-Brandenburgische Akademie der Wissenschaften. Berichte und Abhandlungen 2*, Berlin 1996, 215-235.

und in der Formel von den zwei Kulturen. Die Welt wird in das Land der Riesen und in das Land der Zwerge geteilt. Diese Vorstellung ist für die Gegner der Geisteswissenschaften bequem, für die Geisteswissenschaften bedrohlich, und sie ist falsch.

In wissenschaftlichen und wissenschaftspolitischen Dingen gibt es eine verbreitete Vorstellung, die besagt, daß der naturwissenschaftliche und der technische Verstand in die Zukunft stürmen und hart arbeiten, während der geisteswissenschaftliche Verstand in der Vergangenheit verharrt, Erinnerung der Aneignung von Zukunft vorzieht, den naturwissenschaftlichen und den technischen Verstand bzw. das, was diese in Bewegung setzen, bremst und im übrigen nicht arbeitet, sondern feiert. Nicht zufällig sind es vor allem Geschichte und Literatur, die für die Gegenstände der Geisteswissenschaften stehen – und für ihre Selbstwahrnehmung häufig auch. Doch diese Vorstellung ist zu einfach, und sie ist irreführend, vor allem dort, wo dem geisteswissenschaftlichen Verstand Bremserqualitäten oder entsprechende Wünsche zugeschrieben werden. So bremst der geisteswissenschaftliche Verstand allenfalls gelegentlich sich selbst, wenn er nämlich allzu hasenfüßig auftritt, nicht aber den naturwissenschaftlichen oder den technischen Verstand. Schließlich bedeutet bremsen, daß da bewußt jemand bremst, in diesem Falle im Forschungs- und gesellschaftlichen Modernisierungsprozeß, für den wiederum in erster Linie naturwissenschaftliche und technische Entwicklungen und, in Verbindung mit diesen, wirtschaftliche Entwicklungen stehen.

Tatsächlich kümmern sich die Geisteswissenschaften wenig um Forschungsprozesse in anderen Wissenschaftsbereichen, und tatsächlich kümmern sie sich in der Regel wenig um die Bedürfnisse der modernen Gesellschaft. Sie haben vielmehr selbst einen beachtlichen Modernisierungsbedarf. Und auch mit dem Feiern, das offenbar von Wichtigerem ablenkt, ist es nicht ganz so wie vermutet. Tatsächlich sind geisteswissenschaftliche Gegenstände häufig das wenig Nützliche, das Ästhetische, also auch das Schöne, dessen Nutzen beginnt, wenn eine Kultur eben nicht arbeitet, sondern feiert. Und dennoch ist dies nicht die ganze Wahrheit, sondern weit eher ein Klischee, das im gesellschaftlichen Bewußtsein fest verankert ist, das das Mitleid im Blick der Vertreter der anderen Wissenschaftsseite ausmacht und den beklagenswerten Stand, den die Geisteswissenschaften in der öffentlichen Diskussion haben, wenn es um Zukunft, Macht, Einfluß, Geld und anderes Nützliche geht.

In diesen Kontext gehört auch der Begriff des *Fortschritts*. Dieser Begriff, der sich in modernen Gesellschaften überall dort einstellt, wo von Zukunft die Rede ist, hat im Laufe der Geschichte einen eigentümlichen Bedeutungswandel erfahren. Während er im antiken und mittelalterlichen Denken irrelevant war – Geschichte wurde anders gedeutet und Wissenschaft und Technik hatten andere Funktionen –, besagt er zunächst etwas ungemein Geisteswissenschaftliches, nämlich ein ›Fortschreiten der Menschheit zum Besseren‹ (Kant),[2] definiert als ›Fortschritt im Bewußtsein der Freiheit‹ (Hegel).[3] Hier ist nicht die theoretische Vernunft angesprochen, sondern die praktische Vernunft. Es geht nicht um die Entwicklung wissenschaftlicher Verhältnisse, sondern um die Entwicklung gesellschaftlicher Verhältnisse, gewiß nicht ohne Wissen, jedoch nicht so, daß aus dem Fortschritt des Wissens schon die besseren gesellschaftlichen Verhältnisse folgen. Mit anderen Worten, der Fortschritt der Wissenschaften soll als Teil dieses gesellschaftlichen Fortschritts verstanden werden. Allerdings bleibt schon im Denken der Aufklärung weitgehend unbestimmt, ob der wissenschaftliche Fortschritt nicht

2 I. Kant, Rezension von Herders »Ideen zur Philosophie der Geschichte der Menschheit« (1784), Werke in sechs Bänden, ed. W. Weischedel, Frankfurt/Main–Darmstadt 1956-1964, VI, 805f. (»die Bestimmung des menschlichen Geschlechts im ganzen ist unaufhörliches Fortschreiten und die Vollendung derselben ist eine bloße, aber in aller Absicht sehr nützliche Idee von dem Ziele, worauf wir, der Absicht der Vorsehung gemäß, unsere Bestrebungen zu richten haben«); »Welches sind die wirklichen Fortschritte, die die Metaphysik seit Leibnitzens und Wolf's Zeiten in Deutschland gemacht hat?« (1804), Werke III, 647 (»Daß die Welt im Ganzen immer zum Bessern fortschreite, dies anzunehmen berechtiget ihn keine Theorie, aber wohl die reine praktische Vernunft, welche nach einer solchen Hypothese zu handeln dogmatisch gebietet«). Vgl. »Idee zu einer allgemeinen Geschichte in weltbürgerlicher Absicht« (1784), Werke VI, 33-50.

3 G. W. F. Hegel, *Vorlesungen zur Philosophie der Geschichte*, Sämtliche Werke (Jubiläumsausgabe), I-XXVI, ed. H. Glockner, Stuttgart 1927-1939, XI, 46.

doch mehr oder weniger ›automatisch‹ zu einer fortschreitenden Humanisierung der Gesellschaft führe oder ob sich der gesellschaftliche Fortschritt, aus eigenen politischen und philosophischen Quellen gespeist, der fortschreitenden Wissenschaften, zumal der Naturwissenschaften, als Mittel zu bedienen habe. Eine Engführung des Fortschrittsbegriffs auf das naturwissenschaftliche und technische Wissen ist dann der zweite Schritt, der zwar auch etwas mit gesellschaftlichen Entwicklungen, nämlich der Entstehung der Industriegesellschaft, zu tun hat, sich aber zunehmend einer gesellschaftlichen Regie, wie sie die europäische Aufklärung (in großen Teilen) ins Auge gefaßt hatte, entzieht. Von nun an gilt Fortschritt im wesentlichen als – je nach gesellschaftlichem Standpunkt helle oder dunkle – Macht, die im Rücken der gesellschaftlichen Subjekte wirkt und deren eigentlicher Motor die Naturwissenschaften sind.[4]

Daß im Zuge dieser Entwicklung heute die Geisteswissenschaften am gesellschaftlichen Pranger stehen oder sich in einer Dauerkrise zu befinden scheinen, hat wiederum andere Gründe. Diese haben, wie in der zweiten Vorbemerkung angedeutet, vor allem etwas mit der Selbstwahrnehmung der Wissenschaft – Stichwort ›zwei Kulturen‹ –, dem Selbstbewußtsein des naturwissenschaftlichen und des technischen Verstandes, der Zögerlichkeit des geisteswissenschaftlichen Verstandes und der Suche des politischen Verstandes nach Stellvertreterschuldigen angesichts eigener wissenschaftspolitischer Versäumnisse zu tun. Nach allgemeiner, von C. P. Snow und seinen melancholischen Reminiszenzen an die Diskussionsverhältnisse im Senior Common Room eines englischen College gespeister Vorstellung haben die Naturwissenschaften die Zukunft im Blut[5] und die moderne Welt in der Hand, die Geisteswissen-

4 Vgl. N. Rescher, *Scientific Progress. A Philosophical Essay on the Economics of Research in Natural Science*, Oxford 1978 (dt. *Wissenschaftlicher Fortschritt. Eine Studie über die Ökonomie der Forschung*, Berlin/New York 1982); J. Mittelstraß, *Fortschritt und Eliten. Analysen zur Rationalität der Industriegesellschaft*, Konstanz 1984.

5 C. P. Snow, *The Two Cultures and a Second Look. An Expanded Version of the Two Cultures and the Scientific Revolution*, Cambridge ²1964, 10 (dt. *Die zwei Kulturen. Literarische und naturwissenschaftliche Intelligenz*, Stuttgart 1967, 17).

schaften offenbar allein die Vergangenheit und – und nicht mal dessen darf man sich nach Snow sicher sein – sich selbst; die einen sind science, d.h. Messen und Wiegen, die anderen ›Literatur‹ und ›Geschichte‹, d.h. Bildung und Erinnerung. Der naturwissenschaftliche Verstand blickt nach vorne, dorthin, wo auch die Zukunft ist, der geisteswissenschaftliche Verstand blickt zurück, dorthin, wo er und der naturwissenschaftliche Verstand einmal waren, und manchmal auch, wenn er seine eigenen Theorien über wissenschaftliche und gesellschaftliche Entwicklungen formuliert, störend daneben. So einfach stellen sich die wissenschaftlichen Dinge heute für das allgemeine Bewußtsein, das wissenschaftliche wie das nicht-wissenschaftliche Bewußtsein, dar.

Sie stellen sich wohl zu einfach dar. Weder sind die einen, die Naturwissenschaften, nur erfolgreiches und nützliches Wiegen und Messen, noch sind die anderen, die Geisteswissenschaften, nur Bildung und Erinnerung. Wer die Dinge dennoch so sieht, kennt die Wissenschaften nicht. Und doch hat Snow nicht einfach vergröbernd und weltfremd danebengegriffen, die Welt der Wissenschaft gegen deren Willen geteilt. Viele Geisteswissenschaften herkömmlicher Art verhalten sich tatsächlich in ihren Denkgewohnheiten so, als ob Kultur ein rein geisteswissenschaftliches Phänomen wäre, als ob nur sie für diese Kultur zuständig wären, und als ob nur das wirklich Kultur sei, dem sie ihr Zeichen, das Zeichen eines historisierenden Verstandes, aufgedrückt hätten. Snows provozierende Beispiele sind bekannt: Shakespeare gelesen zu haben, ist Kultur, den zweiten Hauptsatz der Thermodynamik zu kennen, offenbar nicht.

Die Geisteswissenschaften – und das ist das eigentlich Seltsame und Krisenhafte an der gegenwärtigen Situation – haben diesen Ball aufgegriffen und versuchen auch noch, mit ihm glücklich zu werden. Nach der sogenannten *Kompensationstheorie* (Marquard)[6] kompensieren die Geisteswissenschaften Modernisierungsschäden, die die Naturwissenschaften und die Technik, deren Werk die moderne Welt ist, verursachen. Diese, die die Zukunft im Blut und die Welt in der Hand haben,

6 O. Marquard, »Über die Unvermeidlichkeit der Geisteswissenschaften«, in: ders., *Apologie des Zufälligen. Philosophische Studien*, Stuttgart 1986, 98-116.

schaffen an; jene, die nur die Vergangenheit im Blut und sich selbst, d.h. ihre Reflexionen, in der Hand zu haben scheinen, machen es gemütlich. Ein ursprüngliches Konzept, das in der Philosophie des Deutschen Idealismus den Dualismus von Natur und Geist entdeckte, um ihn zugunsten einer Philosophie des Geistes zu überwinden, tritt affirmativ auf die Seite der Zwei-Kulturen-Anhänger und übernimmt gehorsam die zwergenhafte Rolle, die den Geisteswissenschaften in einer kompensatorischen Kultur allein noch zu bleiben scheint. Die Welt ist geteilt, und der Geist, der sich nun als geisteswissenschaftlicher bezeichnet, ist mit seinem kleinen Stück, das ihm von der anderen Kulturseite zugewiesen wurde, zufrieden.

Das ändert sich übrigens auch nicht mit dem neuesten Einfall des Zeitgeistes, nämlich dem Angebot an die Geisteswissenschaften, wenn denn nicht Orientierungswissenschaften, so doch wenigstens Akzeptanzwissenschaften zu sein oder zu werden. Der Geist als P.R.-Instanz, herbeigerufen, wenn es im Verhältnis von Wissenschaft und Gesellschaft, desgleichen im Verhältnis von Technik und Gesellschaft mal nicht klappt. Und wiederum stehen hinter der erkennbaren Verweigerung der Geisteswissenschaften, diese Rolle zu übernehmen, nicht so sehr ein eigener wissenschaftlicher Anspruch und die Kritik an aufgezwungenen dualen Verhältnissen, sondern weit eher die Vorstellung, mit dem naturwissenschaftlichen und dem technischen Verstand nichts, auch nicht in einer Vermittlerrolle, zu tun zu haben. Dieser hat geteilt – nun soll er sehen, wo er bleibt. Man selbst bleibt jedenfalls der einmal zugewiesenen kompensatorischen Rolle treu.

2.

Die Zukunft der Geisteswissenschaften liegt nicht an den Wegen ihrer idealistischen Vergangenheit, nicht in der Bescheidung auf kompensatorische Aufgaben und nicht in einem Sich-Verweigern gegenüber technischen Kulturen, wie sie moderne Gesellschaften, gestützt auf den naturwissenschaftlichen und den technischen Verstand, heute darstellen. Sie liegt vielmehr in einer neuen, transdisziplinären Dimension des Wissens, d.h. in einer Idee von Transdisziplinarität, deren Gegenstand die kulturelle Form der Welt und deren Aufgabe die Anstrengung ist, sich dieser Form in Wissenschaftsform zu vergewissern.

Die Geisteswissenschaften, die sich in ihrer theoretischen Form der Philosophie des Deutschen Idealismus verdanken, zehren noch immer von den großen Ansprüchen ihrer idealistischen Idee, aber sie *leben* sie nicht mehr. Die internationale Entwicklung führt nicht länger in diese Idee und damit in das deutsche Paradigma Geisteswissenschaft, sondern diese Idee und dieses Paradigma eher an den Rand, marginalisiert beide. An die Stelle der idealistisch orientierten Geisteswissenschaften mit ihrem hohen Theoriebedarf und ihrem Kleinmut, wenn es um dessen Realisierung geht, sind weitgehend die pragmatisch orientierten Humanities getreten. Cultural Studies, die vornehmlich ›Nebenkulturen‹ wie Pop und Sektenwesen oder Geschichte und Situation ethnischer Minderheiten, neuerdings kulturelle Phänomene des Post-Kolonialismus, zum Forschungsmittelpunkt zu machen suchen, und Areal Studies, die disziplinäre Orientierungen durch regionale Orientierungen ersetzen und in ihren theoretischen Ansprüchen in der Regel noch hinter den älteren disziplinären Orientierungen zurückbleiben, haben das Sagen. Aus dieser Situation, eingeengt zwischen nicht mehr gelebten Ansprüchen und einer den Geisteswissenschaften fremden Empirie, führt denn auch nur entweder eine konsequente Anpassung an die angelsächsische Form der Humanities oder die Etablierung einer neuen Idee heraus, mit der nicht nur die Geisteswissenschaften in der Tradition des Deutschen Idealismus, sondern die Geisteswissenschaften überhaupt wieder ein neues anspruchsvolles Profil gewönnen.

Dieses neue Profil könnte in der Überwindung des Zwei-Kulturen-Mythos und der ihm assistierenden Kompensationsvorstellung liegen, nicht auf den alten idealistischen Wegen, sondern mit dem Nachweis, daß beide Kulturen im Grunde Ausdruck einer Kultur, der technischen Kultur moderner Gesellschaften, sind, daß auch die Geisteswissenschaften zu den Rationalitätsstrukturen einer modernen Welt gehören, die eben nicht nur eine allein politische, eine allein wirtschaftliche und eine allein technische Form – bestimmt durch die separaten Leistungen des politischen, des wirtschaftlichen und des wissenschaftlich-technischen Verstandes – hat. Dabei ginge es in den Geisteswissenschaften um die *kulturelle Form der Welt* und um die Anstrengung, sich dieser Form zu vergewissern.[7] Dabei ist mit kultureller Form bzw. mit Kultur nicht ein Teilbereich der menschlichen Wirklichkeit, etwa als ›Kulturbetrieb‹ oder als Teilkulturen im Sinne der erwähnten, derzeit groß geschriebenen Cultural Studies verstanden, sondern sehr viel weitergehend der Inbegriff menschlicher Arbeit und Lebensformen, naturwissenschaftliche, technische und andere Entwicklungen eingeschlossen. Eine derartige Vergewisserung, das lebendige Wissen einer Kultur von sich selbst, und zwar in Wissenschaftsform, ist zur Stabilisierung und Entwicklung moderner Gesellschaften ebenso wichtig wie ein wissenschaftsgestütztes technisches Können. Denn ohne sie droht die moderne Welt und droht die moderne Gesellschaft selbst orientierungslos zu werden. Und eben darin, in der konstruktiven Aufarbeitung von schon bestehenden Orientierungsdefiziten und in der Sichtbarmachung der kulturellen Form der Welt, könnten die eigentliche Rechtfertigung der Geisteswissenschaften vor der Geschichte der modernen Rationalität und ihre Aufgaben zur Durchsetzung dieser Rationalität liegen. Das ist weit mehr als Kompensation, die hinter den Linien technischer Kulturen operiert, und weit mehr als Akzeptanzsicherung, die ohne eigene Rationalität bleibt.

Vergewisserung besagt dabei keineswegs lediglich Vergegenwärtigung oder historische Erinnerung – wie es die Kompensationsvorstellung meint oder nahelegt. So hätte der geisteswissenschaftliche Verstand nicht nur zu sagen, wie die Welt *war*, als sie noch nicht die moderne war, sondern auch, wie die moderne Welt *ist*, im Unterschied etwa zum technischen Verstand, der sagt, was die moderne Welt *kann*. Ohne ein Bewußtsein davon, was sie ist, kann die moderne Welt gerade in ihrem eigentümlichen Können orientierungslos werden, d.h., sie gerät in die Gefahr, nur noch Können, ohne begründete Perspektiven, in denen dieses Können zum Einsatz kommt, zu sein. Damit besteht durchaus auch eine sachliche Verbindung zwischen Geisteswissenschaften und *Orientierung*, nur macht diese die Geisteswissenschaften selbst noch nicht zu Orien-

7 Vgl. dazu J. Mittelstraß, »Die Geisteswissenschaften im System der Wissenschaft«, in: W. Frühwald u.a., *Geisteswissenschaften heute. Eine Denkschrift*, Frankfurt/Main 1991, 15-44, bes. 39-44.

tierungswissenschaften. Auch diese Rolle wird ihnen gelegentlich, in völliger Verkennung ihrer systematischen Vermögen, angedient. Wie sollten auch Disziplinen, die selbst in einem hohen Maße orientierungslos sind, andere Disziplinen, z.B. die Naturwissenschaften, und die Gesellschaft orientieren können? Umgekehrt läuft eine derartige Charakterisierung, die Verbindung von Geist und Orientierung, auf keine bloße Bildungsarchäologie hinaus, insofern die Geisteswissenschaften mit ihrem bildenden Wissen stets hinter den Linien der vorrückenden modernen Welt blieben, ohne Einfluß auf Richtung und Geschwindigkeit ihrer Bewegung. Die Wirklichkeit des Geistes ist zwar immer auch seine Geschichte, doch ›gehört‹ der Geist nicht seiner Geschichte; und Geisteswissenschaft ist zwar immer auch ein gebildetes Wissen, doch zwingt uns dies nicht dazu, eine vermeintlich unverrückbare Grenze zwischen dem Nachdenken und dem Vorausdenken zu ziehen.

Um dieses neue Profil zu realisieren, müßten die Geisteswissenschaften, zunächst auf sich selbst bezogen, eine *transdisziplinäre* Orientierung wiedergewinnen. Transdisziplinarität[8] hier verstanden als die Aufhebung fachlicher und disziplinärer Parzellierungen, wo diese ihre historische und systematische Erinnerung an eine ursprüngliche Einheit der geisteswissenschaftlichen Arbeit verloren haben. Diese war ursprünglich mit der idealistischen Konzeption von Geist und Natur gegeben und selbst noch in der Verselbständigung der Geisteswissenschaften gegenüber den Naturwissenschaften, die sich im Zuge einer Akademisierung der Geisteswissenschaften im 19. Jahrhundert vollzog, erkennbar, z.B. in dem von Dilthey angestrengten Versuch, eine Erkenntnistheorie der Geisteswissenschaften (als Theorie der geistigen Erscheinungen) zu entwickeln. Methodisch blieb dieser Versuch allerdings ohne Fundament – bis heute.

Transdisziplinarität als Forschungs- und Kompetenzform gehört dabei im Grunde zum Wesen der Geisteswissenschaften; diese können sogar, ihrer ursprünglichen (idealistischen) Idee nach, als das eigentliche wissenschaftssystema-

8 Zum Begriff der Transdisziplinarität vgl. J. Mittelstraß, »Interdisziplinarität oder Transdisziplinarität?«, in: L. Hieber (Ed.), *Utopie Wissenschaft. Ein Symposium an der Universität Hannover über die Chancen des Wissenschaftsbetriebs der Zukunft*, München/Wien 1993, 17-31.

tische Paradigma einer transdisziplinären Ordnung gelten. Wenn nämlich der wirkliche Gegenstand der Geisteswissenschaften die kulturelle Form der Welt ist und zu dieser auch die Naturwissenschaften und alles, was die moderne Welt in ihrem wissenschaftlichen und nicht-wissenschaftlichen Wesen ausmacht, gehören, dann vermögen sie diesem Umstand auch nur zu entsprechen, indem sie selbst, in ihrer Wahrnehmung der Welt und in ihren Arbeitsformen, den einmal eingeschlagenen Weg der Partikularisierung geisteswissenschaftlicher Orientierungen wieder verlassen und eine transdisziplinäre Optik einnehmen. Nicht, indem sie sich zu einer Universalwissenschaft hochstilisieren – dieser Traum ist spätestens seit Leibnizens vergeblichen Versuchen um eine Mathesis universalis ausgeträumt –, sondern indem sie ihre (möglicherweise selbst erst wieder herzustellenden) disziplinären Kompetenzen in den Dienst eines transdisziplinären kulturellen Begreifens stellen.

Diese Anstrengung wird nicht in allen Fällen gelingen, und diese Anstrengung ist nicht in allen Fällen auch wirklich geboten, zumal auch Transdisziplinarität disziplinäre (und fachliche) Kompetenzen voraussetzt, die ihrerseits zunächst einmal für sich ausgebildet werden müssen. Immerhin wäre es gut, wenn z.B. die Sprachwissenschaft wieder begriffe, daß sie es nicht so sehr mit sprachlichen Partikularitäten, sondern mit der *sprachlichen Form der Welt* zu tun hat, wenn die Literaturwissenschaft wieder begriffe, daß sie es nicht so sehr mit literarischen Texten, sondern mit der *ästhetischen Form der Welt* zu tun hat, wenn die Geschichtswissenschaft wieder begriffe, daß sie es nicht so sehr mit Geschichten, sondern mit der *historischen Form der Welt* zu tun hat, und wenn die Philosophie wieder begriffe, daß sie es nicht so sehr mit ihren Klassikern, sondern mit der *rationalen Form der Welt* zu tun hat. Ein solches Begreifen ist in den genannten disziplinären Beispielen sicher nicht unbekannt, aber es verbindet sich noch zu wenig mit Problemen und Forschungsformen, die außerhalb der eigenen geisteswissenschaftlichen Grenzen liegen. Nur dies würde die Geisteswissenschaften auch aus ihrer zum Teil selbst verschuldeten Isolierung gegenüber anderen Wissenschaftsbereichen, damit auch aus der Isolierung des geisteswissenschaftlichen Verstandes gegenüber dem naturwissenschaftlichen und dem technischen Verstand führen.

Das alles bedeutet institutionell und bezogen auf eine neue (und zugleich auch ein wenig alte, gleichwohl zukunftsträchtige) Idee der Geisteswissenschaften: (1) Auflösung der falschen (fachlichen) Partikularitäten in den Bereichen Literatur, Sprache und Geschichte. (2) Überwindung des Zwei-Kulturen-Mythos durch die Bildung von Forschungsschwerpunkten an den Schnittflächen beider Kulturen (als Beispiele für eine in diesem Sinne gelungene ›geisteswissenschaftliche‹ Schwerpunktbildung mögen hier die Forschungsschwerpunkte Umweltstandards und Altern und gesellschaftliche Entwicklung der ehemaligen Akademie der Wissenschaften zu Berlin dienen.)[9] (3) Ersetzung des *historistischen* Paradigmas durch ein *philosophisches* Paradigma bei gleichzeitiger Wiederbesinnung der Philosophie auf ihr systematisches Wesen. Gelänge all dies, wäre Modernität für die Geisteswissenschaften kein qualvoller Anspruch mehr, sondern selbstverständliche Form geisteswissenschaftlicher Arbeit, und wäre in dieser Modernität auch die (schon verloren geglaubte) Einheit einer geisteswissenschaftlichen und einer technischen Kultur beschlossen.

Zwei Schlußbemerkungen

Ich habe mit zwei Vorbemerkungen begonnen und will – aus Liebe zur Symmetrie – mit zwei Schlußbemerkungen enden.

Die erste Bemerkung: In den zugleich verächtlich machenden wie in sich selbst verliebten Kontroversen um das Wesen oder Unwesen zweier Kulturen halten wir am Leben, was sich längst überlebt hat. Statt in der Abenddämmerung des 20. und der Morgendämmerung des 21. Jahrhunderts der Forschung neue gesellschaftliche Türen zu öffnen und ihre strukturelle und programmorientierte Selbstorganisation zu fördern, schlagen wir noch einmal die akademischen Schlachten des 19. Jahrhun-

9 K. Pinkau u.a., *Umweltstandards. Grundlagen, Tatsachen und Bewertungen am Beispiel des Strahlenrisikos*, Berlin/New York 1992 (Akademie der Wissenschaften zu Berlin, Forschungsbericht 2); P. B. Baltes/J. Mittelstraß (Eds.), *Zukunft des Alterns und gesellschaftliche Entwicklung*, Berlin/New York 1992 (Akademie der Wissenschaften zu Berlin, Forschungsbericht 5).

derts zwischen Geistes- und Naturwissenschaften – erkennbar z.B. auch in der Renaissance der Hermeneutik mit ihrem (vergeblichen) Versuch, sich als allzuständige Erkenntnistheorie zu etablieren, und der mit diesem Versuch verbundenen Folge einer methodischen Abschottung des geisteswissenschaftlichen Verstehens gegenüber dem naturwissenschaftlichen (und anderem) Erklären. Der hermeneutische Zirkel – stolz, und manchmal reichlich naiv, vorgetragen – als letztes Methodenwort der Geisteswissenschaften? Die Krise der Geisteswissenschaften, von der nicht nur zu Beginn die Rede war, wäre tatsächlich zur Dauerkrise geworden.

Wenn es hier wirklich etwas zu lernen gibt, dann vielleicht wieder von der philosophisch inspirierten, wenngleich zu spekulativ geratenen idealistischen Vorstellung einer tieferen inneren Einheit von *Natur* und *Geist*. Dies ist nicht evolutionsbiologisch gemeint und auch nicht metaphysisch (trotz Hegels These, daß Natur eine Form des Geistes ist), sondern wissenschaftstheoretisch, nämlich als innere Einheit der naturwissenschaftlichen und der geisteswissenschaftlichen Rationalität. Gemeint ist die Überzeugung, daß die Naturwissenschaften und die Geisteswissenschaften im Grunde Ausdruck derselben Rationalität sind, die die moderne Welt geschaffen hat. Wer als Objektivationen des Geistes nur die Leistungen der Erinnerung, der Literatur, der Kunst, aber auch der Philosophie, begreift, der hat nicht nur die moderne Welt, sondern auch sich selbst mißverstanden: er übersieht, daß auch die Naturwissenschaften nicht Objektivationen der Natur, sondern ebenso wie die Geisteswissenschaften, nur auf anderem Felde, Objektivationen des menschlichen Geistes sind. In diesem Sinne läßt sich denn auch pointiert sagen, daß alle Wissenschaften Geisteswissenschaften sind.

Damit ist natürlich nicht gemeint, daß paradoxerweise am Ende gar die Geisteswissenschaften zu den eigentlichen Siegern der Zwei-Kulturen-Kontroverse erklärt werden sollen. Dies würde selbst für die Geisteswissenschaften eine schwer begreifbare und wohl auch – im Blick auf die selbst gewählte Zwergenrolle – unerwünschte Vorstellung sein. Gemeint ist lediglich, daß der Geist keine isolierte Region (neben der Natur) oder philosophischer oder anderer Tiefsinn (jenseits aller weltbildenden Rationalitäten) ist. Wer die Welt in Natur und Geist zerlegt – darin, ohne es selbst zu bemerken, selbst idealistischen Spuren folgend –, um sich entweder auf der einen Seite, nämlich als Naturwissenschaftler, oder auf der anderen Seite, nämlich als Geisteswissenschaftler, festzusetzen, hat sie schon verloren, jedenfalls in dem Sinne, daß er sie nicht mehr in ihrer einheitlichen Form, die auch eine wissenschaftliche Form ist, begreift. Philosophisch ist damit kein neuer Monismus empfohlen, in diesem Falle ein geisteswissenschaftlicher, sondern ein Programm, das die Einheit der Wissenschaft und die Einheit der Welt, die weder ›philosophisch‹ noch ›physikalisch‹ einfach zu haben ist, in der Einheit der wissenschaftlichen Rationalität wiederzugewinnen sucht. Ein derartiges Programm, gegen ein bequemes Denken in dualistischen Strukturen gerichtet, ist heute nicht nur aus wissenschaftstheoretischen, sondern auch aus praktischen Gründen geboten: Auf Dualismen läßt sich auf Dauer keine gemeinsame Orientierung aufbauen.

Die zweite Bemerkung: War das ein *geisteswissenschaftlicher* Beitrag, der am Ende im Rahmen der üblichen Wissenschaftsrhetorik zwischen Geistes- und Naturwissenschaften mehr Vorurteile bestätigt als ausgeräumt hat? Es war, wie ich hoffe, ein *philosophischer* Beitrag. Aber hätte dieser Beitrag aus der Mitte der Naturwissenschaften anders ausgesehen? Ich glaube nicht. Schließlich ging es ganz allgemein um Wissenschaft und Forschung, ihr Wesen und ihre Zukunft, nicht um hermeneutische Kunststückchen und ein Wundenlecken auf geisteswissenschaftlicher Seite. Geisteswissenschaftler mögen zwar geborene Hasenfüße sein, aber sie sind nicht von Natur aus Neinsager und Miesmacher beim Stelldichein der Riesen und Zwerge im Wissenschafts- und Forschungsprozeß. Und sie haben, wie dargelegt, eine unabdingbare Rolle im Modernisierungsprozeß, der kein isolierter und kein kompensierender Prozeß ist, sondern die ganze Form der Welt, hier als kulturelle Form bezeichnet, betrifft.

Im übrigen spiegelt sich im Ansehensverlust der Geisteswissenschaften ein Kulturverlust der Gesellschaft. Ob dies die Geisteswissenschaften mitzuverantworten haben oder nicht, ist dabei nur von nachgeordneter Bedeutung. Entscheidend ist, daß nicht nur die Geisteswissenschaften ihren Gegenstand, die kulturelle Form der Welt, aus dem Auge verloren haben, sondern daß sich auch die Gesellschaft schwer tut, Kultur und Geist in der richtigen Weise, nämlich als konstitutiven Teil ihrer eigenen Wirklichkeit, zu begreifen. Funktionszuschreibungen wie Kompensation, aus den Verlegenheiten der Geisteswissenschaften selbst geboren, oder Akzeptanzbeschaffung, aus gesellschaftlicher und politischer Naivität geboren, sind Anmutungen, die nur erkennen lassen, daß der modernen Gesellschaft ihr eigenes Wesen, das auch ein kulturelles Wesen ist, fremd geworden ist. Schließlich ist Kultur auch diejenige Form, in der die moderne Welt ihre Humanität bewahren bzw. diese zurückgewinnen könnte. Ferner ist sie die kreativste Form der Orientierung, des orientierenden Umganges mit einer gemeinsamen Welt, der Verwandlung der Welt in unsere Welt. Wo Kultur blaß wird, werden auch unsere Orientierungen blaß, verliert die moderne Welt ihre humane Dynamik, verliert das Subjekt seine Spielräume und seine Urteilskraft. Krise und Zukunft der Geisteswissenschaften können (und sollten) daher auch dazu führen, hierin, in der Wiedergewinnung dieser Funktion von Kultur, wieder die eigentliche Aufgabe der Geisteswissenschaften zu sehen. Leonardo da Vinci sollte recht behalten: Wer an einen Stern gebunden ist, der kehrt nicht um.

3. Wissenschaftsreform als Universitätsreform

1. Themensuche

Mit Recht wird auf einer wissenschaftlichen Tagung erwartet, daß man zum Thema spricht, in diesem Falle also zur Germanistik der 70er Jahre. Eben dies aber fällt mir aus Kompetenzgründen schwer. Dabei wird sich die Enttäuschung auf seiten der Veranstalter sicher klein halten; schließlich wußten sie, wen sie da einluden. So fasse ich denn auch meine Rolle eher als die eines Spezialisten für das Allgemeine, in diesem Falle das Wissenschaftstheoretische, und als diejenige eines eher im Grundsätzlichen angesiedelten Stichwortgebers auf. Das paßt natürlich auch zum Profil der Philosophie, die das Allgemeine liebt und das Besondere allenfalls berührt – gerade so, daß sie in dieses – mit der Konsequenz, dann auch für ihre Taten haftbar gemacht zu werden – nicht allzu tief hineingezogen wird. Das gilt auch in Sachen Germanistik, jedenfalls für mich.

Von der Germanistik verstehe ich nichts. Sie ist zwar auch in meinem Studienbuch dokumentiert, doch hier neben vielem anderen, von der Theologie bis zur Physik, und eher als Dokument einer vagabundierenden Neugierde denn als ernsthafter Studienmittelpunkt. Immerhin habe ich damals mit Verwunderung und Verblüffung eine Art Selbstauflösung der Germanistik wahrgenommen, gespeist aus wissenschaftssystematischer Unsicherheit, ungläubiger Selbsthistorisierung und schlechtem Gewissen angesichts einer nunmehr offenkundig werdenden politischen Stabilisierungsfunktion liebgewordener germanistischer Forschungs- und Studiengewohnheiten, die so etwas wie ein Verfügungsmonopol über das deutsche Wesen zum Ausdruck brachten. Damals habe ich viel Lämmert gelesen, nicht nur die großartigen »Bauformen des Erzählens« (1955), sondern, später, auch seine Reflexionen zum Ende der Germanistik und ihrer Zukunft (1969).

Lämmerts Plädoyer, die zukünftigen germanistischen Aufgaben nicht in der Germanistik, d.h. durch die Germanistik selbst definiert, zu suchen, sondern sie als Aufgaben eigener

Art zu sehen, zu deren Bearbeitung auch die Germanistik beitragen könnte, leuchtete mir ein, zumal Lämmert eine derartige Neuorientierung sogleich mit institutionellen Vorschlägen, die in die universitäre Forschungs- und Studienstruktur eingriffen, verband. Die *wissenschaftliche* Zukunft der Germanistik alter Art sah er in der Integration in eine allgemeine Sprach- und Literaturwissenschaft, in eine regionale Kulturwissenschaft und in unterschiedliche Epochenwissenschaften, die *institutionelle* Zukunft der Germanistik im fächer- und disziplinenverbindenden Verband von Fachbereichen.[1] Beide Vorschläge hatten selbst Zukunft und wurden dann auch in vielfältiger Weise realisiert – in den Köpfen, die in allgemeinen literatur- und sprachwissenschaftlichen, desgleichen in kulturwissenschaftlichen Katgorien zu denken begannen, und in den Institutionen, jedenfalls dort, wo sich eine institutionelle Reform mit der Auflösung einer kleinkarierten Institutsstruktur verband, z.B. in Konstanz in Form der Fachbereiche Literatur- und Sprachwissenschaft.

Heute ist es vor allem das Stichwort Medien, das neben das Stichwort Kultur tritt und alles Germanistische alter Art ins weite Meer der Kulturwissenschaften entgrenzt. Wo deren Horizonte liegen, ist zwar weitgehend unklar, doch legitimiert man sich, wie immer in solchen Orientierungswechseln, nunmehr mit Verachtung auf ältere geisteswissenschaftliche Selbstverständnisse herabblickend, an der eigenen Kühnheit und dem disziplinären Durcheinander, das ohnehin, teils in wissenschaftssystematischen, teils in institutionellen Dingen, heute an den Universitäten und im allgemeinen Bewußtsein herrscht. Hier gewinnt man manchmal den Eindruck, als ob die Definitionskünstler, die stets in Orientierungswechseln ihre wissenschaftliche Chance wittern, diesmal weniger auf die Wiederherstellung von Klarheiten als auf die Erzeugung möglichst vieler Unklarheiten bedacht seien. Unter dem weiten Mantel postmoderner Beschwörungen finden schließlich auch noch die Schwächlichsten im Akademikervölkchen ihren Platz.

1 E. Lämmert, »Das Ende der Germanistik und ihre Zukunft«, in: J. Kolbe (Ed.), *Ansichten einer zukünftigen Germanistik*, München [3]1970, 89ff.

Das wiederum ist keineswegs etwas spezifisch Germanistisches – womit ich wieder an meinem Ausgangspunkt angelangt wäre, d.h. bei der Suche nach einer Aufgabe auf einer der Germanistik und der kritischen Bilanz ihrer neueren Wissenschaftsgeschichte gewidmeten Tagung. Diese Aufgabe soll in dem gewählten Thema gefunden werden, bei dessen Formulierung mir übrigens das Programm einen kleinen Streich gespielt hat, indem es im Titel ein gewolltes ›als‹ durch ein blasses ›und‹ ersetzte. Dabei war das ›als‹ mit Bedacht gewählt. 1977 hatte ich als Beitrag zu einer kritischen Zwischenbilanz, die die Universität Konstanz zu Ehren des 70. Geburtstages ihres Gründungsrektors Gerhard Hess zog, über *Universitätsreform als Wissenschaftsreform* geschrieben, d.h. über eine Reform, die in der Weise einer Veränderung der universitären Verhältnisse die Wissenschaft insgesamt verändern sollte.[2] Nun sollte die Analyse, auf die Veränderungen in den 70er Jahren bezogen, einmal in ihrer Orientierung umgedreht werden. Welche Veränderungen, so läßt sich schließlich auch fragen, haben in Bewegung geratene wissenschaftliche Verhältnisse in der Universität bewirkt? Also: *Wissenschaftsreform als Universitätsreform*.

Doch das ist womöglich ohnehin zu spitzfindig gedacht. Schließlich stellte es sich bei der Vorbereitung dieses kleinen Referats heraus, daß beide Sichtweisen unter historischen Gesichtspunkten nicht allzu verschieden sind, weshalb ich denn auch, nicht unwillkommen, weil bequem, im wesentlichen auf die ältere Analyse zurückkomme – bei der ich im übrigen zuversichtlich davon ausgehe, daß sie ohnehin niemand mehr kennt.

2. 1968

Fangen wir mit 1968 an. Dieses ist, wie wir alle wissen, ein nachgerade magisches Datum, das einen revolutionären Moment beschreiben soll und dabei in der jüngeren deutschen

2 J. Mittelstraß, »Universitätsreform als Wissenschaftsreform«, in: H. R. Jauß/H. Nesselhauf (Eds.), *Gebremste Reform. Ein Kapitel deutscher Hochschulgeschichte. Universität Konstanz 1966-1976. Gerhard Hess zum 70. Geburtstag gewidmet*, Konstanz 1977, 1-151; ferner in: J. Mittelstraß, *Die unzeitgemäße Universität*, Frankfurt/Main 1994, 175-195.

Wissenschafts- und Universitätsgeschichte im wesentlichen von der Lust zur Selbstheroisierung und der damit unvermeidlich einhergehenden Historisierung zeugt. In Wahrheit war, wissenschafts- und universitätspolitisch betrachtet, 1968 kein revolutionärer Neubeginn, sondern eine Etappe, wenngleich eine dramatische, Vieles in eine neue Bahn lenkende, Vieles, was schon unterwegs war, auch wieder gefährdend. Ich meine die universitätspolitischen Veränderungen, die der Wissenschaftsrat, beginnend mit seinen Empfehlungen zum Ausbau der wissenschaftlichen Hochschulen 1960, angestoßen hatte. Zwischen 1960 und 1975 wurden, wiederum begleitet durch entsprechende Empfehlungen des Wissenschaftsrates, 24 Universitäten und Gesamthochschulen errichtet. Dabei verstanden sich einige dieser Neugründungen, z.B. Bielefeld, Bremen und Konstanz, ausdrücklich als Reformuniversitäten, d.h., mit ihnen sollte das bestehende Hochschulsystem nicht nur erweitert, sondern im Sinne neuer Universitätskonzeptionen auch verändert werden. Mit anderen Worten: Das deutsche Universitätssystem war in Bewegung geraten, quantitativ wie qualitativ, nunmehr auch auf dem Hintergrund einer diagnostizierten ›Bildungskatastrophe‹ (G. Picht 1964)[3] und abgeleitet aus einem Grundsatz ›Bürgerrecht auf Bildung‹ (R. Dahrendorf 1965).[4] 1968 ist in erster Linie ein allgemeines politisches, kein im engeren Sinne wissenschafts- oder universitätspolitisches Datum.

Das sieht z.B. auch Lübbe so, wenngleich in eigentümlich konservativer Überdrehung der Beurteilung, in der nunmehr aus Achtundsechzig allein ein Resultat akademischer Revolutionsromantik und politischer Mythenbildung wird: In Deutschland herrschte vor 1968 »keineswegs hochschulpolitische Stagnation. Vielmehr gab es seit zehn Jahren einen historisch beispiellosen Investitions- und Innovationsschub mit Hochschulgründungen im Dutzend von Bochum über Regensburg bis nach Trier und Dortmund und verbanden sich damit von Konstanz bis Bielefeld Reformansprüche weitreichender und überdies erfolgreicher Art. Nicht also unter Sta-

3 G. Picht, *Die deutsche Bildungskatastrophe. Analyse und Dokumentation*, Freiburg 1964.

4 R. Dahrendorf, *Bildung ist Bürgerrecht. Plädoyer für eine aktive Bildungspolitik*, Hamburg 1965, [2]1968.

gnationsdruck, vielmehr mitten im Fluß der längst in Bewegung geratenen Dinge erhob sich der Protest der Studenten, und er wirkte, statt als Beschleuniger, vor allem als Störfaktor.«[5] Er wirkte wohl weder in der einen noch in der anderen Weise. Nicht einfach als Beschleuniger, weil er Vieles nur in eine andere, nicht mehr spezifisch wissenschafts- und universitätspolitische Richtung führte, und nicht einfach als Störfaktor, weil die wissenschafts- und universitätspolitischen Dinge damals keineswegs klar, ein gemeinsamer wissenschafts- und universitätspolitischer Wille schon geformt und entsprechende Reformen schon auf sicherem Wege waren. Nicht nur die engagierte Zeitgenossenschaft, auch die Kritik verklärt, und jede auf ihre Weise: die Zeitgenossenschaft in Selbsthistorisierung (Lübbe), die Kritik in einer herrschaftlichen Überlegenheitsgeste – als wäre dem wissenschafts- und universitätspolitischen Weltgeist damals nur ins Handwerk gepfuscht, er nicht in gewissem Sinne auch aufgeweckt, im Guten wie im Bösen aufgeschreckt worden.

Diesen Schrecken spiegelten damals auch viele universitäre Reaktionen, die in gleicher Weise Zeugnis von sich ins Chaotische neigenden Verhältnissen wie auch von dem Unvermögen geben, mit diesen Verhältnissen in der sonst für das eigene Tun reklamierten institutionellen wie persönlichen Souveränität umzugehen. So z.B. der Theologe Thielicke 1984 im Rückblick auf Hamburger Erfahrungen 1967: »Am 9. November 1967 begann für mich im Auditorium Maximum der Hamburger Universität einer der traurigsten Lebensabschnitte (...). Hier brach in einem Paroxysmus entfesselter Happenings jene Studentenrevolte aus, deren deprimierende Erscheinungen nicht nur die folgenden Jahre verfinsterten, sondern die auch die Strukturen der deutschen Universität bis in die Grundfesten erschütterten. (...) Diese Revolte bildete eine historische Zäsur, nach der es zum Niedergang der deutschen Universität kam.«[6] Die Rede vom Niedergang der deutschen Universität ist nicht nur allzu dramatisch, die tatsächlichen Verhältnisse kaum richtig wie-

5 H. Lübbe, »Achtundsechzig. Akademische Revolutionsromantik und ihre Folgelasten«, Neue Zürcher Zeitung 30./31.5.1998, Nr. 123, 65.

6 H. Thielicke, *Zu Gast auf einem schönen Stern. Erinnerungen*, Hamburg 1984, 400. Vgl. Chr. Führ, *Deutsches Bildungswesen seit 1945. Grundzüge und Probleme*, Berlin 1997, 203ff.

dergebend geraten, sie verklärt auch einen älteren Zustand, zu dessen notwendiger Reform nicht nur frustrierte Revoluzzer und Chaoten angetreten waren.

Richtig ist allerdings, daß die Universität um das Jahr 1968 in vielfältiger Weise als eine willkommene Bühne für anderorts unerfüllte oder unerfüllbare politische Reformvorstellungen, besser: als leicht einnehmbares Betätigungsfeld umherirrender politischer Energien erschien und entsprechend genutzt wurde. Eine politisch motivierte Reform, so der Germanist Arntzen 1982, »machte sich an der Universität v.a. darum zu schaffen, weil die politische Frustration junger, oft studierender, manchmal dozierender Intellektueller in den sechziger Jahren zu groß geworden war. Winkelzeitschriften, Demonstrationen zur Aufrüstung, zur Atombombe, zu Vietnam, zu den Notstandsgesetzen – das war ihnen auf die Dauer zu wenig. Aber der Staat, der eigentliche Adressat ihrer Wünsche, später ihrer Forderungen, später ihrer Drohungen, war als Bundesrepublik längst die alleinige Domäne der politischen, der wirtschaftlichen und der administrativen Funktionäre, der Staat als ›die Amerikaner‹ war vollends unerreichbar. So bot sich die Universität als Substitut an.«[7] Mit anderen Worten: 1968 ist in erster Linie, auf die Universitäten gesehen, ein Ausdruck für Stellvertreterkriege, erst in zweiter Linie – und dann oft aus schiefem hochschulpolitischen Winkel betrachtet – ein Ausdruck für Hochschulreform. Als Universitätsreform war diese schon auf dem Wege, und als Universitätsreform hat sie, weder bemerkenswert gestärkt noch geschwächt, 1968 längst hinter sich gelassen.

3. Theorie der Universität

Wissenschaftsreform, von der in Form von Wissenschaftskritik auch schon in den 70er Jahren viel die Rede war,[8] kann zweierlei bedeuten: Reform der besonderen epistemischen Formen

7 H. Arntzen, »Wir Reformierten«, in: H. A. Glaser (Ed.), *Hochschulreform – und was nun? Berichte – Glossen – Perspektiven*, Frankfurt/Main 1982, 224.

8 Vgl. z.B. P. Janich/F. Kambartel/J. Mittelstraß, *Wissenschaftstheorie als Wissenschaftskritik*, Frankfurt/Main 1974.

des wissenschaftlichen Wissens, einschließlich dessen Erzeugung, und Reform der institutionellen Formen von Wissenschaft. Im ersten Fall ist Wissenschaftsreform eine Sache des *wissenschaftlichen* Verstandes selbst, d.h. der wissenschaftlichen Forschung und ihrer methodologischen Strukturen. Wissenschaftler und Wissenschaftstheoretiker teilen sich hier die Arbeit – allerdings nicht immer konfliktfrei (weil der eine, der Wissenschaftler aus der Sicht des Wissenschaftstheoretikers, in Sachen Grundlagen als dumm, der andere, der Wissenschaftstheoretiker aus der Sicht des Wissenschaftlers, in Sachen Forschung als ahnungslos gilt). Im zweiten Fall ist Wissenschaftsreform eine Sache des *wissenschaftspolitischen* Verstandes, d.h. der gesellschaftlich vermittelten institutionellen Formen, unter die Wissenschaft (als besondere Form der Wissensbildung) tritt.

Wenn hier von Wissenschaftsreform die Rede ist, die sich als Universitätsreform Geltung und Wirklichkeit zu verschaffen sucht, dann in diesem zweiten Sinne. Heute macht sich dieser in Deutschland vor allem in der hochschulpolitischen Rahmengesetzgebung (des Bundes) und der speziellen Hochschulgesetzgebung (der Länder) geltend, auf das gesamte Wissenschaftssystem bezogen in der Ordnung von Universitäten und außeruniversitären Forschungseinrichtungen. Während dabei die Hochschulgesetzgebung im wesentlichen als zu restriktiv, als besonders bösartige Form der Überregulierung wahrgenommen wird, wird das Wissenschaftssystem als ganzes zwar als ungewöhnlich reich, gleichzeitig aber, für das Universitätssystem, als bedrohlich empfunden. Tatsächlich hat sich in Deutschland ein einzigartiges differenziertes Wissenschaftssystem ausgebildet, das von der Universitätsforschung, definiert über die Einheit von Forschung und Lehre, über die Max-Planck-Forschung, definiert über große Leistungsprofile in neuen Wissenschaftsentwicklungen, die Großforschung, definiert über große Forschungsgeräte und zeitlich begrenzte Forschungs- und Entwicklungsaufgaben, die Fraunhofer-Forschung, definiert über wirtschaftsnahe Anwendungsforschung, bis zur Industrieforschung, definiert über Forschung und Entwicklung, reicht. Doch die Logik dieses Systems, die institutionelle Zerlegung von Forschungsaufgaben, ist problematisch geworden. Wissenschaft, wissenschaftliche Forschung

folgt eben anderen Gesetzen als den von Wissenschaftsorganisatoren und Amtmännern dekretierten Gesetzen.

Außerdem weist dieses System in einigen seiner Sektoren Wucherungen auf, erkennbar z.B. am gewaltigen, durch keine Forschungslogik mehr bestimmten Wachstum der sogenannten Blauen Liste, an den Forschungsansprüchen der Fachhochschulen und an der Überwindung der Sterblichkeit der Großforschung. Hier beginnt ein Wissenschaftssystem sich selbst im Wege zu stehen. Oder anders formuliert: das Wissenschaftssystem muß sich bewegen, wenn sich die Forschung bewegt. Die umgekehrte Richtung – daß sich die Bewegung der Forschung dem Wissenschaftssystem fügt – führt in die Erstarrung des Systems und zur wissenschaftlichen Unfruchtbarkeit. Folglich muß es auch das vorrangige wissenschaftspolitische Ziel sein, die Teile des bestehenden Wissenschaftssystems besser miteinander zu vernetzen und dabei jeweils sehr sorgfältig zu analysieren, ob die erkennbare Tendenz zur weiteren Verselbständigung von Teilsystemen nicht neue institutionelle Mauern im Wissenschaftsbereich errichtet, wo diese eigentlich eingerissen werden müßten. Die institutionelle Alternative zum gegenwärtigen Wissenschaftssystem wäre denn auch die Bildung von Forschungsverbünden auf Zeit, quer über alle Wissenschaftsteilsysteme hinweg. Doch dieses ist ein modernes Problem; in den 70er Jahren war es kein großes Thema. Der Ruf nach einer Wissenschaftsreform bezog sich hier vor allem auf die Universitäten, und auch für den Wissenschaftler waren (und sind) die Universitäten die eigentliche Mitte des Wissenschaftssystems – mit andauernden Reformerfordernissen.

So werden in den »Anregungen des Wissenschaftsrates zur Gestalt neuer Hochschulen« (1962) als Grundprinzipien der deutschen Universität angeführt: die Verbindung von Forschung und Lehre, die Freiheit von Forschung und Lehre, die akademische Freiheit auch als Lernfreiheit der Studierenden (Grundsatz der Eigenverantwortlichkeit).[9] Diese Prinzipien sollen auch bei Neugründungen bewahrt bzw. durch diese neue Geltung erfahren. Die dabei gemachten Vorschläge zu einer Organisationsreform machen im übrigen deutlich, daß für

9 Bonn 1962, 9.

den Wissenschaftsrat die Neugründung von Universitäten nicht nur eine Sache von Kapazitäten und Ausbildung war. Vielmehr wird nachdrücklich auf den Humboldtschen Grundsatz einer Bildung durch Wissenschaft hingewiesen, wobei dieser jetzt eine Reform der Wissenschaftspraxis mit einer Reform der wissenschaftlichen Organisationsformen (einschließlich einer Studienreform) verbinden soll. Eine Wissenschaftsreform soll über eine Universitätsreform in ein aufgeklärtes reflexives Verhältnis zu sich selbst gebracht werden. In den »Empfehlungen des Wissenschaftsrates zu den Perspektiven der Hochschulen in den 90er Jahren« von 1988 wird diese Perspektive bekräftigt und zugleich die zentrale Stellung der Universitätsforschung im allgemeinen Wissenschaftssystem betont.

Ihr hochschulpolitisches Pendant finden die Empfehlungen des Wissenschaftsrates in den 60er und 70er Jahren in den Denkschriften einiger Neugründungen, so vor allem denen der Universitäten Bielefeld, Bremen und Konstanz. Hier kommen allgemeine wissenschaftssystematische Erwägungen vor den Toren einer Theorie der Universität an, Wissenschaftstheorie, die zur Wissenschaftskritik wird, findet sich in der Universität bzw. in den Denkschriften von Neugründungen wieder. Nicht überall und nicht in allen Fällen universitätspolitischer Veränderungen, aber dort, wo man sich ein Bewußtsein von der Verbindung des Institutionellen mit dem Theoretischen bewahrt hat. So eben in den Denkschriften der genannten Universitäten.

In Bremen war es das sogenannte Rothe-Gutachten[10] von 1961, das das Konzept einer neuen Universität mit weiterreichenden wissenschaftssystematischen Überlegungen zu verbinden suchte. Ein Jahr später faßte Rothe dieses Konzept wie folgt zusammen: »Die Voraussetzung für den Erfolg der neuen Universität ist (...) die Wiederherstellung der Dreiheit von Forschung, Lehre und gemeinsamem Leben. Der alte Begriff der Universität als ›universitas magistrorum et scolarium‹ ist im Zeichen des Positivismus des vorigen Jahrhunderts verdrängt worden durch den Begriff der ›universitas litterarum‹.

10 H. W. Rothe, *Über die Gründung einer Universität zu Bremen. Denkschrift vorgelegt der Universitätskommission des Senats der Freien Hansestadt Bremen*, Bremen 1961.

Mir scheint, daß die neue Universität mit aller Kraft eine Synthese dieser beiden Begriffe, nämlich der ›universitas magistrorum et scolarium‹ und der ›universitas litterarum‹ anstreben muß. Die Universität muß darüber hinaus zu einer wirklichen Körperschaft werden, sonst ist dieses Programm überhaupt nicht zu erfüllen. Die neue Universität muß weiter von Anfang an bestrebt sein, eine geistige Wiedervereinigung der Spezialschulen, in die sie mehr und mehr zerfallen ist, anzustreben.«[11] Das klingt zweifellos in Form und Terminologie ein wenig rückwärts gewandt, zeugt aber gleichwohl von dem Willen, sich mit den bisherigen, erstarrten universitären Verhältnissen nicht abzufinden.

Anders das Bielefelder Konzept. Während das Rothe-Gutachten praktisch im Aufbau der Universität Bremen folgenlos blieb, führten die Überlegungen Schelskys, in einer im Rahmen der jüngeren Universitätsneugründungen in Deutschland einmaligen Form, unmittelbar zur Gründung der Universität Bielefeld.[12] Diese Überlegungen waren auf dem Hintergrund einer weit ausgreifenden soziologischen Analyse zur Idee und Gestalt der deutschen Universität und ihrer Reformen[13] insbesondere an den Ideen Humboldts orientiert und wurden wohl auch deshalb von ihrem Verfasser später als chancenlos bezeichnet.[14] Tatsächlich zeugt die Universität Bielefeld noch heute, ungeachtet der resignativen Einschätzung ihres Begründers, von mehr Theorie als manche alte, traditionsbewußte Universität oder als andere Neugründungen, die in diesem Falle weitgehend ohne Theorie auszukommen suchten.

Das gleiche gilt von Konstanz. Hier zeugt der Gründungsbericht der Universität[15] eindrucksvoll von der Absicht, Formen für die Universität zu finden, »in denen die Wissenschaft

11 H. W. Rothe, »Der Bremer Universitätsplan«, in: *Universität neuen Typs? Vorträge einer Tagung in der Evangelischen Akademie Loccum*, Göttingen 1962 (Schriften des Hochschulverbandes 11), 111f.

12 H. Schelsky, »Grundzüge einer neuen Universität. Dokument Nr. X vom 17.8.1965«, in: P. Mikat/H. Schelsky, *Grundzüge einer neuen Universität*, Gütersloh 1966, 35-69.

13 H. Schelsky, *Einsamkeit und Freiheit. Idee und Gestalt der deutschen Universität und ihrer Reformen*, Düsseldorf 1962, ²1971.

14 Im »Nachtrag 1970« in der 2. Auflage von *Einsamkeit und Freiheit.*

15 *Die Universität Konstanz. Bericht des Gründungsausschusses,* Konstanz 1965.

als Forschung wieder in ihr Zentrum rückt und in denen zugleich die Wandlungen in der Methodik und im Gefüge der Wissenschaft zum Ausdruck kommen«.[16] In Verbindung mit dem Grundsatz, Lehre aus Forschung heraus zu entwickeln, bedeutete dies, daß auch der Konstanzer Beitrag zur Reform der Universität bewußt den Vorstellungen Humboldts verpflichtet bleibt. Nur sollte dabei ein romantisches oder naives Vertrauen in eine ›an sich‹ vernünftige Selbstbestimmung der Wissenschaft durch eine methodisch aufgeklärte Kritik wissenschaftlicher Verhältnisse und die Institutionalisierung dieser Kritik im Rahmen einer Selbstreflexion der Wissenschaften nach Methoden und Zielen ersetzt werden. Tatsächlich ist denn auch Konstanz wohl die einzige Universität unter den Neugründungen der 60er und 70er Jahre, deren Gründungsbericht von wissenschaftstheoretischen Kontroversen zeugt und daraus auch keinen Hehl macht. Der Soziologe Dahrendorf, selbst Mitglied des Gründungsausschusses, hat die Debatten in diesem Ausschuß prägnant als »institutionelle Diskussion wissenschaftstheoretischer Fragen« bezeichnet.[17]

Damit gehört zur Wissenschaftsgeschichte der 60er und 70er Jahre neben allem revolutionären Getöse und den leider immer wieder erfolgreichen Bemühungen der Wissenschaftsadministration, institutionelle Ausschläge im Universitätsbereich durch noch mehr Bürokratie zu neutralisieren, auch ein neuer Versuch, die Universitätsentwicklung auch in theoretischen, auf die strukturellen und organisatorischen Ordnungen durchgreifenden Dingen mit der Wissenschaftsentwicklung zu verbinden bzw. dieser in institutionellen Dingen durch sich selbst wieder Ausdruck zu verschaffen. Das ging (und geht) nicht überall gut, macht aber deutlich, daß Wissenschaftsreform und Universitätsreform nur zwei Seiten ein und derselben Medaille sind. Diese Einsicht bleibt, trotz in vieler Hinsicht halbherziger Realisierungen und vieler Rückschläge zugunsten einer Normalität, die das Unzulängliche zur Gewohnheit macht, ein bleibendes Verdienst der Wissenschaftsentwicklung in den 60er und 70er Jahren.

16 A.a.O., 11.

17 R. Dahrendorf, »Konstanz, ›der süße Anachronismus‹. Eine persönliche Notiz zum 10. Geburtstag der Universität Konstanz«, *Konstanzer Blätter für Hochschulfragen* 50/51 (1976), 16.

4. Transdisziplinarität und die Einheit der Universität

Zur Theorie der Universität gehörte schon in den 60er und 70er Jahren, ablesbar am neuen Konzept einer *Fachbereichsstruktur*, das, wie anfangs erwähnt, auch in der Germanistik Fuß zu fassen suchte, die Vorstellung einer weitgehenden Auflösung eng gesteckter fachlicher oder disziplinärer Orientierungen. Tatsächlich haben deutsche Universitäten bis heute im allgemeinen eine wissenschaftsfeindliche, d.h. den wissenschaftlichen Fortschritt eher behindernde als fördernde, Struktur. Gemeint ist die herkömmliche *Institutsstruktur*, die Fächer und Fächerteile organisatorisch gegeneinander isoliert, den Institutsdirektor zum eigentlichen Maß der universitären Dinge macht und dabei in einem eigentümlichen Gegensatz zur Wissenschaftsentwicklung selbst steht. Diese ist gerade nicht durch fachliche oder disziplinäre Strukturen, sondern durch das ständige Durchbrechen derartiger Strukturen gekennzeichnet. Neues wissenschaftliches Wissen, wissenschaftlicher Fortschritt bewegt sich in der Regel nicht in den Kernen der Fächer und Disziplinen, in denen auch das Lehrbuchwissen sitzt, sondern an den Rändern, zwischen oder gänzlich unabhängig von topologisch beschreibbaren wissenschaftlichen Verhältnissen. Das ist auch allgemein bewußt, führt aber in der Regel lediglich zu einer Interdisziplinaritätsrhetorik, die die Dinge nicht verändert, sondern im Gegenteil sogar bestätigt. Denn interdisziplinär ist man, wenn man sich auf Zeit und auch nur im Nebenberuf, gewissermaßen als Spezialist auf der Schnuppersuche nach anderen Spezialisten, einmal aus der eigenen Institution, die meist nicht einmal mehr ein Fach umfaßt, bewegt oder das Studium Generale aus seinem Dornröschenschlaf zu wecken sucht. Das aber ist zu wenig. Notwendig ist vielmehr, einer zunehmenden transdisziplinären Tendenz der Wissenschaftsentwicklung in der Universität auch institutionell Ausdruck zu verleihen.

Unter *Transdisziplinarität* wird, wie dargestellt[18], meist all-

18 Vgl. oben 93ff.

gemein eine Wissenschafts- bzw. Forschungsform verstanden, die problemorientiert über fachliche und disziplinäre Ordnungen hinausgeht. Transdisziplinarität tritt hier neben Interdisziplinarität oder löst diese ab, wo Interdisziplinarität, wie erwähnt, lediglich zu Kooperationen auf Zeit, nicht zu einer andauernden, die fachlichen und disziplinären Orientierungen selbst verändernden wissenschaftssystematischen Ordnung führt. Strittig ist lediglich, ob Transdisziplinarität ausschließlich eine Forschungs- und Arbeitsform der Wissenschaft ist, in der es darum geht, außerwissenschaftliche Probleme, z.B. Umweltprobleme, zu lösen, oder ob Transdisziplinarität auch ein innerwissenschaftliches, die Ordnung des wissenschaftlichen Wissens und der wissenschaftlichen Forschung selbst betreffendes Prinzip ist. Doch eine derartige Unterscheidung ist reichlich künstlich, sie unterstellt nicht nur eine Problemordnung der wissenschaftlichen Welt, sondern auch eine solche der nicht-wissenschaftlichen Welt, die es so nicht gibt. Die meisten wissenschaftlichen Probleme führen auch in die nichtwissenschaftliche Welt, und die meisten Probleme unserer Welt erweisen sich als ohne wissenschaftliche Kompetenzen nicht lösbar.

In Ansätzen ist dies auch schon in den Reformdebatten der 60er und 70er Jahre so gesehen worden. Ausdruck dieser neuen Sicht der wissenschaftlichen und institutionellen Dinge sind z.B. die radikale Ablösung der alten Institutsstruktur durch eine neue Fachbereichsstruktur in Konstanz und die geplante Einführung sogenannter Universitätsthematiken in Bielefeld. Gemeint sind damit »Gegenstandsbereiche und Forschungsthematiken, an denen jeweils mehrere, im günstigsten Falle alle Fakultäten der Hochschule beteiligt sind und die sie in ihrer Berufungs- und Besetzungspolitik zu beachten haben«[19]. Schelksy nennt dabei in seiner Denkschrift als Beispiele: »Vorrang der Theorie-Entwicklung in allen Fächern, Methodik und Mathematisierung, Geschichte, Theorie und Politik der Wissenschaften, Kybernetik und Informationstheorie, die gesellschaftlichen Aspekte aller Wissenschaften, Kultur, Geschichte und Gesellschaft Lateinamerikas.«[20] Kein Zweifel, daß derartige ›Universitätsthematiken‹ auch heute noch ein gutes Kon-

19 H. Schelsky, *Grundzüge einer neuen Universität*, a.a.O., 42.
20 A.a.O., 43.

zept darstellen, dem Gesichtspunkt einer notwendigen Transdisziplinarität – mit solider disziplinärer Grundlage! – wissenschaftliche und institutionelle Geltung zu verschaffen.

In dieser Form könnte die Universität im übrigen ihre verlorengegangene Einheit wiedergewinnen. Diese Einheit ist heute nicht mehr über die Vollständigkeit des durch die Universität repräsentierten Wissens zu haben, aber eben auch nicht über eine Struktur, die, wie die Institutsstruktur, der Wissenschaftsentwicklung nicht mehr entspricht bzw. diese behindert. Wenn die *Einheit der Wissenschaft* als Idee – nicht als System, wie zuletzt im Konzept der sogenannten Einheitswissenschaft des Logischen Empirismus vergeblich zu realisieren versucht – heute im wesentlichen in ihrem transdisziplinären Charakter beruht, dann in gleicher Weise auch die *Einheit der Universität*. Ich wage die Behauptung, daß dies auch die Idee war, die hinter vielen Reformvorstellungen der 60er und 70er Jahre stand. Wir sollten sie behutsam – auf dem gegenwärtigen Niveau unseres wissenschaftstheoretischen Wissens – wieder aufnehmen

4. Philosophie in der Universität

Seine Darstellung der Philosophie Platons beschließt Gilbert Ryle mit dem Satz: Die Universität ist entstanden. Die Platonische Philosophie markiert zusammen mit der Aristotelischen Philosophie nicht nur den Höhepunkt des griechischen Denkens, sondern auch den Anfang der Universität – aus dem Geiste der Philosophie: »The impersonality of Plato's late dialogues, like that of Aristotle's lectures, reflects the emergence of philosophy as an inquiry with an impetus, with techniques and even with an academic curriculum of its own. Plato is now creating professional philosophical prose. As disputing for the sake of victory gives way to discussion for the sake of discovery, so the literature of the elenctic duel gives way to the literature of cooperative philosophical investigation. The university has come into being.«[1] Damit sind zugleich Philosophie und Universität auf eine Weise miteinander verbunden, die enger ist als die Verbindung zwischen anderen Disziplinen und der Universität. Eine Universität ohne Geographie und ohne Betriebswirtschaft ist möglich (und wirklich), eine Universität ohne Philosophie nicht – wenn man Philosophie in einem Platonisch-Aristotelischen, überhaupt griechischen, Sinne auffaßt, nämlich als Inbegriff eines begründungsorientierten, auf seine eigenen methodischen Strukturen und auf die grundlegenden Strukturen der Wissenschaften kritisch bezogenen Denkens.

Dabei ist unerheblich, daß der Platonisch-Aristotelische Philosophiebegriff auf das (wissenschaftliche) Wissen im Ganzen, dessen Einheit darstellend, bezogen war, nicht auf das, was wir im akademischen Sinne heute, als Resultat des Akademisierungsprozesses der Disziplinen im 19. Jahrhundert, mit Philosophie bezeichnen. Philosophie ist in einem langen wissenschaftlichen Differenzierungsprozeß selbst zu einer Disziplin insofern geworden, als sie eine eigene Rationalitätsform, nämlich die der philosophischen Reflexion, besitzt und in dieser Form auf die Rationalitätsformen der anderen Disziplinen grundlagenorientiert bezogen bleibt. Wo sich die Philo-

1 G. Ryle, »Plato«, in: P. Edwards (Ed.), *The Encyclopedia of Philosophy VI*, New York/London 1967, 333.

sophie anders versteht, verliert sie ihr symbiotisches Wesen mit den Wissenschaften, die ihrerseits eine wesentliche Rationalitätsform rationaler Kulturen darstellen, und partikularisiert sich in ihren Geltungsansprüchen. Sie folgt damit dem Trend der modernen Wissenschaftsentwicklung zu immer höherer Spezialisierung, gegen den sie in ihrem Anfang und ihrem bleibenden ›griechischen‹ Wesen gerichtet ist, und sie historisiert sich selbst, wo sie sich – was heute überwiegend der Fall ist – auf philosophiehistorische Analysen, d.h. auf Philosophiegeschichte, beschränkt. Die Frage ist, wie sie in Zukunft – vorausgesetzt, daß sie ihrem systematischen Wesen nahebleiben will – ihre Aufgabe in der Universität sieht und wie sie diese erfüllt. Dazu drei thesenhafte Feststellungen, mit kurzen Erläuterungen.

1.

Philosophie ist in ihrem Verhältnis zu den Wissenschaften Wissenschaftstheorie. Ihre wissenschaftstheoretischen Aufgaben beziehen sich in Form von Darstellungsanalysen auf die Darstellungsform von Wissenschaft, und zwar im wesentlichen in der Weise von Analysen, die Probleme der Theorienstruktur, der Theoriendynamik und der Theorienexplikation betreffen.[2]

Wenn Philosophie in der Universität nicht nur ihre eigenen (spekulativen oder historischen) Wege geht, die sie in den Augen ihrer wissenschaftlichen Kritiker zugleich aus der Wissenschaft herausfallen lassen, kommt es darauf an, Aufgaben der Philosophie im Rahmen eines kooperativen Verhältnisses mit den Wissenschaften zu identifizieren. Diese liegen in der angegebenen Weise in Darstellungsanalysen, die sich auf die Darstellungsformen von Wissenschaft[3] beziehen.

Unter dem Stichwort *Theorienstruktur* geht es aus philoso-

2 Vgl. J. Mittelstraß, »Die Philosophie der Wissenschaftstheorie. Über das Verhältnis von Wissenschaftstheorie, Wissenschaftsforschung und Wissenschaftsethik«, *Zeitschrift für allgemeine Wissenschaftstheorie* 19 (1988), 308-327.

3 Vgl. K. Lorenz, »The Concept of Science. Some Remarks on the Methodological Issue ›Construction‹ versus ›Description‹ in the Philosophy of Science«, in: P. Bieri u.a. (Eds.), *Transcendental Arguments and Science*, Dordrecht 1979, 177-190.

phischer wie aus wissenschaftlicher Perspektive um Strukturen einer Wissenschaftssprache, um Strukturen wissenschaftlicher Gesetze und Erklärungen sowie um den Aufbau von Theorien, im engeren Sinne z.B. um die Frage, ob Theorien als mengentheoretische Modelle (wissenschaftstheoretischer Strukturalismus), als deduktiv geordnete Aussagensysteme, d.h. als axiomatische Systeme, oder als methodisch auf vortheoretische Kompetenzen (Unterscheidungs- und Herstellungskompetenzen) zurückgreifende Konstruktionen (Konstruktive Wissenschaftstheorie) zu verstehen sind.[4] In diesen Fällen entscheidet nicht eine Disziplin jeweils allein darüber, wie sie es mit der wissenschaftlichen Sprache, mit Gesetzen, Erklärungen und einem theoretischen Aufbau halten will; sie folgt vielmehr in der gesamten scientific community geltenden, sich an ›guter theoretischer Praxis‹ und einer ständigen systematischen Reflexion orientierenden Regeln, die vor allem wissenschaftstheoretisch reflektierte Regeln sind.

Das gleiche gilt vom Stichwort *Theoriendynamik*. Dieses bezieht sich auf eine (rationale) Rekonstruktion wissenschaftlicher Entwicklungen (Theorieentwicklungen), wobei es im engeren theoretischen Sinne vor allem um Probleme einer semantischen Reduzierbarkeit zweier Theorien aufeinander geht, die meist entweder als problemlos (Stichwort zunehmende Wahrheitsähnlichkeit, z.B. Popper, Lakatos) oder, im Gegenteil, als unmöglich (Stichwort Inkommensurabilität begrifflicher Strukturen, z.B. Kuhn, Feyerabend) angesehen wird, und um das Problem *transtheoretisch* anwendbarer Kriterien im Leistungsvergleich von Theorien untereinander. Auch diese Probleme sind nicht trivial, und ihre Behandlung erfordert in der Regel einen erheblichen systematischen Aufwand, der weit über etwas in einer Disziplin einfach Mitzuerledigendes hinausgeht. Wo es heute unterschiedliche wissenschaftstheoretische Konzeptionen gibt, z.B. in Form einer falsifikationistischen, einer strukturalistischen oder einer konstruktivistischen Wissenschaftstheorie, geht es in erster Linie

4 Vgl. M. Carrier, »Wissenschaftstheorie«, in: J. Mittelstraß (Ed.), *Enzyklopädie Philosophie und Wissenschaftstheorie IV*, Stuttgart/Weimar 1996, 738-745, ferner C. F. Gethmann, »Wissenschaftstheorie, konstruktive«, in: J. Mittelstraß (Ed.), *Enzyklopädie Philosophie und Wissenschaftstheorie IV*, Stuttgart/Weimar 1996, 746-758.

denn auch um diesen mit dem Stichwort Theoriendynamik bezeichneten Aspekt.

Wissenschaftsnäher, im Sinne von unmittelbar in die Theorienbildung eingreifend, sind schließlich Gesichtspunkte der *Theorienexplikation*. Hier geht es nämlich unter anderem um Fragen wie: Gibt es eine physikalische Grundlage für die Anisotropie der Zeit oder deren Einsinnigkeit, d.h. eine (nicht nur definitorische) Auszeichnung der Zukunft? Ist eine Geometrie des Raumes nach Festlegung der Kongruenzdefinition eindeutig empirisch bestimmbar? Bezieht sich die Wellenfunktion in der Quantenmechanik auf ein Einzelteilchen oder auf ein Teilchenensemble (Kopenhagener versus statistische Deutung)? Es dürfte klar sein, daß derartige Fragen selbst wissenschaftliche Fragen sind, aber eben auch solche, die eine wissenschaftsnahe Philosophie mit ihren (wissenschaftstheoretischen) Mitteln, etwa in Form einer Philosophie der Physik oder einer Philosophie der Biologie, zu beantworten sucht. Und wie es scheint, nehmen derartige Fragen in der Wissenschaft zu, d.h. Fragen, die den gewohnten fachlichen oder disziplinären Rahmen sprengen und insofern zu neuen, inter- oder transdisziplinären Formen der Zusammenarbeit zwingen. Dies gilt z.B. auch für die moderne Philosophie des Geistes, insofern diese sich sowohl in analytischer als auch in konstruktiver Form kooperativ in die Arbeit der Psychologie und der Neurowissenschaften einschaltet. Die Universität ist der Ort für eine derartige inter- oder transdisziplinäre Zusammenarbeit.

2.

In Form der Wissenschaftstheorie stellt Philosophie im Forschungszusammenhang ihre transdisziplinäre Kompetenz unter Beweis. Sie folgt damit der modernen Wissenschaftsentwicklung und schaltet sich selbst forschend in diese Entwicklung ein.

Was unter dem Stichwort Wissenschaftstheorie mit dem Hinweis auf Fragen, die sich nicht mehr allein als fachspezifische Fragen definieren lassen, mit Interdisziplinarität, genauer: mit Transdisziplinarität gemeint ist, geht über das übliche Verständnis wissenschaftlicher Zusammenarbeit hinaus. Während wissenschaftliche Zusammenarbeit allgemein die Bereitschaft zur Kooperation in der Wissenschaft und Interdisziplinarität in der Regel in diesem Sinne eine konkrete Zusammenarbeit auf Zeit bedeutet, ist unter *Transdisziplinarität*, wie dargestellt[5], verstanden, daß Kooperation zu einer andauernden, die fachlichen und disziplinären Orientierungen selbst verändernden wissenschaftssystematischen Ordnung führt. Transdisziplinarität hier sowohl im Sinne einer Forschungs- und Arbeitsform der Wissenschaft als auch im Sinne eines innerwissenschaftlichen, die Ordnung des wissenschaftlichen Wissens und der wissenschaftlichen Forschung selbst betreffenden Prinzips.

Gezeigt wurde, daß damit kein neuer (wissenschaftlicher und/oder philosophischer) Holismus, d.h. der Versuch einer ganzheitlichen Lösung von Problemen, gemeint ist, vielmehr eine methodische Orientierung, die der modernen Wissenschaftsentwicklung folgt. In ihr bewegt sich wissenschaftliche Forschung immer stärker aus den ursprünglichen fachlichen und disziplinären Kernen heraus; sie sucht und findet ihre Probleme an den fachlichen und disziplinären Rändern und zwischen den Fächern und Disziplinen. Das heißt, sie bewegt sich schon in transdisziplinärer Richtung, jedenfalls dann, wenn sich dabei auch die Fächer und Disziplinen selbst verändern. Transdisziplinarität ist ein wissenschaftstheoretischer und insofern auch ein philosophischer Begriff, der bestimmte Formen wissenschaftlicher Kooperation und Problembewältigung sowie die forschungsbezogenen kooperativen Aufgaben der Philosophie näher beschreibt.

Damit ist Transdisziplinarität Ausdruck einer philosophischen Perspektive und einer philosophischen Kompetenz, die die Wissenschaften nicht in ihren fachlichen oder disziplinären Grenzen verharren läßt, sondern produktiv aus diesen Grenzen führt. Unter den Wissenschaften ist Transdisziplinarität zugleich Ausdruck der universitären Zukunft einer wissenschaftsnahen Philosophie.

5 Vgl. oben 93ff.

3.

Philosophie, die sich in Forschung und Lehre einschaltet, ist eine Reflexionsschule. Sie vermittelt ihre Rationalitätsform, nämlich die einer philosophischen Reflexion, im Forschungs- und Lehrkontext und nimmt zugleich die in der modernen Universität heimatlos gewordene Aufgabe einer Bildung durch Wissenschaft (Humboldt) bzw. einer bildenden wissenschaftlichen Rationalität wahr.

Philosophisches Denken zeichnet sich durch eine eigentümliche Rationalität aus. Diese findet ihren Ausdruck darin, auch dort noch auf Klarheit aller wissenschaftlichen Verhältnisse in analytischer und konstruktiver Form zu dringen, wo sich das wissenschaftliche Bewußtsein mit faktisch akzeptierten Überzeugungen (in Form erfolgreicher Theorien und wissenschaftlicher Praxen) schon zufriedengegeben hat. Diese Rationalität macht zugleich ihre beanspruchte (wenn auch selten eingelöste) *Voraussetzungslosigkeit* aus.[6] Wiederum seit Platon gilt in der Philosophie der Grundsatz, daß nichts für (theoretische oder praktische) Orientierungsbemühungen Relevante einer begründungsorientierten und in diesem Sinne philosophischen Reflexion entzogen werden kann und soll.

Mit diesem Grundsatz verbindet sich denn auch immer wieder der Versuch einer Wesensbestimmung der Philosophie, die in der Regel dann höchst allgemein (und insofern auch wesentliche Differenzen eher überspielend als ihre Behandlung auf ein Verfahren systematischer Klärung festlegend) ausfällt. Beispiele dafür sind die Definition der Philosophie als ›Bewußtsein des Nichtwissens‹ (Sokrates) oder als ›Wissenschaft der Vernunft‹ (Hegel). In der Universität führen derartige Definitionsversuche die Philosophie entweder, als Eingeständnis eigener wissenschaftlicher Ohnmacht oder als spekulative Verselbständigung gegenüber den Wissenschaften aufgefaßt, in die (wissenschaftliche) Isolation oder, nämlich allein als Voraussetzungslosigkeitspostulat im erwähnten Sinne verstanden und eingelöst, in eine wissenschaftstheoretisch und transdiszi-

6 Vgl. J. Mittelstraß, »Philosophie«, in: J. Mittelstraß (Ed.), *Enzyklopädie Philosophie und Wissenschaftstheorie III*, Stuttgart/Weimar 1995, 131-139.

plinär reflektierte Einheit des philosophischen und des wissenschaftlichen Bewußtseins.

Das gleiche gilt unter dem Gesichtspunkt *Bildung durch Wissenschaft*. Derzeit sind im allgemeinen öffentlichen Bewußtsein und im Bewußtsein der Universität Wissenschaft und Bildung weitgehend entkoppelt. Die Vermittlung einer wissenschaftlichen Arbeitsform und – wenn es sie denn doch noch geben sollte – einer wissenschaftlichen Lebensform mit den nicht-wissenschaftlichen Arbeits- und Lebensformen der Gesellschaft gehört jedenfalls nicht mehr zu den von der Universität in Form einer institutionellen Einheit von Forschung, Lehre und Bildung wahrgenommenen Aufgaben. Ausbildung im üblichen, Sachverstand allein auf begrenzten Feldern vermittelnden Sinne ist an die Stelle einer derartigen Einheit getreten, ferner Spezialisierung um jeden Preis. In einer Welt, die ihre Bildungs- und Ausbildungsgewohnheiten vornehmlich an Märkten orientiert und in der sich der Wissenschaftler nicht mehr als Träger einer allgemeinen Bildungsidee versteht, hat die Vorstellung, daß Bildung sich an den Idealen einer durch Wissenschaft aufgeklärten Gesellschaft orientiert, kaum mehr eine Chance.

Dabei wird sich Bildung sicher nicht mehr auf die aufklärerische Vorstellung berufen können, daß allein das wissenschaftliche Bewußtsein wahrhaft gebildet ist. Sie wäre aber auch als eine mehr oder weniger betuliche Alternative zur fortschreitenden Verwissenschaftlichung der Welt gründlich mißverstanden. Bildung hat schließlich stets etwas mit dem Wesen einer rationalen Kultur, anspruchsvoll formuliert: mit Identitätsfindung in einer rationalen Kultur zu tun. Sie ist ein Medium, in dem es dem einzelnen, der Subjektivität, gelingen soll, in seiner *besonderen* Lebensform das *Allgemeine* (im Sinne einer überwundenen reinen Subjektivität) zu verwirklichen. Das gilt auch in einer Welt, in der der wissenschaftliche Verstand herrscht, und das könnte daher auch, ineins mit dem wissenschaftlichen Verstand, die Stunde der Philosophie in der Universität sein. Ihre Rationalitätsform als philosophische Reflexivität ist schließlich auch eine (auf wissenschaftliche Verhältnisse abgestimmte) Bildungsform.

Eben dies könnte denn auch gemeint sein, wenn heute nach wie vor von einem Bildungsauftrag der Universität gesprochen wird und dabei die (epistemische) Einheit und die (institutionelle) Autonomie von Forschung und Lehre hervorgehoben werden. Das mag zwar im wesentlichen zur üblichen Bildungs- und Universitätsrhetorik gehören, doch wird hier immerhin deutlich, daß auch unter veränderten historischen Bedingungen und ohne expliziten (und meist ein wenig belächelten) Rekurs auf die Philosophie des Deutschen Idealismus die Unterscheidung zwischen Wissenschaft und Ausbildung nicht vollständig ist. Sie schließt noch immer Bildung und damit das, was sich als Idee und Lebensformseite der Wissenschaft bezeichnen läßt, ein. Die Theorie stimmt, die Praxis (meist) nicht.

Das hat – neben der üblichen Distanz zwischen Denken und Tun – viele Gründe. Zu ihnen gehören: (1) Bildung setzt Formen von *Unmittelbarkeit* voraus, die in Dingen, die die Wissenschaft betreffen, immer seltener werden. Wir studieren heute, als suchten wir mit dem Lehrbuch in der Hand das Skilaufen zu lernen, und wir lehren heute, als wäre die Welt nur das, was wissenschaftlich der Fall ist. (2) Bildung setzt *Köpfe* voraus, nicht nur Vermittler. Die Vermittler nehmen zu, die Köpfe ab. Dabei liegt in der Verbindung von Köpfen und Wissen auch heute noch die tiefere Wahrheit einer inneren Einheit von Forschung und Lehre. Wer nicht selbst forscht, und zwar unter hohen Ansprüchen forscht, verliert in der Lehre das Augenmaß für die innere Dynamik der Wissenschaftsentwicklung, in der er sich selbst mit seinem Wissen befindet. Er steht für die Vergangenheit des Wissens, nicht für dessen Zukunft. (3) Bildung ist, wie Wissenschaft, nicht nur Wissen, sondern *Lebensform*. Wer keine Lebensform mit seiner wissenschaftlichen Existenz verbindet, der kann auch keine darstellen, der lebt nicht in der Wissenschaft, sondern allein von der Wissenschaft. Nach Fichte ist der Gelehrte der Gebildete und als solcher Wissenschaftler, der Wissenschaftler folglich nicht notwendigerweise auch ein Gebildeter und Gelehrter[7] – eine Einsicht, die sich schwerlich auf die Fichte vor Augen stehenden Verhältnisse beschränken läßt. (4) Bildung ist *Selbstbildung*; sie wird nicht gelehrt, sondern erworben. Das Erwer-

7 J. G. Fichte, *Einige Vorlesungen über die Bestimmung des Gelehrten (1794)*, in: J. G. Fichte, Sämtliche Werke VI, ed. J. H. Fichte, Berlin 1845, 323-334.

ben-Können zu lernen, sollte allerdings ein wesentliches Ziel auch der Lehre sein.

Die Philosophie hat sich eine Erinnerung an diesen Zusammenhang von Wissenschaft und Bildung bewahrt. Es ist ihre Aufgabe in der Universität, diese Erinnerung wieder zu einem lebendigen Element universitärer Forschung und Lehre, damit auch des Universitätsstudiums zu machen. Daß dies heute in Verbindung mit den wissenschaftstheoretischen, transdisziplinären und reflektorischen Aufgaben der Philosophie zu geschehen hat, macht wiederum den wissenschaftlichen Charakter eben dieser Aufgabe aus. Er bewahrt, wenn er ernstgenommen wird, die Philosophie in der Universität davor, fernab der Wissenschaften zur akademischen Nische für ein weltfremdes Denken oder für schwächere wissenschaftliche Geister zu werden.

Nachweise

Hat Wissenschaft eine Orientierungsfunktion? Leicht veränderte Fassung von: »Die Orientierungsfunktion von Wissenschaft und ihre Defizite«, in: *Bewältigung und Verdrängung spiritueller Krisen. Esoterik als Kompensation von Defiziten der Wissenschaft und der Kirchen*, ed. P. Rusterholz/R. Moser, Bern etc. (Peter Lang) 1998 (Collegium Generale Universität Bern. Kulturhistorische Vorlesungen 1996/97), 11-28.

Krise des Wissens? Über Erosionen des Wissens- und Forschungsbegriffs, Wissen als Ware, Information statt Wissen und drohende Forschungs- und Wissenschaftsverbote, Erstveröffentlichung (Vortrag auf dem Leibniz-Tag der Leibniz-Sozietät am 28. Juni 2001 in Berlin).

Zwischen Information und Wissen. Über das Schicksal des Wissens in einer Informations- und Medienwelt. Leicht veränderte und gekürzte Fassung von: »Zwischen Information und Wissen«, in: *Presse 2000*, ed. Verband Österreichischer Zeitungen, Wien (Verband Österreichischer Zeitungen) 2000, 16-35.

Für und wider eine Wissenschaftsethik, Erstveröffentlichung.

Die transdisziplinäre Zukunft der Forschung, Erstveröffentlichung.

Schwere wissenschaftliche Träume oder: Von der theoretischen Einheit zur praktischen Transdisziplinarität, in: *Rechtshistorisches Journal* 19 (2000), 30-41 (leicht veränderte und gekürzte Fassung).

Gibt es Grenzen des Wissens?, Erstveröffentlichung.
Kreativität und Konstruktion, in: Zeitschrift für wirtschaftlichen Fabrikbetrieb (ZWF) 96 (2001), 52-58.

Gibt es (noch) eine Idee der Universität? (erscheint gleichzeitig in: *Universität zwischen Bildung und Business*, ed. R. Elm, Bochum [Projekt-Verlag] 2001).

Krise und Zukunft der Geisteswissenschaften, in: *Natur- und Geisteswissenschaften – zwei Kulturen?*, ed. H. Reinalter, Innsbruck/Wien/München (StudienVerlag) 1999, 55-79.

Wissenschaftsreform als Universitätsreform, in: *Germanistik der 70er Jahre. Zwischen Innovation und Ideologie*, ed. S. Vietta/D. Kemper,

München (Wilhelm Fink Verlag) 2000, 129-143 (leicht veränderte und gekürzte Fassung).

Philosophie in der Universität, in: *Wege zur Vernunft. Philosophieren zwischen Tätigkeit und Reflexion*, ed. K. Buchholz/S. Rahman/I. Weber, Frankfurt/New York (Campus Verlag) 1999, 17-25 (leicht veränderte und gekürzte Fassung).

Register

NF 133/1/5.01

Otfried Höffe

- Ethik und Politik. Grundmodelle und -probleme der praktischen Philosophie. stw 266. 489 Seiten
- Moral als Preis der Moderne. Ein Versuch über Wissenschaft, Technik und Umwelt. stw 1046. 312 Seiten
- Strategien der Humanität. Zur Ethik öffentlicher Entscheidungsprozesse. Mit einem neuen Nachwort. stw 540. 373 Seiten

Norbert Hoerster

- Abtreibung im säkularen Staat. Argumente gegen den § 218. Erweiterte Neuauflage. stw 929. 200 Seiten
- Sterbehilfe im säkularen Staat. stw 1377. 193 Seiten

Axel Honneth

- Kampf um Anerkennung. Zur moralischen Grammatik sozialer Konflikte. stw 1129. 301 Seiten
- Die zerrissene Welt des Sozialen. Sozialphilosophische Aufsätze. Erweiterte Ausgabe. stw 849. 279 Seiten

Axel Honneth/Hans Joas (Hg.). Kommunikatives Handeln. Beiträge zu Jürgen Habermas' »Theorie des kommunikativen Handelns«. stw 625. 420 Seiten

Detlef Horster (Hg.). Weibliche Moral – ein Mythos? stw 1376. 231 Seiten

Hans Joas. Die Entstehung der Werte. stw 1416. 321 Seiten

Immanuel Kant. Die Metaphysik der Sitten. stw 190. 885 Seiten

Matthias Kettner (Hg.). Angewandte Ethik als Politikum. stw 1458. 416 Seiten

NF 133/3/5.01

Lawrence Kohlberg. Die Psychologie der Moralentwicklung. Herausgegeben von Wolfgang Althof unter Mitarbeit von Gil Noam und Fritz Oser. stw 1232. 564 Seiten

Hans Krämer. Integrative Ethik. stw 1204. 427 Seiten

Angelika Krebs (Hg.)
- Naturethik. Grundtexte der gegenwärtigen tier- und ökoethischen Diskussion. stw 1262. 402 Seiten
- Gleichheit oder Gerechtigkeit? Texte der neuen Egalitarismuskritik. stw 1495. 224 Seiten

Niklas Luhmann/Stephan H. Pfürtner (Hg.). Theorietechnik und Moral. stw 206. 267 Seiten

Niklas Luhmann/Robert Spaemann. Paradigm lost: Über die ethische Reflexion der Moral. Rede von Niklas Luhmann anläßlich der Verleihung des Hegel-Preises 1989. Laudatio von Robert Spaemann: Niklas Luhmanns Herausforderung der Philosophie. stw 797. 73 Seiten

Alasdair C. MacIntyre. Der Verlust der Tugend. Zur moralischen Krise der Gegenwart. Übersetzt von Wolfgang Riehl. stw 1193. 381 Seiten

Karl Menger. Moral, Wille und Weltgestaltung. Grundlegung zur Logik der Sitten. Herausgegeben und eingeleitet von Uwe Czaniera. stw 1286. 210 Seiten

Martha C. Nussbaum. Gerechtigkeit oder Das gute Leben. Herausgegeben von Herlinde Pauer-Studer. Gender Studies. Übersetzt von Ilse Utz. es 1739. 320 Seiten

NF 133/4/5.01

Thomas Rentsch. Die Konstitution der Moralität. Transzendentale Anthropologie und praktische Philosophie. stw 1421. 380 Seiten

Johannes Rohbeck. Technologische Urteilskraft. Zu einer Ethik technischen Handelns. stw 1112. 312 Seiten

Günter Ropohl. Ethik und Technikbewertung. stw 1241. 379 Seiten

Christoph Sachße/H. Tristam Engelhardt (Hg.). Sicherheit und Freiheit. Zur Ethik des Wohlfahrtsstaates. stw 911. 360 Seiten

Wilhelm Schmid. Auf der Suche nach einer neuen Lebenskunst. Die Frage nach dem Grund und die Neubegründung der Ethik bei Foucault. stw 1487. 466 Seiten

Gerhard Schönrich. Bei Gelegenheit Diskurs. Von den Grenzen der Diskursethik und dem Preis der Letzbegründung. stw 1111. 187 Seiten

Gunter Scholtz. Ethik und Hermeneutik. Schleiermachers Grundlegung der Geisteswissenschaften. stw 1191. 326 Seiten

Oswald Schwemmer. Ethische Untersuchungen. Rückfragen zu einigen Grundbegriffen. stw 599. 221 Seiten

Martin Seel
- Ethisch-ästhetische Studien. stw 1249. 299 Seiten
- Versuch über die Form des Glücks. Studien zur Ethik. 365 Seiten. Gebunden

NF 133/5/5.01

Marcus George Singer. Verallgemeinerung in der Ethik. Zur Logik moralischen Argumentierens. Übersetzt von Claudia Langer und Brigitte Wimmer. 420 Seiten. Leinen

Holmer Steinfath. Orientierung am Guten. stw 1531. 496 Seiten

Holmer Steinfath (Hg.). Was ist ein gutes Leben? Philosophische Reflexionen. stw 1323. 260 Seiten

Ernst Tugendhat
- Aufsätze 1992-2000. stw 1535. 272 Seiten
- Dialog in Leticia. stw 1302. 143 Seiten
- Ethik und Politik. es 1714. 144 Seiten
- Vorlesungen über Ethik. Gebunden und stw 1100. 399 Seiten

Albrecht Wellmer. Ethik und Dialog. Elemente des moralischen Urteils bei Kant und in der Diskursethik. stw 578. 224 Seiten

Reiner Wimmer. Universalisierung in der Ethik. Analyse, Kritik und Rekonstruktion ethischer Rationalitätsansprüche. 465 Seiten. Leinen

Lutz Wingert. Gemeinsinn und Moral. Grundzüge einer intersubjektivistischen Moralkonzeption. 365 Seiten. Gebunden

Ludwig Wittgenstein. Vortrag über Ethik. Und andere kleine Schriften. Herausgegeben und übersetzt von Joachim Schulte. stw 770. 142 Seiten

Georg Henrik von Wright. Normen, Werte und Handlungen. 259 Seiten. Gebunden

NF 133/6/5.01

Dieter Lenzen/Niklas Luhmann (Hg.). Bildung und Weiterbildung im Erziehungssystem. Lebenslauf und Humanontogenese als Medium und Form. stw 1344. 249 Seiten

Niklas Luhmann/Karl Eberhard Schorr. Reflexionsprobleme im Erziehungssystem. stw 740. 390 Seiten

Niklas Luhmann/Karl Eberhard Schorr (Hg.).
- Zwischen Absicht und Person. Fragen an die Pädagogik. stw 1036. 217 Seiten
- Zwischen Intransparenz und Verstehen. Fragen an die Pädagogik. stw 572. 325 Seiten
- Zwischen System und Umwelt. Fragen an die Pädagogik. stw 1239. 294 Seiten

Jürgen Markowitz. Verhalten im Systemkontext. Zum Begriff des sozialen Epigramms. Diskutiert am Beispiel des Schulunterrichts. 352 Seiten. Kartoniert

Carsten Niemitz (Hg.). Erbe und Umwelt. Zur Natur von Anlage und Selbstbestimmung des Menschen. stw 646. 399 Seiten

Fritz Oser. Moralisches Urteil in Gruppen – Soziales Handeln – Verteilungsgerechtigkeit. Stufen der interaktiven Entwicklung und ihre erzieherische Stimulation. stw 335. 539 Seiten

Hans-Uwe Otto/Heinz Sünker (Hg.). Politische Formierung und soziale Erziehung im Nationalsozialismus. stw 927. 253 Seiten

NF 128/2/9.00

Friedrich Schleiermacher. Texte zur Pädagogik. Kommentierte Studienausgabe in zwei Bänden. Herausgegeben von Michael Winkler und Jens Brachmann.
Band 1. stw 1451. 580 Seiten. Band 2. stw 1452. 468 Seiten

Robert L. Selman. Die Entwicklung des sozialen Verstehens. Entwicklungspsychologische und klinische Untersuchungen. Übersetzt von Cornelie von Essen und Tilmann Habermas. 316 Seiten. Kartoniert

Heinz Sünker/Heinz-Hermann Krüger (Hg.). Kritische Erziehungswissenschaft am Neubeginn ?! stw 1388. 352 Seiten

Heinz Sünker/Dieter Timmermann/Fritz-Ulrich Kolbe (Hg.). Bildung, Gesellschaft, soziale Ungleichheit. Internationale Beiträge zur Bildungssoziologie und Bildungstheorie. stw 1085. 388 Seiten

Friedrich Thiemann. Schulszenen. Vom Herrschen und vom Leiden. es 1331. 133 Seiten

NF 128/3/9.00

Zivilisationstheorie im Suhrkamp Verlag Eine Auswahl

Hans Peter Duerr

- Frühstück im Grünen. Essays und Interviews. es 1959. 166 Seiten
- Gänge und Untergänge. es 2140. 120 Seiten
- Der Mythos vom Zivilisationsprozeß.
  Band I: Nacktheit und Scham. Mit 222 Abbildungen. st 2285 und Leinen. 516 Seiten
  Band II: Intimität. Mit zahlreichen Abbildungen. st 2335 und Leinen. 626 Seiten
  Band III: Obszönität und Gewalt. Mit zahlreichen Abbildungen. st 2451. Leinen. 742 Seiten
  Band IV: Der erotische Leib. Mit zahlreichen Abbildungen. st 3036 und Leinen. 670 Seiten
- Ni Dieu – ni mètre. Anarchische Bemerkungen zur Bewußtseins- und Erkenntnistheorie. stw 541. 239 Seiten
- Satyricon. Essays und Interviews. Erweiterte Neuausgabe. es 1346. 187 Seiten
- Traumzeit. Über die Grenze zwischen Wildnis und Zivilisation. es 1345. 656 Seiten

NF 121/1/8.00

NF 121/2/8.00

Norbert Elias/John L. Scotson. Etablierte und Außenseiter. Übersetzt von Michael Schröter. st 1882 und Leinen. 315 Seiten

Zu Norbert Elias

Gesellschaftliche Prozesse und individuelle Praxis. Bochumer Vorlesungen zu Norbert Elias' Zivilisationstheorie. Herausgegeben von Hermann Korte. stw 894. 280 Seiten

Norbert Elias und die Menschenwissenschaften. Studien zur Entstehung und Wirkungsgeschichte seines Werkes. Herausgegeben von Karl-Siegbert Rehberg. stw 1149. 451 Seiten

NF 121/3/8.00